大学生心理素质教育教程

DAXUESHENG XINLI SUZHI JIAOYU JIAOCHENG

主　编／陈淑萍　张　宏　张海燕
副主编／李　芳　颜秀红　门志梅

山东人民出版社·济南
国家一级出版社　全国百佳图书出版单位

图书在版编目（CIP）数据

大学生心理素质教育教程 / 陈淑萍，张宏，张海燕主编. —济南：山东人民出版社，2020.9(2022.1重印)
ISBN 978-7-209-10814-0

Ⅰ. ①大… Ⅱ. ①陈… ②张… ③张… Ⅲ. ①大学生—心理素质—素质教育—高等学校—教材 Ⅳ. ①G444

中国版本图书馆CIP数据核字（2020）第174088号

大学生心理素质教育教程
DAXUESHENG XINLI SUZHI JIAOYU JIAOCHENG

陈淑萍　张宏　张海燕　主编

主管单位　山东出版传媒股份有限公司
出版发行　山东人民出版社
出 版 人　胡长青
社　　址　济南市市中区舜耕路517号
邮　　编　250003
电　　话　总编室（0531）82098914
　　　　　市场部（0531）82098027
网　　址　http://www.sd-book.com.cn
印　　装　日照报业印刷有限公司印装
经　　销　新华书店

规　　格　16开（185mm×260mm）
印　　张　16.5
字　　数　370千字
版　　次　2020年9月第1版
印　　次　2022年1月第3次
ISBN 978-7-209-10814-0
定　　价　36.00元

编委会

主　编　陈淑萍　张　宏　张海燕

副主编　李　芳　颜秀红　门志梅

编　委　（以姓氏笔画为序）

马　晨　门志梅　于思瀚　田　锐

史晓冉　孙善利　李　芳　李　萌

李　静　张　宏　陈　昊　张　堃

宋玉冰　吴振宇　张海燕　陈淑萍

郑宗军　郑珊珊　徐　曼　秦宏伟

彭　晓　颜秀红　霍文婷

内容简介

本教材以教育部《普通高等院校学生心理健康教育课程教学基本要求》（教思政厅【2011】5号）和中共教育部党组关于印发《高等学校学生心理健康教育指导纲要》的通知（教党〔2018〕41号）精神为指导，以优化大学生心理素质、提高大学生心理健康水平为宗旨，围绕当代大学生在学习、生活中遇到的问题，设计了入学适应、自我意识、学习心理、人际心理、恋爱心理、情绪情感、健全人格、求职择业、心理健康、生命教育、泰山文化等11个方面的内容，既有概念介绍、理论阐释，也有实践操作的具体指导。

本教材的具有知识性、系统性、科学性、针对性、实用性、文化性等特色，既可作为高等院校开设大学生心理健康教育课程的教材，也可作为高等院校学生和广大青年朋友提高心理素质的日常生活读物。

前言

世界正处于百年未有之大变局。作为高等院校，培养一代具有良好心理素质的大学生，使其在未来的社会实践中，敢于面对挑战，善于面对挑战，成为一支特别能战斗的生力军，这是教育的基本任务，也是民族复兴的必然选择。

总体来说，大学生的心理素质是良好的。他们对国家富强怀有强烈的责任感，对社会进步怀有坚定的信念，对自身价值的实现怀有美好的期待。但是，不可否认，也有部分学生，存在着诸多的问题。比如，以自我利益为中心，缺乏奉献精神；独立性不足，缺乏自理、自立和解决实际问题的能力；性格孤僻，自制能力差，不善于交往，缺乏宽容与合作精神；贪图安逸，得过且过，学习不刻苦，专业基本功不扎实；还有极个别学生，心理灰暗，心胸狭窄，自我封闭，言行过激，是他人和社会的潜在危害者。这些问题产生的原因十分复杂，需要我们认真研究，综合分析，切实找到解决的方法。

初版的《大学生心理素质教育教程》，已在教学过程中使用多年，受到了广大师生的一致好评，并多次在教学科研成果中获奖。本次修订，在编写目标和体例上保持不变，在内容上更加科学、丰富、实用，以体现教材的稳定性和创新性。

具体来说，本教材具有以下特色：第一，知识性。本教材介绍了大学生心理素质的基本概念，分析了其产生和发展的基本原理，并提供了解决问题的路径和方法。第二，系统性。本教材包含入学适应、自我意识、学习心理、人际心理、恋爱心理、情绪情感、健全人格、求职择业、心理健康、生命教育、泰山文化等11章内容，涵盖了大学生心理素质的主要方面。第三，科学性。心理研究流派纷呈，研究成果不断涌现。本教材以中外心理专家的主流理论为基础，吸纳了近几年最新的研究成果。第四，针对性。时代在发展，大学生呈现的心理问题也在不断变化。本教材突出社会的时代特征，针对大学生年龄特点和问题的特殊性进行分析讲解。第五，实用性。本教材每章节都有经典案例、问题讨论和自我测试专栏，有利于学生在教师的指导下自我比照、自我反思、自我矫正和提高。

党的十八大以来，习近平总书记多次引用泰山挑山工不敢在“快活三里”久留的故事，要求广大党员干部越是爬坡过坎越应咬定青山，乘胜前进。习近平总书记2018年6月视察山东时再次强调，要以永不懈怠的精神状态和一往无前的奋斗姿态，真抓实干，做新时代泰山“挑山工”。泰山“挑山工”精神是广大干部群众干事创业的精神动力，也是大学生心理素质提高的丰厚资源。因此，本教材专设一章，以“挑山工”精神为主线，挖掘泰山文化的心理要素，突出坚忍不拔的攀登精神、天人合一的思维模式、开放包容的处世态度、雄健壮丽的审美情趣等特色，和大学生心理素质教育对接。

本教材既可作为高等院校开设大学生心理健康教育课程的教材，也可作为高等院校学生和广大青年朋友提高心理素质的日常生活读物。

在修订过程中，我们参阅了国内外学者的重要研究文献，在此表示衷心感谢！

我们期待着《大学生心理素质教育教程》能够成为大学生健康成长的良师益友。

编　者

目录

第一章　入学适应篇——解密新生适应期

每到金秋时节，全国各地都会有一大批充满青春活力的年轻学子步入高等学府，开始他们的大学生活。从中学毕业到大学入学，虽然仅仅隔了一个暑假，但两个学习阶段的性质是完全不同的，进入大学之后的各种变化是显而易见的，如生活环境、人际关系、学习内容与学习方式等，一切都进入了一个全新的天地。对于处在新环境适应期的大学生来说，提高适应的速度和效果无疑是首要任务。

第一节　大学生环境适应的意义

经典案例

回首初入大学时

我是一名大四学生，3年前，我满怀着憧憬和希望踏进了期盼已久的大学校门，激动、兴奋，而又有些不知所措。回想起来，3年当中，尤其是在第一年，我过得浑浑噩噩，而且有些事情也不明就里。究其原因，就是没有尽快适应大学生活，进入角色太慢。

刚进入大学的我，还没有完全从成功的喜悦中平静下来，过去形成的优越感还在发挥着作用，我低估了大学生活的艰苦性。另外，由于大学管理比较宽松，而我却高估了自己的自制能力，放松了学习，整天抱着课外书看，或者“出了球场进舞场”，学习成绩特别糟糕。正是因为在大一时的基础没有打好，大二、大三时也没有太大的收获。现在我已知道积极进取，也正处于复习考研的最后阶段，但能否如愿以偿，心里真的没底，总有“早知今日，何必当初”的遗憾在噬咬着我原本好强的心。大一“彷徨”，大二“呐喊”，大三“伤逝”，大四“朝花夕拾”，虽然我抱着“亡羊而补牢，未为迟也”的态度，但也深知“丢了的羊”再也找不回来了。

看到新学年的一张张新面孔，我想起了当初的我，我真想向学弟、学妹们进一言：尽快适应大学生活。

——笔者心理咨询案例

一、环境适应的心理机制

环境适应是个体在与环境的相互作用中建设好心理机制的过程，也是个体和环境之间的一种契合、协调、相适、相宜的关系，这是一种相对平衡的状态。环境适应涉及多种心理因素，具有复杂的心理机制。

（一）习惯的形成

在日常生活中，人与环境反复发生作用，时间久了，就形成了稳定的心理感受和固定的行为方式，这就是习惯。在一个家庭中，每到用餐的时间，一家人围坐在饭桌旁吃饭，其乐融融。留心观察就会发现，每个家庭成员所坐的位置是相对固定甚至是固定不变的，这并非有意为之，而是习惯。推而广之，一个人在穿衣、吃饭、住宿、出行、娱乐、交友、就医、学习、工作等生活的方方面面，都存在大量的未必能察觉的习惯。当环境变化之后，人的习惯却不会立即改变。以旧习惯应对新环境，自然不会是“一种契合、协调、相适、相宜的相对平衡状态”，原有的平衡状态被打破，人就会感受到由于不适应环境而带来的一系列的生理与心理上的不适感。

（二）情绪的反应

环境适应与否，情绪是一个晴雨表，并且不会说谎。人的情绪表现是多种多样的，但就其性质而言，无非有两类：一类是需要被满足后的积极情绪，一类是需要不能被满足时的消极情绪。按照心理学的分类，人类有4种原始情绪——快乐、恐惧、愤怒、悲哀。其中，快乐属于积极情绪这一类，而恐惧、愤怒与悲哀都是痛苦的分化，同属于消极情绪这一类。适应新环境的人，感觉是快乐的、舒适的、安详的，因为其各种需要在新环境中都能得到充分的满足；不能适应新环境的人，感觉是痛苦的、压抑的、躁动的。当陌生因素太多感到自身安全或自尊心受威胁时，人的身心会高度紧张，从而产生恐惧情绪；当遇到事情期望出现一个好结果却偏偏由于人为因素而出现一个不能接受的坏结果时，人内心的暴力冲动就会被诱发出来，产生愤怒情绪；当期望中的好结果总是不能出现、不希望看到的坏结果却一再出现时，人便无可奈何，冷漠了，麻木了，会产生悲哀情绪。不能适应环境时的情绪状态，就包含着恐惧、愤怒、悲哀等多种成分。

（三）想象的超前性

在没有接触一个事物、没有进入一种环境之前，人的想象已经提前指向它了。在没有登过泰山之前，人可以在头脑中想象泰山的样子；在没有考上大学之前，人可以在头脑中想象大学的样子。想象是超前的，又是带有强烈感情色彩的。从本性上说，人愿意把和自己未来有关的事情做出乐观的设想。尽管飞机失事和买彩票中大奖都是小概率事件，但人在坐飞机之前都坚信自己乘坐的客机不会出事，否则就不会登机了；而在买彩票时都预感自己有可能中奖甚至中大奖，否则就不会购买了。我国古代有则笑话：有个穷困潦倒的男人，仅仅因为捡到了一枚鸡蛋，就做起了蛋孵鸡、鸡下蛋、几年之后发大财、买地置房娶小妾的美梦，全然忽略了这枚蛋可能孵不出鸡，或孵出鸡也可能是只不会下蛋的公鸡，或孵出母鸡也可能活不到下蛋诸如此类的复杂情况。想象中的泰山更美丽，想象中的大学很完美。抱定这样的想象登泰山，真实的泰山令人失望；抱定这样的想象上大学，真实的大学令人沮丧。对新环境的预想越美好，来到新环境中越不容易接受不一定那么美好的现实。

（四）人对自我位置的敏感

人是群居动物。当许多人生活在一起时，难免互相比较，将周围的人当作自我认知的参照体系，并由此形成肯定的或否定的自我体验。比周围的人好一点，就认为自己是最好的，就能做到自尊自信，正所谓“山中无老虎，猴子称霸王”；比周围的人差一点，就认为自己是最差的，就会出现自暴自弃，正所谓“人比人该死，货比货该扔”。虽然从道理上讲，由于“周围”的范围可大可小，“人”的特点有可比之处亦有不可比之处，“周围的人”可能是正常群体也可能是不正常群体，这些变数意味着人不能仅仅依靠参照来认识自己，但在现实生活中，这种方式又是最方便、最常用的。一个即将考大学的中学生，总是特别关心自己的名次问题。如果在班级里的名次靠前，他就会沾沾自喜，而很少考虑假如班级的整体学习质量差，名次靠前也未必能考上；如果在班级里的名次落后，他就会垂头丧气，而很少考虑假如班级的整体学习质量高，名次落后也未必考不上。这就是仅仅依靠参照来认识自己的局限性和不可靠性，也是很多人“宁为鸡头，不做凤尾”的现实理由。来到一个新环境中，自己的位置在哪里，对这个位置是否感到满意，也受环境的影响。

（五）奋斗目标的精神价值

在生活中，人们每时每刻都离不开目标。没有目标时寻找目标，有了目标后期盼着实现目标，经过一番努力实现了目标之后却仍不满足，赶紧寻求新的目标。人们寄希望于目标的东西好像永远不会出现，但人还是要围绕目标周而复始地生活下去。于是，目标的更大意义不在于它带来的种种好处，而在于它满足了人追求自我实现的精神需要。有目标就有方向和动力，就能精神振奋，每一天都活得充实；没有目标，就只能混天度日，浑浑噩噩，如同行尸走肉一般苟活于世。长时间站着不动比跑个不停更难受，被人囚禁比终日劳作更不幸。人生最痛苦的事情，不是在实现目标的过程中遇到了阻碍，而是根本就找不到需要实现的目标！“人只有享不了的福，没有吃不了的苦。”人可能忍受不了像寄生虫那样“享福”，却愿意接受通过“吃苦”战胜困难、实现目标的生活方式。那么，人在旧环境中的目标，会在新环境中丧失吗？果真丧失后还容易找回吗？这也是环境适应过程中必然面临的一个问题。

（六）世间唯一不变的恰恰是“变化”

社会易变，人生无常。人们常说：“人往高处走，水往低处流。”“人挪活，树挪死。”“逝者如斯夫，不舍昼夜。”“不是我不明白，是世界变化快。”一部电视连续剧中有这样的情节：秦王嬴政征服了赵国，他站在赵国的城墙上感慨道：“昔日，我在赵国当奴隶，而今我却把它踩在了脚下。人世间的变幻，犹如沧海桑田。”一位作家在文章中写道：弟弟家为谋新发展，举家迁居新西兰，让留在国内的亲人们百感交集。这篇文章的题目很有哲理——“在路上”。的确如此，只要人的生命没有终结，就会一直“在路上”，沿途的风景在变，遇到的行人在变，自己也在一天天变老，唯一不变的恰恰是“变化”。出生、成长、升学、就业、恋爱、结婚、生子、搬迁、晋升、离职、退休、离婚、丧偶、患病、衰老、战争、犯罪、天灾、人祸……人的一生要经历太多的环境变化，可以说，适应环境是人类共同的永恒课题。

二、适应环境对大学生的意义

环境适应能力是衡量一个人心理素质优劣和生存能力强弱的重要标志。适应得快，适应得好，保持情绪稳定，立即进入角色，就能提高学习、工作和生活的效率；适应得慢，适应得差，整日心神不定，长期游离于角色之外，学习、工作和生活的效率就无从谈起，情况严重的还会出现心理障碍甚至心理疾病。适应环境对于大学生来说，有着重要的意义。

（一）有助于大学生高质量完成大学学业

1. 高质量地完成大学学业的难度远大于预想

学业的成功依赖多种条件。《孟子·告子上》有这样一段文字：“弈秋，通国之善弈者也。使弈秋诲二人弈，其一人专心致志，惟弈秋之为听；一人虽听之，一心以为有鸿鹄将至，思援弓缴而射之。虽与之俱学，弗若之矣。为是其智弗若与？曰：非然也。”翻译成白话文：“弈秋是全国的下棋圣手。他教两个人下棋，其中一个人专心学艺，只听弈秋的教导；另一个人虽然也在听，但心里总想着有只天鹅要飞来，想象着拿起弓箭去射它。这样，虽然和前一个人一起学习，他的棋艺也一定不如前一个人。是因为他的聪明才智不如人家吗？（孟子）答道：自然不是这样的。”从这个故事中不难发现，学业的成功需要良好的外部条件，即使有弈秋这样的名师指导，也需要学习者有较好的智力因素和非智力因素，而同时具备这些条件并不是一件容易的事情。

大学生的学习也有其特点。首先，必须注重专业性与综合性相结合，不可一业不专，也不可只专一业；其次，必须注重课堂学习与自学相结合，老师在课堂上的讲授往往数量多、难度大、速度快，需要自学和练习的东西很多；再次，必须注重增长知识与发展能力相结合，如果说知识的增长还存在较多的自己可控制的因素的话，那么以先天智力为基础、以实践锻炼为主要途径的能力发展无疑有太多的困难需要克服；最后，必须注重接受性学习与研究性学习相结合，大学的接受性学习既属于延续中小学的接受性学习，又有新的特点与要求，而研究性学习则属于更具挑战性的新课题。尽管也有人会觉得大学“进门难，出门易”，大学里的学习“好混”，但问题在于很多人不想“混日子”“混文凭”，而是想“高质量完成大学学业”“具备真才实学”“将来干番大事业”。对于想好好学习的人来说，反而觉得学好不易，高质量完成大学学业的难度远比人们预想的要大。

2. 大学生尽早适应环境才能尽早投身学习

美国心理学家马斯洛提出了著名的需要层次理论。他把人的需要分为生理需要、安全需要、归属与爱的需要、尊重的需要和自我实现的需要5个层次。只有当低层次需要得到满足之后，高层次需要才会出现，并成为起主导作用的优势需要。虽然人们常说，学习要“如饥似渴”“废寝忘食”“头悬梁，锥刺股”“见了好书像见了面包一样猛扑上去”“书中自有颜如玉”，但求知的需要还是远远高于吃饭、喝水、睡觉、接近异性、思念亲人等低层次需要的。当一个中学生来到大学新环境，在各方面都不适应时，期望他安心学习、专心学习是不现实的，而面向全体学生的教学过程不会停下来等待任何人，许多大学生就是因为适应缓慢而耽误了最初的学业，后来又“一步赶不上，步步赶不上”。因此，大学生应当尽早适应环境，这样才能尽早投身学习，为高质量地完成整个大学阶段的学业打好基础。

（二）有助于提高大学生的心理健康水平

1. 大学生的许多心理问题与入学适应有关

2002年发生的大学学生刘某伤熊事件虽然已是旧闻，但仍具有启发意义。人们注意到，刘某生长在一个单亲家庭，他的童年生活是与积木和塑料拼板相伴。从小到大，母亲为他设定了生活轨迹，他也从不敢对母亲说一个“不”字，这样的家庭教育使得他几乎失去了自我价值判断的能力。虽然后来成为清华大学的高才生，但他仍在一种童稚心理中不能自拔。最具代表性的事例是：直到上了大学，他才学会了骑自行车。在生活上，他对母亲的依赖性依然很强，甚至骑车上学走哪条路安全也要向母亲请教。每周日，母亲为他买两个面包和一袋饼干作为早点，他肯定会按照母亲的安排，先吃面包，再吃饼干。即使天热时面包坏了，他也不会打破这种规律。唯一的一次“反抗”出现在填报高考志愿时，当时他喜欢生物，可母亲认为他该学计算机，就把他填写的志愿涂了，可他自己又给改了回来，母亲又涂，他再改。母亲告诉他，如果他要是再改，她就把志愿单撕了，他才哭着同意了。出事后，他母亲才开始反思：“现在看，人做自己想做的事时是最痛快的，也是最容易出成绩的。他从小是个听话的孩子，他最后是为了不让我生气、伤心才听从了我的安排，被我按在那里学他并不是最喜欢的东西。”其实，作为高校，也应当反思，刘某的心理问题在入学时已经很明显，但他一直没有化解不喜欢自己所学专业带来的心理矛盾，也没有得到来自外界的能够起矫治作用的专业帮助。由这一特殊的个案推而广之，不难发现，入学适应好的大学生，以后出现心理问题的可能性会明显降低，正所谓“好的开端是成功的一半”。而一直不能完成环境适应的大学生，不仅原有的心理问题会加重，而且会在面临新的困境时因为没有学会采取正确的应对措施而出现新的心理问题。

2. 提高大学生的心理健康水平从适应环境做起

大学生入校后，首先要解决环境适应问题。这需要大学生自身的努力，深入认识环境适应对于自我发展的重要性、紧迫性和复杂性，充分发挥主观能动性，“从我做起，从现在做起”，通过加强理论学习和积极参加相关的实践活动，加快环境适应的速度，提高环境适应的质量；也需要高校把帮助大学生适应大学新环境作为大学生心理素质教育的重要内容，通过心理知识普及、心理测试、心理训练、心理咨询、心理治疗等多种专业手段，以及与学生谈心、促进学生融入新集体、帮助学生解决实际困难等多种常规手段的结合，为大学生适应环境提供最优化的外部条件。环境适应问题解决得好，才能“首战告捷”，促使大学生的心理健康水平稳步提高。

（三）有助于大学生适应未来的社会生活

1. 环境适应能力是在生活实践中逐步提高的

人的环境适应能力不是天生的，需要在生活实践中锻炼提高。中国科学院、中国工程院王淀佐院士由于工作的原因走南闯北，并多次出国，当谈及不同国家和不同地域的饮食习惯及其差异时，王院士讲了关于饮食的不适应问题。王院士的老家在辽宁省的西部地区（以下简称“辽西”），当地以粗粮为主食，主要是高粱米，蔬菜喜欢生吃或是沾着酱吃。辽西农村多泉水，当地人大多习惯于喝生水，认为煮开了的水不好喝。王院士后来到湖南上大学，开始时不习惯吃细粮，觉得吃不饱，也不习惯于湖南那种又咸又辣的口味。他在湖南前后生活36年，最初感到不适应，到后来就不存在适应问题了。在湘西，他与土家族人、苗族人一起吃住，当地是山区，菜很少，用玉米面与辣椒炒一炒再放点儿盐就算菜了。王院士说，自己年轻时身体好，从农村出来的又不讲究，劳动一天后有什么就吃什么，真有点“吃嘛嘛香”了。久而久之，适应性就较强了。1988年在美国做访问学者时，王院士不愿把太多的精力用在做饭上，常常到超级市场买汉堡包、三明治一类的快餐，回来后一烤便可以吃了。王院士由于小时候在家乡就吃生菜，所以很快就适应了西方人的吃法。他认为，人们不能用自己熟悉的东西去衡量那些不熟悉的东西，由于工作的需要，人会经常流动到自己不熟悉的环境中，只有尽快地熟悉自己不熟悉的东西，努力提高自己的适应能力，才能迅速适应环境，从而迅速展开工作。王院士的经验之谈，值得我们学习。

2. 对大学的环境适应是大学生适应未来社会生活能力的全面训练

大学新环境的适应涉及方方面面，这道难题是对大学生心理素质的严峻考验。如果能够经受住考验，交出令人满意的答卷，不仅有助于顺利完成大学学业、提高心理健康水平，而且会明显提高对人生中一个又一个新环境的适应能力，充满自信地走向社会、走向未来。一个大学生等到毕业多年后再来回顾大学生活，就会明白：大学是一个小社会，对大学的环境适应是对自己适应未来社会生活能力的全面训练。

第二节　大学生环境适应中存在的问题

经典案例

上大学后的烦恼

王强（化名），18岁，是一名自尊心极强又多愁善感的大一男生。上中学时，他虽然不是非常聪明，但凭着自己的刻苦努力，学习成绩一直名列前茅。经过高考的拼杀，他带着良好的感觉进入大学校园，突然发觉自己站在“山顶”上的感觉没有了。在高手如云的集体内，昔日那种“鹤立鸡群”的优越感已荡然无存，“众星捧月”的地位变了，在升入大学后不久的一次新生摸底考试中，他竟然不及格，于是自信心突然坍塌。一个学期过去了，学习越来越吃力，他对自己越来越没信心，成绩也越来越差，生活变得没有规律，食欲不振，经常失眠，烦恼抑郁，甚至想休学、退学，后来到心理咨询室寻求心理帮助。

——笔者心理咨询案例

一、不习惯日常生活

（一）气候

自然气候使地球上的不同区域形成了不同的人种，也使不同区域的人们形成了不同的生活方式和差异明显的性格特征。生活在热带地区的人，为了躲避酷暑，在室外活动的时间比较多，高温使其形成了易发怒的暴躁性情。居住在寒冷地带的人，因为室外活动不多，大部分时间在一个不太大的空间里与别人朝夕相处，养成了能控制自己的情绪、具有较强的耐心和忍耐力的性格，如生活在北极圈内的因纽特人被人们称为世界上“永不发怒的人”。居住在温暖宜人的水乡的人们，因为生活的地区气候湿润，风景秀丽，对周围的事物敏感，且多愁善感、机智敏捷。山区居民，因为生活的地区山高地广、人烟稀少，长久生活在这种环境中，便养成了说话声音响亮、性格直爽的特点。居住在广阔草原上的牧民，因为草原茫茫、交通不便，常骑马奔驰，尽情地舒展自己，所以性格豪放直爽、热情好客。

如今的大学生来自五湖四海，对家乡的气候环境适应了十几年。当居住地与大学所在地在海拔、温度、昼夜温差、光照强度、湿度等方面差别较大时，大学生初入大学就有可能感到对气候的不适应。

（二）饮食

在迁居外地生活时，有些人会感到身体不适，产生厌食、呕吐、腹胀、腹痛甚至腹泻不止等症状，这就是人们通常所说的水土不服。那么，水土不服是怎么引起的呢？在正常情况下，人们的皮肤、黏膜以及与外界相通的腔道都有细菌、真菌等微生物存在，这些菌群互相依赖、互相制约，彼此和平共处、相安无事，维持着人体与外界的平衡。这些正常菌群对人体无害反而有益，不仅促进食物消化，而且抑制致病菌繁殖，这在医学上被称为生态平衡。当人们到外地之后，生活环境发生了变化，机体各部位的正常菌群在种类、数量、毒力等方面都会发生变化，有些平时与机体共存的致病菌得不到制约就会使人得病，而那些平时正常提供营养物质、帮助消化吸收的细菌也会因受到抑制而减少，从而出现水土不服的症状。用医学术语来说，就是“菌群失调症”。

除了水土不服的问题外，迁居外地还会遇到不能常吃自幼经常吃的食物，只能被迫去吃过去很少吃或者从未吃过的食物的问题。一些学生到外地上大学，就因为不习惯当地的饮食而让家人从家乡邮寄食物，还有一些学生因为在饮食上的不适应而要求退学。因此，饮食不适应也是大学生在入学之后容易遇到的实际问题。

（三）住宿

造成大学生在住宿方面的不适应因素很多。有的是因为原来的住宿条件较好，来到大学后住在集体宿舍里，人多空间小，共用设施不方便，有的是个别同学不注意个人卫生和公共卫生，经常在宿舍内会客或者睡觉时打呼噜；也有一些同学是换了地方就睡不着觉。

（四）语言环境

在大学新生中，不少学生是来自小城市或乡镇、农村，由于部分地区基础教育实力的不平衡，许多新生入学时普通话水平不高，生怕发音出错让别人笑话，因此会尽量减少开口说话的机会，与外界的交往也受到了限制。如果出门办事或上街买东西，因为语言交流障碍而遇到素质不高的当地人“欺生”，更容易感到苦恼，甚至伤了自尊心。

（五）想家

在谢晋导演的电影《牧马人》中，一个远离家乡的青年来到举目无亲的草原，草原上的大妈端来一大碗面，对他说：“吃吧，吃饱了不想家。”虽然吃饱了未必不想家，但肚子饿得咕咕叫的时候一定更想家，更想家里的舒适、温馨、衣食无忧和天伦之乐，更懂得“独在异乡为异客”的愁苦，更理解“在家千般好，出门万事难”的深意。

在大学新生身上，想家是很普遍的现象，他们经常以无眠、思念流泪等方式表达想家的情愫，个别人还会因为想家而茶饭不思、心神不宁。想家，说到底是缺乏归属感的表现，是与亲人的密切感情被时空撕裂的伤痛。

二、不满意现实条件

（一）学校地位

我国现有各类高校2000多所。在很多人心目中，大学也分三六九等：从归属上说，有部属、省属、市属之分；从所有权上说，有公办、民办之分；从层次上说，有本科、专科、高职之分；从类型上说，有研究型、教学研究型、教学型之分；还有是否“全国重点”“省重点”，是否“211”“985”；有多少博士点、硕士点，有几位院士，牌子是否“硬”、名气是否大；世界排名和国内排名如何，综合排名和单项排名如何，官方排名和民间排名如何……比来比去，真正对自己学校地位满意的人就不多了。

（二）所学专业

大学生的学习具有很强的专业性，大学生把自己所学的专业看得重要是正常的。问题在于，考生在大学的选择上看似有很大的余地，其实觉得“对得起自己的分数”且心甘情愿去上的学校并不多。学校大致确定下来，专业的挑选余地也不多，往往是好专业竞争激烈不一定被录取，调剂的专业又不满意；等到进了大学又发现，就业好的专业通常师资条件差，经过多年积累、实力雄厚的专业一般就业不理想。于是，抱怨“大门进对了，小门进错了”的大学生不在少数了。

（三）师资水平

近年来，很多大学大量引进年轻的高学历人才从事教学工作，使年轻教师成为大学教育的主力军。虽然其总体素质较高，但在业务上还需要一段时间走向成熟，在敬业精神上也有待进一步培养。中老年教师的教学水平较高，但高水平的教授坚持为本科生认真上课的不多。而大学生在上大学之前想象的大学课堂是可以有教授们传道、授业、解惑，教授有水平、有名气，个个是让人不得不服的“牛人”，进入大学后却发现事实并非如此，甚至其中不乏“南郭先生”，自然心生不满。

（四）办学条件

大学的连年扩招稀释了优质教育资源，造成办学条件明显不足。办学条件的改善，有些可以在短期内通过加大资金投入来解决，有些则必须依靠长期的积累。

例如，图书馆的藏书并不能依靠同一种书的超量购置来增加总数，但数量少了又会使流通困难，学生反映想借阅的书借不到、能借到的都是破旧的没兴趣的书，而图书馆也有苦衷。

再如，大学的“建新校区热”带来的问题。老校区往往位置好、生活便利、文化氛围浓，但空间狭小、设施老化；新校区空间大、设施现代化，但一般建在郊外甚至周边都是村镇的“开发区”，交通购物不便，治安存在隐患，也没有大学应有的文化氛围。处在大学发展的特殊时期，大学生对办学条件感到不满有其客观原因。

（五）管理模式

大学管理模式在松紧度上较难把握。松了，采用放羊式管理，学生自由了会放松甚至放纵自己，不仅在学业上没有进步，还会沾染很多恶习，出现很多不该发生的恶性事件；紧了，采用军事化管理，在一天之内从早操到晚自习都严格考勤，宿舍内天天检查卫生，对违纪学生严厉处罚，还有学校制定了罚款制度，这样做的结果是表面相安无事，但确实也存在“大学不像大学，大学生不像大学生”的问题。管理的松紧度把握不好，大学生的怨言就会随之而来。

三、不适应全新的教学方式

（一）教学场所

众所周知，大学应当重大师、轻大楼，但培养和吸引大师难，建造大楼易。大学和中学不一样的显著特点还有楼高、楼大、楼多。刚进入大学的年轻学子们，都要经历一番满世界找教室的锻炼，在各楼、各区中穿梭。如果教学场所紧张，偌大的校园没有一张属于自己的课桌不说，想听课时拥有一个好位置都难，图书馆、阅览室、自习室同样如此，生活节奏加快，最初真有喘不过气来的感觉。

（二）教学方式

大学的教学方式比较自由，“性格教师”也多，于是什么样的教学方式都有可能遇到。最常见的是老师讲自己研究的、自认为重要的东西多，紧扣课本的少，学生想依据课本预习和复习比较困难，只能多听多记。老师大多也只能在课堂上见到，讲完了就离开，师生交流的机会不多，学生有疑难问题主要依靠自己解决。

（三）教学进度

大学的教学进度总体是偏快的。同样一节课，中学只是学一“张”，老师讲得慢，还要反复复习训练；大学则要讲一“章”，讲得快不说，课堂上更是提问少、作业少。大学生如果放松了对自己的学习要求，很快就把功课落下了，事后想追赶也很困难。

（四）教学要求

中学的教学受高考的影响极大，一般是考什么就教什么和学什么，能使学生考出好成绩来的教学就是成功的教学，这虽然显得有些机械、教条，但教师和学生对达到教学要求都感到便于操作、容易完成。大学的教学要求具有多元化的特点，既要考虑少数学生继续深造的需要，又要考虑大多数学生直接就业的需要。对于大学生来说，不学好书本知识不行，仅学好书本知识还不行；一业不专不行，只专一业也不行。大学生习惯了应试教育，对在大学里怎样学习才算符合要求感到心里没底。

（五）考试尺度

大学里的考试作弊者可以直接被开除学籍，但这只是针对特定时期少数特别重大的考试而言的。也有很多考试是很容易过关的，老师画复习范围和重点，甚至也有直接把试题变相透露给学生的。考试中有作弊行为发生，监考老师也经常“睁一只眼，闭一只眼”，即使发现了作弊者并交给院系，院系也会出于多种原因“大事化小，小事化了”。在某些招生困难的高校，为让学生都能“顺利毕业”，考试更是松得不能再松，让学生想考试不通过都难。刚入学的大学生从各种渠道听到的关于大学考试尺度的说法有多种，他们对选择相信哪一种感到很困惑。

四、不善于处理复杂的人际系

（一）人际关系变得重要

高中生的生活因为有学习“主旋律”的填充和高考“指挥棒”的制约而变得单纯，每日重复着“几点一线”，其他事情由家人包揽，尽管必然有人际关系问题，但大家都心无旁骛了，人际关系就不是必须“处理”的“问题”，对其是否重视差别不大。但在大学里就不同了，大学生的独立性增强，生活内容丰富，利害冲突增多，要想心情愉快、多得到别人的帮助、争取到某些发展机会、避免人际关系紊乱带来的身心伤害，就必须重视搞好人际关系，实现人际和谐。

（二）人际关系类型增多

人际关系可以是扮演社会角色的正式关系，也可以是体现个性特点的私人关系；可以是礼节性的浅层关系，也可以是无话不谈、竭力相助的深层关系；可以是重在利益交换的谋利型关系，也可以是重在感情交流的友谊型关系。大学生在与领导、老师、同学、家人、同乡、好友、异性以及其他社会人员的交往过程中，会遇到多种复杂的情况，面临多种不同类型，需要有针对性地处理。

（三）处理人际关系难度加大

大学生对人际关系的期望值较高，特别推崇“君子之交淡如水”的交友原则；也有较强的人际交往愿望，不惧结交陌生人，对与异性的交往非常感兴趣。但由于自尊心强、内心敏感、心理仍具有闭锁性等原因，大学生往往在交往中难以实现自己的初衷，碰壁之后就感到人际关系不容易处理。

（四）人际交往能力发展滞后

人际交往所需要的语言表达能力、心理分析能力、社会生活能力、自我调控能力、随机应变能力等多种相关能力，都要在交往实践中培养。大学生进入新环境需要破解人际关系方面的新课题时，容易感受到的是，以前缺乏相应的锻炼，自己的人际交往能力发展滞后。

五、不知道未来的发展方向

（一）初步感受人生的复杂多样

大学新生结束了单调却又充实的中学生活，告别了亲人、同学和朋友，来到一个全新的环境中开始全新的生活，可以说酸、甜、苦、辣、咸五味俱全，不得不思考未来、思考人生，初步感受人生的复杂多样。在大学里，有人为未来的成功打下了坚实的基础，读硕、读博、出国深造，甚至有人在校期间就是“明星”；也有人无所事事、不学无术、消极颓废。在大学这个暂时属于自己的舞台上，自己将扮演一个怎样的角色，又会是怎样的结局，与自己的选择和自制力有关，但又不完全取决于自己，这些都令大学生感到茫然。

（二）“常立志”易，“立长志”难

某大学生宿舍评选出现频率最高的话语，很多人推荐“我明天要好好学习啦”这句似表决心又似开玩笑的话，可见大家都有同感，那就是“常立志”易，“立长志”难。大学新生也清楚学习依然是“第一要务”，但刚刚结束了紧张的中学生活，就业、考研之类的事情还很遥远，甚至连期末考试都有几个月的“回旋余地”，于是漫无目的地开始了“玩着学”的新生活，偶尔计划未来的努力方向也多是想和说而已，一如这句经典的“我明天要好好学习啦”。

（三）业余爱好的优先发展

新生入学报到之时，也是各类社团组织吸纳新成员之际。例如摄影协会、球类协会、棋类协会、集邮协会、登山协会、文学社、通讯社、文工团等，不用担心找不到自己喜欢的“组织”。与学习方面更多地依靠个人自觉不同，社团组织总是不乏热心人，他们经常开展丰富多彩的集体活动，带动大家发展兴趣爱好，乐在其中，乐此不疲。这样的生活往往“日记有余，月记不足”，回头想想，就会发现没有留下多少真正有意义、有价值的东西，不免感到空虚。

（四）寻求崇高精神的寄托

我国的传统文化总是把读书和读书人看得不一般，读书的目的也不应该太狭隘、

太功利、太自私，而应该“修身、齐家、治国、平天下”，感受“天降大任”的崇高与庄严。在大学生身上，容易看到传统文化的这种影响。在进入大学前后，他们通过各种渠道感受到社会对大学生的期望值远远高于其他社会人群，因而也想过一种轰轰烈烈的生活，体现出大学生的使命感和责任感，只是面对依然琐碎的日常生活，不知如何为渴望中的崇高与庄严找到一个可靠的支点。

六、不能承受特殊的心理压力

（一）对所学专业不感兴趣甚至非常厌烦

有些大学生对自己所学的专业不感兴趣甚至非常厌烦，在调换专业无望的情况下，也想尝试着培养专业兴趣、减轻厌烦的情绪，但在一段时间的努力不见效果之后，就彻底灰心丧气了，抱着“破罐子破摔”的心态，麻木地在娱乐场所打发光阴，或者四处闲逛、心神不宁。

（二）家庭生活贫困

有些大学生因为家庭生活贫困，入学时没有筹齐学杂费，以“欠费生”的身份就读，或者该交的费用交上了但日常生活的花费难以应付，省吃俭用依然捉襟见肘；在找到勤工助学的岗位之后，又面临着挤占学习时间、就餐时间和休息时间而劳动的压力。对他们而言，“欠费生”“贫困生”的帽子太沉重了。

（三）在人际比较中感到自卑

社会上曾经流传过这样的说法：“不到北京不觉得自己官小，不到深圳不觉得自己钱少，不到上海不觉得自己脑子不够用。”在中学，由于生源集中，在同一个较小的地域内家庭之间、个体之间往往相近的地方更多，差距不会太大。但大学不同。大学生来自全国各地，无论家庭之间还是个体之间，许多方面的差距会非常大，使得那些相貌一般甚至较差、才艺平平甚至没有专长、家庭普通甚至特困的大学生，在人际比较中很容易感到自卑。

（四）相思或失恋之苦及突然燃起的爱情之火

有些大学生在中学阶段就有恋爱经历。随着中学生活的结束、大学生活的开始，依然相爱者饱尝时空阻隔、不能经常相见的相思之苦，就此分手者还不能马上从失恋的痛苦中走出来。而在新的大学环境中，通过短暂的接触，有些大学生就会被某个异性新同学吸引，内心突然燃起爱情之火，但在这个陌生的环境中能不能表达感情、怎样表达以及未来会如何发展，都是折磨人的问题。

第三节　大学生环境适应的对策

经典案例

小A的失落

小A，男，18岁，是一名刚进校1个多月的本科新生。其父母均为农民，家中承包的土地比较多，父亲有一些手艺，家中经济条件尚可。小A为家中的独生子，父母对他的期望值很高。他本人个性有些争强好胜，总想样样争第一。从小学到高中的学习成绩一直优秀，老师对他很器重，他和同学相处也很融洽。他一直生活在赞扬声中，未遭受过什么挫折，自尊心很强，应届顺利考上大学。刚入学时，一切都很新鲜，忙忙碌碌地收拾安顿，外加军训的辛苦，体力消耗较大，有空就休息。军训结束正式上课后，他以为在这么好的学习环境里，应该会有很优异的成绩和更突出的表现，没想到根本不是那么回事。他觉得同学都自顾自地学习、生活，宿舍里的气氛也很压抑，彼此之间好像都很漠然，自尊心也迫使他不愿主动与同学交往，寂寞与孤独使他越发怀念以前的高中生活。学习上的优势也不再显现，现在虽然还没考试，但从回答问题和做作业上就感到自己的成绩在班上只能算中等，比他成绩好、知识面宽的大有人在，以前的自信荡然无存，他为此感到很痛苦。近十多天来，小A经常感到头痛、胸闷、心慌和入睡困难，严重影响了学习和生活，越是着急就越不能集中注意力，有时感觉自己都快撑不下去了，总想回家。国庆长假回家休息了几天感觉好些了，但一想到回学校就紧张和焦虑。

——笔者心理咨询案例

一、重建习惯

（一）充分认识重建习惯的重要性与艰难性

教育界有句名言：播下一种思想，收获一种行为；播下一种行为，收获一种习惯；播下一种习惯，收获一种性格；播下一种性格，收获一种命运。思想是行为的先导，相同行为的多次重复才会变成习惯，涉及“做什么”和“怎么做”的习惯久而久之就形成了性格，而“性格决定命运”。在“思想——行为——习惯——性格——命运”这一发展链条中，习惯承上启下，具有重要的地位。一种习惯的养成或许不难，而改变旧习惯、重建新习惯却不容易。大学生充分认识重建习惯的重要性与艰难性，会为重建习惯增添几分自觉的成分。

（二）选择正确的行为方式加以重复强化

习惯有好坏之分，原因在于构成习惯的行为发生本身有正误之别。有个故事，说有一个拜师学剃头的年轻人，通过刮冬瓜练习剃头的刀法和手感，长进很快，不过每次练习完毕，为图方便，就顺手把锋利的剃刀插在冬瓜上。师傅告诫他以后不能这样做，他不以为然。等出徒后真的给顾客剃头时，他还把人的脑袋当作冬瓜，剃完就用剃刀插，结果出了大事。习惯成自然，习惯形成之后，行为就不受意识支配了，所以，要形成好的习惯，只有事先选择正确的行为方式加以重复强化。对于大学生来说，判断行为方式正确的标准，应该看它符合3个“有利于”：有利于稳定——既来之，则安之；有利于发展——全面发展，尤其是学业发展；有利于和谐——身心和谐与人际和谐。

（三）对重建习惯的过程要有足够的耐心

重建习惯之所以难，是因为要边改正边新建。正如运动员练动作，如果一开始就教得正确、学得正确，形成稳固的动力定型就相对容易；如果一开始就有错误的习惯性动作，纠正起来就难了，只有使正确动作发生的次数远多于错误动作出现的次数，新的动力定型才能形成。相比较而言，大学生在新环境中重建新的生活习惯涉及的因素更多，既有生活中具体行为方式的重复，又有因季节变化、学习进程变化、生命节律变化而形成的整体性重复，因此，大学生对重建习惯的过程要有足够的耐心。积习难改、出现反复是正常现象，待到日常生活形成了一整套符合大学新环境要求的行为习惯时，大学生重建习惯的任务才宣告完成。

二、接受现实

（一）克服完美主义倾向

在人的心理中，有一种整合内驱力，即希望使不完整的东西变得完整、使不完美的东西变得完美的内在动力。于是，许多人身上都有不自觉的完美主义倾向，这种倾向使其难以接受不那么十全十美的现实，也因此难以接受不那么十全十美的自己。察觉自己的完美主义倾向，运用理性的力量逐渐摒弃这种错误的理念和想法，是大学生接受现实必需的心理前提。

（二）学会生活在“此时此地”

从时间上说，过去的已经过去，无论结果的好与坏都成为定局，陶醉与后悔事实上于事无补；未来的还只是未来，为存在诸多变数的不确定的未来投入太多的感情肯定没有多大的意义。人唯一能够把握的是现在，所以人要生活在“此时”。别的环境可能比你的好，别人的学校可能比你的强，但那里再好也与你无关，那所学校再强也不能让你受益，自己发展所需要的一切都只在你的身边、你的周围，所以人要生活在“此地”。大学生懂得了“此时此地”的道理，就要把它落实到所有具体的行为中。上课就要安心上课，聚精会神地听讲。人在课堂，却想着其他事情，既办不了事情，又耽误了听课，白白地度过了时间，还落个心烦意乱，这当然不是明智之举。其他事情也同样如此，这就不难理解为什么说“此时此地”的人是高效率地做有意义事情的人。

（三）善于发现周围环境中的亮点

这个世界不缺乏美，缺乏的是发现美的眼睛。周围环境中也不缺乏亮点，缺乏的是一分为二看问题的态度。大学生对于自己所在的大学，如果有了明显的不满态度，那就看什么都不顺眼了。把“有色眼镜”摘下来，心平气和地看待周围的一切，就能发现其中很早就存在的诸多亮点，就会明白“尺有所短，寸有所长”，对它的接纳程度也就一天天地在增长，直到从内心里自豪地承认：“这是我的大学，她不完美，但亮点很多，爱她没商量！”

三、学会学习

（一）学会自觉主动地学习

大学的自由度增加要求大学生必须学会自觉主动地学习，即有学习的动力和目标，有自我约束的能力，能积极主动地学习，不等不靠，精益求精，养成良好的学习习惯。

（二）学会高效率地学习

完成大学学业的难度加大，要求大学生必须学会高效率地学习，即善于总结学习的经验教训，及时改进学习方法、阅读方法、记忆方法、思维方法和发明创造的方法并活学活用，注意时间的科学运用，注意劳逸结合，学习效率就会显著提高。

（三）更加注重学以致用

大学阶段是大多数人求学的最后阶段，这一事实要求大学生必须在学习中更加注重学以致用，即在学习知识时有准确的分辨能力，能选择更有价值的知识加以学习，平时注意巩固知识，并通过多种形式运用所学知识，对参加实践活动积极热心，注重实效，注重知识向能力的转化，能够克服“读死书、读书死、死读书”和“高分低能”等问题。

四、摆正位置

（一）真正做到自尊自信

社会是由许多人组成的，在人群之中，能真正做到自尊、自信的人是能够摆正自己位置的人。大学生应当努力成为这样的人。具体来说，自尊就是对自己的价值保持准确的定位，相信自己是重要的，但又没有重要到事事处处充当中心、不可以被取代的程度；待人接物不卑不亢，对别人对待自己的态度不抱过高或过低的期望。真正自尊的人在任何情况下都不会自暴自弃，也不会自恋自负。自信就是对自己的能力有准确的定位，知道哪些事情力所能及、哪些事情力不从心，能做到的尽力而为、不轻易放弃，不能做到的敢于服输、不贸然尝试。诚如古人所说，“能为而不为，谓之懦夫；不能为而强为，谓之蠢汉”。自信的人不是懦夫，也不是蠢汉。

（二）重视后天因素

先天因素如性别、体质、智力、相貌等都只能接受而不能挑剔，甚至连出生地和家庭等也是无论其好坏都无法自己选择的。如果对这些方面感到不满，那就是纯属多余的自我伤害；如果因为受到老天爷的偏爱，在这些方面优势突出，并为此沾沾自喜甚至得意忘形，则显得浅薄可笑。许多优秀的人敢于拿自己的先天缺陷当众开玩笑，就是因为他们知道后天因素如知识、能力等更重要，更能体现自己的主观努力。大学生应当以他们为榜样。

（三）重视身内之物

生活与成才，都涉及人与物、身内之物与身外之物的关系问题。一名家庭主妇在家里铺设了高档木地板之后，就开始了对家人和自己的折磨过程，家人只要把地板弄脏一点儿她就会厉声训斥，自己发现一根头发也会跪在地上清理半天。这是属于不会生活的人。人成了物的奴隶，还不如没有这个物要好。汽车大王说："你把我的工厂毁掉，把我的资金抽走，但只要给我五年时间，我还会再成为汽车大王！"这是真正的企业家的心态，因为他懂得什么是身外之物、什么是身内之物，而身内之物的重要性远远超过身外之物。当代大学生用合理的态度对待钱、物，既不虚荣消费、挥霍浪费，也不当守财奴、把赚钱和存钱当乐趣，而是充分发挥钱、物的价值，尽其所用，维持生存，享受生活。

五、确立目标

（一）量体裁衣与量布裁衣相结合

过去有一个手艺很好的老裁缝，收了两个徒弟，这两个徒弟都很用功，手艺逐渐成熟。这天，老裁缝出了一道题要考考这两个徒弟的功夫如何，就给他们每人一块布，要求他们在规定时间内为他做一件美观合体的衣服。一个徒弟想给师傅做一件长衫，量完师傅的身体尺寸后就急急忙忙地动剪刀裁剪，等把布剪开了才发现布料不够做长衫，最后什么也没做出来。而另一个徒弟胸有成竹，做出了一件美观合体的马甲穿在了师傅身上。故事告诉我们，好裁缝需要做到量体裁衣与量布裁衣相结合。大学生在为自己确定目标的时候，也需要做到这一点。谁都想得到最理想的东西，但每个人的情况各不相同，在"布料"不多时，奢求做一件"长衫"就不如盘算做一件"马甲"实际了。

（二）把大目标分解为小目标

大学生确定未来的目标，应当先求其大，有一个长远的大目标；有了大目标之后，还要根据时间段把大目标分解为若干切实可行的小目标，"大步分小步"，"小步快走"，待小目标逐个实现了，大目标自然而然也就实现了。若大目标不加分解的话，就难以操作，难见进展，时间久了，自己就会泄气，这时候，志存高远就变成了好高骛远、眼高手低。

（三）克服拖延习惯

人是有惰性的，只要付出一分的力量就可以应付眼前的情境，往往不愿付出二分；只要一个事情不要求马上完成，往往习惯于"明日复明日"，一拖再拖。大学生确定属于自己的目标不难，制订计划也不难，难的是战胜自己的惰性，克服拖延的习惯，脚踏实地地落实计划，一步一步地实现目标。这一点能否做到，是决定大学生未来发展优劣的分水岭。

六、寻求帮助

（一）继续争取家庭帮助

大学生在经济上还不能自立，求学期间仍需要依靠家庭的经济援助，花费父母的劳动所得，这就需要协调关系、心理相容。俗话说："端谁碗，服谁管。"尽管不必要也不可能要求大学生对父母百依百顺，但也不能反其道而行之，伸手向父母要钱，又对父母不理解、不尊重，听不进父母的一句话。在遇到人生大事时，大学生应多向父母请教，毕竟父母的人生经验是一笔宝贵的精神财富。即使父母的意见、建议不可行，子女也应该做到态度上的诚恳谦和。子女有了这样的态度，父母又怎么会苛刻、狭隘地固执己见呢？

（二）广泛利用社会资源

大学有服务社会的职能，社会也为大学的发展提供了多种必需的资源。大学生入校之后开展的军训、体检、法制教育、安全教育、奖学金发放、贫困生资助等活动，就是在军队、医疗、司法、企业等各界人士的热心帮助下完成的，大学吸纳的社会资源使大学生成为受益者。大学生在加快适应新环境的过程中，也要广泛利用各种社会资源，寻求更为强大的社会支持。

问题讨论

1. 你认为自己是否已经完全适应了目前的新环境？最初在哪些方面有明显的不适应现象？

2. 谈谈自己未来的发展计划。

3. 你是如何理解自尊自信、自立自强的？

4. 你对心理学有什么印象？在你遇到心理方面的烦恼与困惑时，你会主动找心理学专业人员交流吗？

自我测试

测测你的心理适应性

心理适应性，又称为心理适应能力，即人对变化了的周围环境的适应。心理适应性强的人，在遇到各种复杂、紧急、危险或令人恐惧的情况时，仍能泰然处之，发挥自己的原有能力，甚至超水平发挥；心理适应性差的人，一遇到特殊情况，就会不知所措、紧张万分，甚至表现得十分无能，与平时的状态判若两人。下面是一个简单的心理适应性测试量表。它包括20个题目，每个题目后面有5个选项。请在阅读题目后，从中选择最符合自己实际情况的选项，并在下面画一条横线作为标记。

（1）假如把每次考试的试卷拿到一个安安静静、无人监考的房间去做，我的成绩一定会更好。

完全同意　　比较同意　　一般　　比较不同意　　不同意

（2）夜间走路，我能比别人看得更清楚。

完全同意　　比较同意　　一般　　比较不同意　　不同意

（3）每次离开家到一个新的地方，我总有些不适应，如失眠、拉肚子、皮肤过敏等。

完全同意　　比较同意　　一般　　比较不同意　　不同意

（4）我在运动会上取得的成绩常比体育课或平时练习的成绩更好。

完全同意　　比较同意　　一般　　比较不同意　　不同意

（5）我每次明明已把课文背得滚瓜烂熟了，可是在课堂上背的时候，总会出差错。

完全同意　　比较同意　　一般　　比较不同意　　不同意

（6）开会轮到我发言时，我似乎比别人更镇定，发言也显得很自然。

完全同意　　比较同意　　一般　　比较不同意　　不同意

（7）我在冬天比别人更怕冷，在夏天比别人更怕热。

完全同意　　比较同意　　一般　　比较不同意　　不同意

（8）在嘈杂、混乱的环境中，我仍然能够集中精力地学习、工作。

完全同意　　比较同意　　一般　　比较不同意　　不同意

（9）每次检查身体，医生都说我“心跳过速”，其实我平时的脉搏很正常。

完全同意　　比较同意　　一般　　比较不同意　　不同意

（10）如果需要的话，我可以熬一个通宵后精力充沛地学习或工作。

完全同意　　比较同意　　一般　　比较不同意　　不同意

（11）当父母或兄弟姐妹的朋友来家里做客时，我尽量回避他们。

完全同意　　比较同意　　一般　　比较不同意　　不同意

（12）出门在外，虽然吃饭、睡觉、环境等方面的变化很大，但是我很快就能习惯。

完全同意　　比较同意　　一般　　比较不同意　　不同意

（13）参加各种比赛时，赛场上越热烈，观众越喊加油，我的成绩反而越上不去。

完全同意　　比较同意　　一般　　比较不同意　　不同意

（14）上课回答问题或开会发言时，我能镇定自若地把事先想好的一切都完整地说出来。

完全同意　　比较同意　　一般　　比较不同意　　不同意

（15）我觉得一个人做事比大家一起做事的效率高一些，所以我愿意一个人做事。

完全同意　　比较同意　　一般　　比较不同意　　不同意

（16）为了求得和睦相处，我常常放弃自己的意见附和大家。

完全同意　　比较同意　　一般　　比较不同意　　不同意

（17）当着众人和生人的面，我感到窘迫。

完全同意　　比较同意　　一般　　比较不同意　　不同意

（18）无论情况多么紧迫，我都能注意到应该注意的细节，不会丢三落四。

完全同意　　比较同意　　一般　　比较不同意　　不同意

（19）和别人争吵时，我常常哑口无言，事后才想起该怎样反驳对方，可是已经太迟了。

完全同意　　比较同意　　一般　　比较不同意　　不同意

（20）我每次参加正式考试或考核取得的成绩，常常比平时的成绩更好。

完全同意　　比较同意　　一般　　比较不同意　　不同意

【计分与结果判断】

凡是单号题目，从第一到第五种的回答依次计1、2、3、4、5分；凡是双号题目，从第一到第五种回答依次计5、4、3、2、1分。将自己所得的分数累加求和，得到总分。总分在81～100分的，适应性很强；在61～80分的，适应性较强；在41～60分的，适应性一般；在21～40分的，适应性较差；在0～20分的，适应性很差。

第二章 自我意识篇——茫茫人海，我是谁

第一节 大学生自我意识的特点

经典案例

电影《无问西东》片段

清华学生吴岭澜，特别擅长文科，理科成绩一般，然而却选择了理工科（当时叫实科），他非常纠结。于是，他便找到当时清华校长梅贻琦，就有了下面这番对话。梅贻琦问吴岭澜："你读书为何？"吴迷茫地答："只知读书是对的。"梅又问："你英文、国文都是满分，物理却不在列，为何选实科，而不选文科？"吴答："只觉得实科更有用些。"梅贻琦点醒了他："什么是真实？你看到什么、听到什么、做什么、和谁在一起，有一种从心灵深处满溢出来的不懊悔也不羞耻的平和与喜悦。"吴岭澜重新定位，思考人生，思考生命的意义。后来，他对学生说："我在你们这个年纪，有段时间，远离人群，独自思索我的人生到底应该怎样度过。某日，我偶然去图书馆，听到泰戈尔的演讲，而陪同在泰戈尔身边的人，是当时最出名的学者（梁思成、林徽因、梁启超、梅贻琦、王国维、徐志摩），这些人站在那里，自信而笃定，那种从容让我十分羡慕。而泰戈尔，正在讲'对自己的真实'有多么重要。那一刻，我从思索生命意义的羞耻感中释放出来。原来这些卓越的人物，也是要花时间思考这些，谈论这些。今天，我把泰戈尔的诗介绍给你们，希望你们在今后的岁月里，不要放弃对生命的思索，对自己的真实。"

（资料来源：https://v.qq.com/x/page/a080690kzgc.html）

一、自我意识概述

（一）自我意识的概念

自我意识是人对自己、自己与他人、自己与周围环境关系的认识。自我意识包含认知、情感、意志等多种心理机能。它具有目的性、社会性、能动性等特点，对个性的形成和发展起着调节、监督、校正的作用。自我意识是个体意识发展的高级阶段，是人心理健康的标志，也是人类特有的心理现象。

（二）自我意识的类型

自我意识是一个具有多维度、多层次的复杂心理系统，可以从形式和内容上对它进行分析。

1. 按形式分类

从形式上看，自我意识由自我认识、自我体验与自我控制三种心理成分组成。

（1）自我认识。自我认识包括自我认知和自我评价两个方面。前者是个体对自身各种状况的了解，后者则是对自身各方面的评价，如“我是一个怎样的人”“我为什么是这样一个人”等。

（2）自我体验。自我体验是在自我认识基础上的一种情绪体验，即自己对自己是否满意的问题。满意则自我肯定，信心十足；反之，则自我否定，垂头丧气。

（3）自我控制。自我控制是自己对自身行为和思想言语的控制。它包含两层含义：一是自己对自己的设计，即“我应该做什么”“不应该做什么”；二是自己对自己的指导，即“我可以怎么做”。

自我认识、自我体验、自我控制三者相互联系、相互制约，统一于个体的自我意识之中。其中，自我认识是自我意识中最基础的部分，决定着自我体验的主导心境以及自我控制的主要内容；自我体验又强化着自我认识，决定了自我控制的行动力度；自我控制则是完善自我的实施途径，对自我认识、自我体验都有着调节作用。三个方面整合一致，便形成了完整的自我意识。

2. 按内容分类

从内容上看，自我意识可分为三种类型。

（1）主体我和客体我。自我可分为主体我和客体我。主体我是对自己活动的觉察者，客体我是被觉察到的身心活动。可以说，主体我指调节思维、情绪和行为的内部装置，而客体我指主体所认识到和体验到的、关于我自己是怎样的人的一种观念或看法。西方心理学家习惯于将主体我称为主格的我（I），而客体我则称为宾格的我（me）。例如，当人们评价自己“我认为我自己是怎样的人”时，第一个“我”即主体我，是对自己行为举止的觉察者，是人脑功能的体现；而后一个“我”则是客体我，是觉察的对象，是个人身心活动所体现出的“怎样的人”。

（2）现实我和理想我。现实我是个体从自己的立场出发，对现实生活中的我的认识，即对实实在在自我的认识，涉及的根本问题是“我实际上是一个怎样的人”；理想我是个体从自己的立场出发，对将来的我即想象的我的认识，其涉及的根本问题是“我想成为怎样的一个人”或“我应当是怎样的人”。

（3）本我、自我和超我。奥地利著名心理学家弗洛伊德在其人格理论中深入探讨了自我结构，他认为人格是由本我、自我和超我组成的。

① 本我。本我完全由先天的本能、原始的欲望所组成。它处于最底层，只知道满足和释放而不知道约束自己。本我像个暴躁的婴儿，非常贪婪而不开化，只对自己的需要感兴趣，一点儿也不听从现实和理性的指引。其行为表现多为原始性的冲动，其遵循的原则是只为快乐，肆无忌惮，且个人多不自知。

② 自我。自我是本我在与现实打交道的过程中分化出来的。因为本我是一种原始的快乐欲望，在现实生活中是行不通的，所以经过大脑思考就产生了一种“自我”的意识，让它来解决本我与现实的矛盾和冲突。自我是人与外部世界的媒介，它适应环境中的一些条件和限制，代表人的学习、训练和经验，遵循现实原则。

③ 超我。简单地说，超我就是道德化了的自我。超我代表着道德标准和人类生活的高级层面，是最文明的部分。超我在个体身上发展着，逐步地按照文化教育、宗教要求和道德标准而采取行动。超我是社会规范中是非标准与价值判断的代表，它遵循道德原则，支配、监督个人的一切。

二、自我意识的形成与发展

自我意识是在个体与周围环境的相互作用中形成和发展起来的。个人自我意识的发展从无到有直至最后成熟大致要经过30年的时间。个体自我意识从发生到相对稳定再到成熟，大体经历3个时期：生理自我、社会自我与心理自我。

（一）生理自我

生理自我又称物质的自我，是个体对自己身体和生理状况的认识与评价。在生命之初，婴儿是没有自我意识的，他们不能把主体我与客体事物区分开，甚至不能意识到自己和外界事物的区别。他们经常吮吸自己的手指或脚趾，就像吮吸母亲的奶头一样津津有味，因为他们把母亲当作了自己的一部分。到1岁左右，儿童才开始区分自己的动作与动作的对象，并逐步意识到自己的动作以及动作的目的和动机，有了自我意识的萌芽。

3岁左右的儿童，自我意识有了新的发展，主要表现在3个方面。起初，第一人称“我”的使用频率提高，许多事情都要求“我自己来”，开始有了自立的要求。应该说，3岁儿童的自我意识已基本形成，他们能使用自己的名字，并进一步用第一人称“我”来代表自己，开始意识到自己行为的后果及成人对自己的态度。接着，出现了羞愧感与疑虑感。当做错事时，儿童会感到羞愧；当碰到矛盾时，儿童会感到疑虑。最后，出现了占有欲和嫉妒感。儿童看到自己喜欢的东西，就独自占有，不愿与人共享；如果母亲对其他儿童表现出关心和喜爱，他会产生强烈的嫉妒感。

总体来看，3岁儿童的自我意识已经基本形成，但其行为仍然以自我为中心，即以自己的想法解释外部世界，并把自己的想法和情感投射到外界事物上去。

（二）社会自我

从3岁到青春期，是个体受社会文化影响最深的时期。个体在家庭、幼儿园、学校中，通过模仿、认同、练习等方式，逐渐形成各种角色观念，如性别角色、家庭角色、伙伴角色、学生角色等。这一时期，也是获得社会自我的时期。他们开始意识到自己在人际关系、社会关系中的作用和地位，能意识到自己所承担的社会义务和享有的社会权利等。

少年期以前，个体的眼光是向外的，引起他们兴趣和注意的是外部世界，他们对自己的内心世界视而不见。他们虽然已经意识到自己是一个主体，可以充分认识到自己的行为，但不能很好地了解自己；常常把自己的情绪视为某种客观上伴随行动而产生的东西，而不懂得情绪是自己的主观感受；也不善于用自己的眼光去认识世界，而是照搬成人的观点作为自己对外部世界的认识。

这一时期，儿童所意识到的自我往往是片面的和表面的自我，很少有内部心理状态的认识和体验。

（三）心理自我

从少年期到成年，大约有10年的时间，个体的自我意识趋于成熟，并逐步获得了心理自我。心理自我是个体对自己个性特征等的认识。

进入少年期，个体自我意识的发展出现了质的飞跃，独立性、自觉性和自律性都有了迅速发展，并开始深入自己的内心世界，开始意识到自己的个性品质，但水平还不高，发展的过程也比较平稳。

进入青年期，人的自我意识发生了质变，心理活动指向了内心世界，自我意识的深度和广度都有了前所未有的发展，开始从社会性方面意识到自己的存在，并从社会性方面认识和评价自己、体验和调控自己。

到成年期，人的自我意识迅速发展并趋于成熟，有了个体追求的生活目标，出现了与价值观相一致的理想我。

自我意识的形成和发展过程，正是一个人人格成长的过程，无论忽视了哪一阶段的健康成长，都会给一个人的发展带来不良的影响。

三、大学生自我意识发展的特点

大学生群体处于特定的年龄阶段和特定的校园文化环境中，因而自我意识的发展有其自身的特点。

（一）自我认识更加自觉和主动，自我评价较符合实际

大学生对认识和评价自我有浓厚兴趣，并且更加自觉和主动。他们不再说“别人说我是什么”，而是说“我是具有主见的人”；也不再只用社会的期望来认识和评价自己，而是通过对自己的深刻分析来认识和评价自己。大学生自我评价的途径进一步多样和完善，开始根据周围更多人对自己的各种态度来认识和评价自己，开始将自己与地位、条件相似的人进行对比来评价自己，同时较理智地对自己进行分析和认识，自我评价较符合实际。

（二）自我体验丰富但易波动

大学生的自我体验比较丰富，可以说是一生中最“多愁善感”的一个年龄阶段。一般来说，大学生自我体验的情绪、情感基调是积极的、健康的。在一项关于大学生自我体验的调查中，研究人员列举了20对描述情感自我体验的词或成语（如热情—冷漠、憧憬—悔恨、自信—自卑、愉快—愁闷等），要求被试者从中选出10个表达自己近半年来心情的词语。被调查的358名大学生的选择结果表明，大学生自我体验的基调倾向于热情、憧憬、自信、舒畅、紧张、急躁等。其中，男生倾向于选择紧张、自信、热情、憧憬、急躁，女生的选择则多是热情、急躁、舒畅、憧憬、愁闷。一般来

说，在自我体验方面，男生比女生更具有自信心，更富有活力，但容易急躁；女生则更热情，更迫切地要求取得成功，内心舒畅感更明显，但容易发愁。

大学生的自我体验虽然丰富，但有一定程度的波动性。凡是涉及“我”及与“我”相联系的事物，常常会引起他们的情绪、情感反应。他们对别人的言行和态度极为敏感，但常把自己的情感体验闭锁于内心。他们内心体验的波动性较大，情绪具有明显的两极性：取得成绩时容易产生积极肯定的自我体验，充满自信，甚至骄傲自满、忘乎所以；遇到挫折时又易产生消极否定的情感体验，甚至自暴自弃、悲观失望。

（三）自我控制能力有较大的提高

大学生自我控制的自觉性与独立性显著增强，自我控制能力明显提高。大学生有强烈的自我设计和自我规划的愿望，强烈要求独立和自主，希望摆脱依赖和管束，按照自己的意愿行事；他们能够自觉地根据社会的要求来调节自己不合实际的目标和动机，能够在较高水平上驾驭自我。但大学生自我控制的水平还不是很高，不善于迅速、及时地调整自我追求的目标和行为，也不善于理智地控制自己的行动。大学生中偶发事件的频频发生，就是不善于控制自我的结果。

（四）大学生自我意识开始分化

自我意识的分化，是自我意识开始走向成熟的标志。大学生自我意识的发展是从明显的自我分化开始的。原来完整笼统的我被打破了，出现了两个我：主体我和客体我。伴随着主体我和客体我的分化，理想我和现实我开始分化。自我的分化，使大学生主动、迅速地对自己的内心世界和行为具有了新的意识，开始意识到那些从前没有注意过、没有为之引起过思想波动的“我”的许多方面和细节。于是，自我内心活动复杂了，自我沉思、内省的时候明显增多了，要求有属于自己的一片空间，渴望被理解、被关怀，为自己应该怎样做、能怎样做开始认真地动脑筋，不再像中学生那样随波逐流了。

（五）大学生自我意识的统一

自我意识的分化、矛盾所带来的痛苦，不断促使大学生寻求方法以求得自我意识的统一。自我意识的统一，主要指主体我与客体我的统一、理想我与现实我的统一，也表现为自我认识、自我体验和自我控制的统一。

由于每个大学生的社会背景、生活经验、追求目标、个性特点等方面存在差异，大学生自我意识统一的途径也不尽相同，于是产生了以下3种统一类型。

1. 自我肯定型——积极的统一

这种类型的特点是正确的理想我占优势，对现实我的认识比较全面、客观、深刻，理想我与现实我能够通过积极的努力达到统一。统一后的自我完整而强有力，既适应社会发展的需要，又有助于大学生自身的健康成长。这种类型的人在大学生中占大多数。

2. 自我否定型和自我扩张型——消极的统一

自我否定型的特点是对现实我的评价过低，理想我与现实我的差距太大，经过努力仍无法缩短距离，或距离虽不大，但缺乏自我驾驭能力，缺乏自信，心理常呈现一种消极的防御状态。理想我与现实我的消极统一，并不是通过积极地改变现实我去实现理想我，而是在一定程度上放弃理想我而迁就现实我，以求得自我意识的统一。

自我扩张型的大学生过度地高估了现实我，以致形成虚妄的判断，确立了一个不实际甚至错误的理想我，并认为理想我的实现轻而易举。这类学生常以幻想的理想我代替现实我，其自我带有白日梦的特点，并且很容易产生心理变态，个别同学还可能用违反社会道德甚至违法犯罪的手段谋求理想我与现实我的统一。例如，有的同学为满足自己“人生在世，吃穿二字”的物质需要，不惜偷盗同学或学校的财物，以供自己挥霍。

3. 自我萎缩型和自我矛盾型——难以统一

自我萎缩型和自我矛盾型主要指自我难以协调，自我意识难以统一。

自我萎缩型的大学生表现为理想我极度缺乏或丧失，对现实我极为不满，可又觉得无法改变，于是要么放弃对理想我的追求，消极放任，玩世不恭，要么自怨自艾、自暴自弃、孤独沮丧，严重者可导致精神分裂或因绝望而轻生。这种类型的人在大学生中占极少数。

自我矛盾型的大学生，理想我与现实我无法协调，自我意识难以统一。这类学生的内心冲突强度大、延续时间长，自我认识、自我体验、自我控制缺乏稳定性和确定性。这种类型的人在大学生中也占极少数。

总之，大学生的自我意识由分化、矛盾至统一的过程不是绝对的，具体到每一个大学生，自我意识分化、统一的时间和模式等都会有所不同。

总体而言，大学生自我意识的发展水平是比较高的，但在不同年级会有明显差异，而且大学生自我意识发展的趋势与其心理障碍的表现趋势似乎存在某种对应关系。大学一、二、四年级学生的自我意识随着年级的升高而发展，而三年级是大学生自我意识发展波动最大的时期，也是内心矛盾冲突最尖锐、思想斗争最激烈、回顾与展望时间最多的时期。因此，大学三年级是大学生自我意识发展的相对稳定阶段中的不稳定时期，是一次新的上升时期，也是大学生自我意识发展的转折时期。

大学生的自我意识在大学阶段得到了迅速的发展，这种发展经历着一个明显典型的分化—矛盾—统一的过程。

四、自我意识与心理素质的关系

自我意识是人脑对主体自身的意识与反映，另外由于人的发展离不开周围环境，特别是受人与人之间关系的制约和影响，所以自我意识也反映人与周围现实之间的关系。自我意识是人类特有的反映形式，是人的心理区别于动物心理的一大特征。

心理素质是人的心理过程和个性所体现的心理品质的总和，也是人的智力因素与非智力因素的总和。

（一）大学生良好心理素质的体现

1. 正确认识自我

具有良好心理素质的大学生，能正确地认识和评价自己，了解自己的优点和缺点，清楚自己的能力、特长和性格；做事有信心，对自己的缺点能够坦然面对，不掩饰，不伪装，树立符合自身情况的抱负目标。

自我意识是自己对所有属于自己身心状况的意识。第一层次是对自己的机体及其状态的意识，第二层次是对自己的认知、情感、意志等心理活动的意识，第三层次是对自己的外部行为以及人际关系的意识。

学会接纳自己的优点和长处，也要接纳自己的缺点和不足。它们都是自己身上不可或缺的组成部分，从而构成"你自己"。要明白"每个人都是独一无二的"，"吃你的饭，穿你的衣"，"我对自己负责，没有别人要对我负责"，"无论我是谁，我都是我自己的创造"。

自卑源于比较，而不是源于真实。有的学生因自身素质或成长背景存在一些不足，在心理上有时表现出不愿接纳自己；有的大学生因为自己的相貌而烦恼或者不接纳自己；也有的大学生因为自己没有特长而烦恼，或为某些方面的欠缺而苦恼。要懂得，没有十全十美的人，也没有完全相同的两个人。还有的大学生缺乏对自己的理性思考，凭"感觉"生活。还有的大学生缺乏磨炼，自视很高，遇到挫折马上跌落到情绪的低谷或产生较重的逆反和敌视心理，喜欢挑剔别人所做的一切并批评别人。

大学生应树立"我不能选择出身，但能选择生活；我不能改变现实，但可以改变对现实的态度"的意识，自尊自爱，自强自立。

2. 正视现实，适应环境

心理素质好的大学生，较容易适应自然环境与社会环境的变化，对急剧变化的环境表现出良好的适应能力；能发挥主观能动性，正常地学习、生活和工作，保持人与自然、社会的和谐；对周围事物和环境能做出客观的认识和评价，并能与现实环境保持良好的接触；能在环境改变时正确面对现实，对环境做出客观、正确的判断，不怨天尤人；能与社会保持良好的接触，使自己的思想、行为与社会协调一致。心理素质不良的大学生，往往以幻想代替现实，没有足够的勇气接受现实的挑战，总是抱怨自己"生不逢时"，或责怪社会环境对自己不公平而怨天尤人，因而无法适应现实生活。

有这样一个故事，一个老太太有两个女儿，大女儿卖布鞋，二女儿卖雨伞。晴天，她担忧二女儿卖不出去雨伞；雨天，她担忧大女儿卖不出去布鞋。总之，她每天都是担忧。有人提醒她说："你为什么不反过来想呢？如果是晴天，你就为大女儿能卖出布鞋而高兴；如果是雨天，你就为二女儿能卖出去雨伞而高兴。这样，你每天都会高兴，该多好！"如果凡事从消极方面去看，就会使人的思想与客观环境对立起来，使人觉得事事不如意。

3. 情绪正常，乐于交往

良好的心理素质能使大学生保持愉快、开朗、自信和满足，善于从生活中寻找乐趣，对生活充满希望；情绪稳定性好，具有调节、控制自己的情绪以保持与周围环境动态平衡的能力；乐于与人交往，不仅能接受自我，也能接受他人、悦纳他人，能认可他人存在的重要性和作用；能融于集体中，在与人相处时，积极的态度（如友善、同情、信任）总是多于消极的态度（如猜疑、嫉妒、敌视），因而在社会生活中有较强的适应能力和较充分的安全感。和谐的人际关系既是良好心理素质不可缺少的条件，也是获得心理健康的重要途径。

4. 有完整统一的人格品质

人格在心理学上指比较稳定的心理特征的总和。心理素质良好的大学生，其人格是完整统一的，具有相对稳定性，即个人的所想、所说、所做都是协调一致的。大学生完整统一的人格的主要标志：人格结构的各要素完整统一；具有正确的自我意识，不产生自我同一性混乱；以积极进取的人生观作为人格的核心，并把自己的需要、愿望、目标和行为统一起来。心理素质不好的大学生，往往是所想、所说和所做互相矛盾或对立，各种人格特征互相抵触或混乱，思想、言论、行为很难统一。

5. 心理行为符合年龄特征

人在生命发展的不同年龄阶段，都有相对应的不同的心理行为表现，从而形成不同年龄阶段独特的心理行为模式。心理素质好的大学生，应具有与自己的年龄特征相符合的心理和行为。如果心理和行为经常偏离自己所属的年龄特征，如老气横秋、老态龙钟，或幼稚撒娇、易哭易笑等，则是心理不健康的表现。

（二）大学生健康自我意识的体现

1. 正确认识自我

健康成熟的自我意识，是以正确地认识自己为基础的。正确地认识自己，不能单凭自己的主观印象，而是要在与他人的交往活动中，在自己不断的社会实践中，逐渐地形成对自己比较客观、合理的认识。

2. 积极悦纳自我

认识自己难，接受自己和悦纳自己则更难。积极地悦纳自己是无条件地接受自己的一切，包括好的、差的、优势和劣势等各方面，喜欢并接受自己。具有较高的自我价值感，是发展健康自我意识的关键。悦纳自己有以下特征：

（1）自我接受。既能够认识自己的缺点，又不过分苛求自己，能正确理解对完美的追求，对缺点不仅能认识，更能明白怎样去克服。

（2）喜欢自己并悦纳自己。自己喜欢自己，“自我感觉良好”的同时，又不会看不起别人，怡然自得。

（3）对自己的价值有适当的尊重。不一定非要认为自己比别人更能干或能力更高才自我悦纳，换言之，不一定要追求高能力感或高效能感，而应学会尊重自己。

3. 有效调控自我

自我调控是大学生主动地改变自己的心理品质及行为特征的心理过程，是大学生健康的自我意识的集中体现。很多大学生对自我抱有很高的期望，但因为没有足够的自制力和意志力，而经受不住挫折和打击，无法实现理想我。

4. 良好的自我管理能力

自我管理能力指大学生能按照高等学校和社会所规定的大学生行为规范进行自我调节活动。相对于学校管理而言，它是指大学生主动的、内在的自己对自己实施管理活动的能力。心理学研究表明，学生的学习活动及结果在受智力因素影响的同时，还受到非智力因素如情绪、态度、兴趣、动机的影响。著名心理学家L. M. 特尔曼通过对1000名学生进行跟踪调查，得出结论：高成就者与低成就者在心理素质方面的显著差异是在理想、进取心、自信心、坚持性等非智力因素方面，其成功与否的差异也正是自我管理能力的差异。

大学生正处在自我同一性形成的关键时期，富于理想，对未来充满憧憬，常常为自己设计一个完美的理想我，但由于缺乏生活经验和适应能力，对社会的认识和实践具有局限性，所以理想我与现实我尖锐对立，从而造成了心理上的种种困惑。积极的自我观念是十分必要的，要充分了解它，找到自我意识统一的突破点，尽早实现自我意识的统一。

第二节　大学生自我意识的偏差

经典案例

自卑的“我”

李某来自农村，家境不佳，相貌平平，个子矮小，从内心深处有一种自卑感。他要努力完成学业，也要为生计奔波。在别人的眼里他是个坚强而有头脑的人，而他却不这样认为，他觉得这只是一种无可奈何的选择。平时他与周围的人相处融洽，似乎是个开朗的人，但他说那不是他，他不敢与人谈自己的家、谈那份奔波的辛劳，因为这些都是心底最隐秘的东西，是让他感到极度自卑的地方，想改变却又是徒劳的。他认为这个“自卑”的我才是真正的“我”，而那个外在的“我”不过是个假象而已，从来也不曾真实地存在过。后来，他考上了研究生，但这并没给他带来喜悦，从读研的第一天开始，他就准备换一个专业，他在学业、生活中拼搏，以此来减轻自卑感。后来，他爱上了一个女孩，但由于自卑，没有勇气表白。

——笔者心理咨询案例

一、自我概念的矛盾

如上一节所述，大学生自我意识发展的一个特点是其自我意识开始分化，自我“一分为二”，出现了主体我和客体我、理想我和现实我，并且他们发现主体我和客体我、理想我与现实我之间存在着较大差距，而这种差距又不是一时半刻能消除的，甚至在短期内两个自我的矛盾冲突还会加剧。例如，有的同学希望自己成为一个开拓型人才，向往着干一番惊天动地的大事，但实际上自己连目前的学习都跟不上；有的同学希望自己豁达开朗，却不时要为小事而烦恼生气等。这正是理想我与现实我矛盾冲突的反映。这种矛盾与冲突造成了大学生内心的不安和痛苦，也带来了大学生自我概念的矛盾冲突。归纳起来，大学生自我概念的矛盾冲突主要表现在以下5个方面：

（一）理想我和现实我的矛盾

理想我和现实我的矛盾是大学生自我意识矛盾中最突出、最集中的表现。大学生普遍对未来充满了信心，抱负较高，成就欲望较强，社会和家庭对他们的赞誉较多，期望值也较高，因而容易将理想我过度拔高，形成过度的自我膨胀。然而，其社会实践活动较少，生活范围比较狭窄，缺乏社会经验，在大学环境里又人才济济，面对新的同学、新的环境应该及时调节自我认识、自我观念，但他们都缺乏这方面的经验，这样，理想我与现实我就发生了较大的冲突，产生较大的差距，两个自我无法统一。其结果，一方面，给大学生带来许多苦恼和不满，如果不及时调节就会出现自我意识的分裂与统一的心理问题；另一方面，会激发大学生积极进取，将现实我与理想我结合起来，缩小其间的差距，逐步摆脱积存于内心的不安和痛苦，使两个自我统一起来，促进大学生心理健康发展。

（二）主观我与客观我的矛盾

主观我是把自己作为主体“I”，客观我是把自己作为客体“me”来认识，也包括自己在别人心目中的形象和地位的意识。例如，自我感觉良好，认为自己一定能评上“三好学生”，而自己在同学和老师心目中的真实形象与自我形象大相径庭，结果连提名都没有，受到挫折成为必然。还有同学自认为自己能力强，报名参加一些学生组织，认为自己一定能被选上，还能成为主要学生干部，但由于同样的原因，自视过高，民主评议的结果很不理想，那么结果就可想而知了，其情绪会因此一落千丈。

（三）独立意识与依附心理的矛盾

随着大学生心理成熟度的提高，其独立意识迅速发展，渴求经济、生活、学习、思想等方面的独立，有时俨然以成人自居，希望独立自主地解决自己生活、学习上遇到的各种困难和问题，而不愿意像中学时代那样受到老师和家长太多、太严的约束和管理，少数大学生逆反和独立的倾向会更强一些。但是，大学生的心理成熟度又是有限的，而且这种成熟度又受到了经济基础的制约。对于经济上还不能独立，需要家庭、学校和社会给予更多资助和关爱的大学生来说，尚无法真正做到人格上的独立，心理上依然存在着对成人的依赖性。这种独立意向与依附心理的矛盾，一直是困扰大学生的一个突出问题。

（四）交往需要与自我封闭的矛盾

大一新生刚离开熟悉的家庭，初入新的环境，在集体生活中很容易产生远离父母和中学好友的失落感与不适感，非常需要新的友谊来补偿。另外，面对比过去更复杂的学习、生活方式和自身的种种矛盾，他们比任何时候都需要老师、朋友的理解、支持和帮助，迫切需要友谊，渴望理解，希望能得到爱和归属感。他们有着强烈的交往需要，希望从长辈那里获得理解和支持，从朋友那里获得真挚的友情，可以探讨人生，分享苦乐。但大学生在渴望交往的同时往往又有自我封闭的倾向，对他人存有较强的戒备心理，不愿主动敞开心扉与别人进行心灵的对话，总觉得只有自己才是真实可靠的，始终在心理上与他人保持一定的距离。他们渴望得到心灵的慰藉与爱抚，却又不太懂得和谐融洽的人际关系是人的积极情感产生的温床，也是从他人那里获得需要的信息与帮助的途径。无法敞开自己的心扉，就无法避免心灵爱抚与自我封闭的矛盾冲突。

（五）自信心与自卑心的矛盾

自信心是对自己力量的充分估计，是自我意识的重要组成部分。自卑心是一种自己轻视自己，觉得自己处处不如别人的心理特征。大一新生中，有相当一部分同学在中学时是学习尖子、班干部和三好学生，具有很强的心理优势，而进入高手如云的大学后，由于原来的优势不存在了，往往有一种失落感，进而产生自卑心理，更有甚者心灰意冷、自暴自弃。还有一些大学生自我完善的愿望过于强烈，一旦意识到自己与所追求的“完人”的差距太大，往往会从自信的高峰跌入自卑的低谷，导致对现实我的强烈否定，从而产生自卑心理。

二、大学生自我意识发展的偏差

从总体来说，大学生自我意识的发展水平较高，但尚未完全成熟，容易出现问题，影响自我意识的正常发展。因此，探讨大学生自我意识发展的偏差及表现，有助于促进其自我意识的健全发展。

（一）自我意识过强或过弱

1. 自我意识过强或过弱的表现

自我意识过强的大学生，表现为过高地评价自我。他们对自己的肯定性评价往往超出自己的实际能力和表现，很少认识到自己的缺点和短处，不切实际地高估了自己的能力和长处。自我评价过高的人在人际交往中总是居高临下，看不起他人，其人际交往的模式是“我好，你不好”，“我行，你不行”。自以为是，不易处理好人际关系。较强的自我意识，本来是大学生走向成熟的一个标志，有助于大学生自尊、自信、自立、自强。然而，“过犹不及”，自我意识过了头，就会成为缺陷。

自我意识过弱的大学生具体表现出自我拒绝，即在自我评价、自我接纳及自我控制中采取否定、消极的态度。他们对自己采取否定的态度，不喜欢自己的一切，讨厌自己的缺点，常常抱怨和指责自己，希望自己变成另外一种人，但又无力改变自己的现状，严重的可能发展为自暴自弃，失去生活的乐趣。他们一般不喜欢与别人交往，即使交往，其人际交往模式也一般是“我不好，你好”，“我不行，你行”，或者“我不好，你也不好”，“我不行，你也不行”，因而很少有朋友。自我意识过弱的大学生看不到自己的价值，只看到自己的不足，感到自己什么都不如他人，处处低人一等，对自我易丧失信心，严重的还可能由自我否定发展为自我厌恶甚至走向自我毁灭。

2. 自我意识过强或过弱偏差的调适方法

（1）确立合理的评价参照体系和立足点。自我评价的参照体系和立足点如何，往往能影响一个人自我评价的正确与否，过高或过低的参照体系都易使自我意识出现偏差。以弱者为参照，易产生自高自大的自我评价；以强者为标准，则易产生自卑。因此，大学生应选择合适的标准，或者更重要的是以自己为标准，按照自身的条件评定自己的价值。大学生应该立足自己的长处，接受并尽力弥补自己的短处。成功时多反省自己的不足，以便再接再厉；失败时应多看到自己的长处和成绩，以增强自信和勇气。

（2）树立正确的认知观念。人不能十全十美，每个人都有长处和不足。人既不可能事事都行，也不可能事事都不行。一事行不能说明事事都行，一事不行也不能说明事事不行。一个人应该接纳自己的一切条件，并肯定它的价值，既不自以为是，也不妄自菲薄。

（3）培养独立和健康的人格品质。例如，自信而不狂妄，谦虚而不自卑等。

（二）过强的自尊心或自卑感

1. 过强自尊心或自卑感的表现

自尊心是要求别人尊重自己的言行和人格，维护一定荣誉和社会地位的一种自我意识倾向，是一种与自信心、进取心、责任感、荣誉感等密切联系的积极心理品质。每个大学生都有强烈的自尊心，争强好胜，不甘落后，这与他们青年期的心理特点是分不开的。但自尊心过强，往往会把大学生带入骄傲、自大、唯我独尊的误区。自尊心过强的大学生缺乏自我批评，也听不进别人的批评，很少看到自己的缺点和错误；为了维护自己的自尊，有时会千方百计地掩饰真实的自我，抬高自己的形象，自欺欺人；也容易受到伤害，从而引发人际冲突或心理困扰。

自卑感是在和别人比较时，由于低估自己而产生的情绪体验。个体心理学认为，人普遍存在着自卑感，因为每个人都有不如他人的一面。大学校园是人才济济、高手如林之地，不少同学在学业、能力、经济等方面有自卑的倾向和感受亦很正常。但有的同学过度自卑，斤斤计较自己的缺点、不足和失误，时时担心别人看不起自己，所以常采取回避、退缩的态度，不敢抛头露面，害怕自己会做出令人笑话的举动来。在人际交往中自信心不足会使人显得很被动。因此，过分自卑，不仅会影响大学生的学业进取心，而且会影响其人际交往的主动性和能力的发挥。

事实上，过分的自卑往往与过分的自尊有关系。过分的自卑可以说是一种畸形的变态的自尊，那些自尊心表现得过于外显、强烈的人往往是极度自卑的人。

2. 过强自尊心或自卑感的调适

自尊心、自卑感过强都会影响大学生的心理发展和人格成熟，因此必须对自己进行调适。

（1）对过强自尊心和自卑感的危害要有清楚的认识。只有清楚地认识到其危害，才能有勇气和决心改变自己。

（2）应客观、正确、自觉地认识自己，无条件地接受自己，扬长避短。

（3）对外界影响保持相对独立的态度。正确对待自己的得失，勇于坚持正确的、改正错误的。

（4）根据经验调整自己的期望值，确立合适的抱负和理想。

（5）正确地表现自己，对自己的经验持开放态度，同化自我，但要有限度。

（三）过分的独立意向或逆反心理

大学生正处在青年中期，独立的愿望十分强烈。大学校园生活也给大学生的独立提供了条件，如远离父母，老师也不再管得太多等。可以说，大学生自我意识发展最显著的标志之一就是独立意向。但是独立意向过强，就会成为缺陷。有的同学过分强调独立，处处与老师或集体过不去，凡事喜欢我行我素，讨厌学校的规章制度，希望一切都按自己的意愿去办，因此常常为了显示独立性而做出不理智的行为，甚至违反校规校纪。还有些大学生把独立理解成“万事不求人”，不需要别人的帮助，其结果是在现实生活中遇到困苦挫折，只能自吞苦果，生活得极为沉重。再者，独立并不意味着独来独往、我行我素、不顾社会规范，而是个体在感情上、行为上能对自己负全部的责任。

逆反心理也是大学生自我意识发展过程中的一种产物。就逆反心理本身而言，它有双重性：一方面，表现了青年人的反抗精神、独立意识；另一方面，不少人不能准确把握反抗的尺度，表现出过度的逆反心理。逆反心理过度的大学生，往往采取非理智的反应方式。其表现为：在内容上，不区分正确与错误、精华与糟粕，一概排斥；在手段上，只是简单地拒绝和对抗，情绪成分大；在目的上，只是为了反抗而反抗。其逆反的对象多是家长、老师和社会宣传的观念等外界权威，其结果是阻碍了大学生学习新的或正确的经验，不利于其健康成长。

对过分独立意向和逆反心理进行调适的方法：正确理解独立的含义，知道什么是真正的独立；掌握好自我独立性与外界权威规范的关系，既能适应外界的要求，又保持独立性。

（四）自我中心或从众心理

自我中心的突出表现是凡事从自我出发，不能设身处地地进行客观思考，对他人的感受、建议不屑一顾，缺乏自我批评，也不允许别人批评自己；当愿望不能满足时就会发脾气，处事总认为自己对、别人错，喜欢把自己的意愿强加于人。因而，他们不易得到他人的好感和信任，人际关系往往较差，多遭到别人的否定、拒绝，自我感觉很不舒服，自我意识易混乱。

自我中心的人要主动进行调适，可以从以下3点做起：

（1）摆正自己的位置，既重视自己也不贬低他人，自觉地把自己和他人、集体结合起来，走出自我中心的小天地。

（2）学会移情，能与人“将心比心”。站在他人的角度，设身处地地想一想，尊重他人的感受，关心他人。

（3）实事求是、恰如其分地评价自己，既不能把自己看得过高，也不要把自己看得太低，力争找到合适的自我。

与自我中心相反的另一现象是从众心理。从众心理一般人都有，但从众心理过强，则表现为没有自己的是非观念和独立见解，凡事自己不敢下判断、做决定，对自己的实力没有信心，所以总是随波逐流，人云亦云，盲目地跟着别人走。例如，看到别人谈恋爱，自己也急着找对象；看到别人抽烟，自己也参与其中。至于宿舍里、教室中一呼百应、盲目从众的现象更是屡见不鲜。这种独立性的缺乏，致使大学生的创造力受抑制、自主性被阻碍，助长了一些不良风气的蔓延。

对于大学生而言，在求学、就业、交友、婚恋等方面虽不能随心所欲地满足自己，但有充分的自由去思考、去分析、去了解，至少也应该独立思考。勇于独立思考，善于独立思考，能坚持自己正确的观点，不受他人影响，保持自己的个性，是克服从众心理的最基本也是最重要的途径。

第三节　大学生自我意识的完善

经典案例

印第安老人汽车的马力

美国培训专家吉格勒在《通向事业高峰的捷径》一书中讲述了一个有关潜能的故事。美国人在俄克拉何马发现石油的时候，那片土地的所有权属于一名年老的印第安人。这名印第安老人一直处在贫穷之中，发现石油之后，他顿时变成了有钱人。于是，他买了一辆凯迪拉克豪华旅行车，还买了一顶林肯式大礼帽，系了蝴蝶领带，并且抽着黑色大雪茄。这就是他出门时的装备。他每天都开车到附近的俄克拉何马城，他想看每一个人，也希望被每个人看到。他是一个友善的老人，当他开车经过城镇时，把车一会儿开到左边，一会儿又开到右边，跟他遇见的每个人说话。有趣的是，他从未撞过人，也从未伤害过人，原因很简单，在他美丽的旅行车前面，有两匹马拉着。当地的技师说，那辆汽车一点毛病也没有，只是因为这名印第安老人永远学不会插入钥匙去开动引擎。汽车内部原本有100匹马力，而现在很多人都误认为那汽车只有2匹马力而已。

其实，在生活中，绝大多数人都像老人的汽车一样，表现出的能力远远比不上自身实际拥有的能力。

（资料来源：http://www.docin.com/p-2413498.html）

一、衡量健康自我意识的标准

健康的自我意识是大学生健康成长、全面发展、走向成功的必备要素。每一个立志成才的人，必须逐步培养健康的自我意识，促使自我意识尽快成熟。

什么是健康的自我意识？对于这一问题，心理学家尚无统一的界定，但他们大多在论述心理健康标准时对健康的自我意识都有相应的描述。例如，美国心理学家奥尔波特提出关于心理健康的6条标准里就有“能客观地看待自己”；马斯洛和米特尔曼提出的心理健康10条标准中有2条涉及自我意识，即“能充分地了解自己，并能对自己的能力作出适度的估计”和“能适度地发泄情绪和控制情绪”。我国学者樊富珉教授提出的5条标准很有参考价值，具体如下：

（1）一个有健全自我意识的人应该是一个自我肯定的、自我统合的人。

（2）一个有健全自我意识的人应该是自我认识、自我体验、自我控制协调一致的人。

（3）一个有健全自我意识的人应该是独立的，同时又与外界保持协调的人。

（4）一个有健全自意识的人应该是一个自我发展的人，其自我具有灵活性。

（5）一个有健全自我意识的人是一个心理健康的人，不仅自己能健康发展，而且能促进社会文化的发展和进步。

这5条标准为健康自我意识的培养和调适提供了依据。

二、成熟自我的特点

关于自我意识的结构问题，取得了大多数心理学家的基本认同，认为自我意识包括自我认识、自我体验和自我控制，但在成熟自我的看法上还是各持己见。这些意见可以说各有千秋，难分轩轾，不过一般认为成熟的自我应有以下特点：

（一）自我同一感

达到了“主体我”和“客体我”或“现实我”和“理想我”的统一，“我”就是“我”，一个完整的“我”，一个无论何时何地都可以真实体验的“我”，所有关于“我”的认知、体验和控制都是身心合一的体现。

（二）现实责任感

能将自身的愿望与社会责任相互协调，摆脱不符合年龄的自我中心和盲从状态，体验到行为与结果间“自我”的直接责任。

（三）主动控制感

能为自己的行为负责，并愿意为此负责，相信可以通过“自我”的能力适应环境、改善环境，相信自己的思维和行动可以由“自我”控制，相信“自我”是一个可以发展并不断发展的过程。

成熟的自我必定是心理健康的，因为成熟的自我有着健康的认知、健康的体验和积极的行动，知、情、意的统一、协调是心理健康的标志。

三、大学生完善自我的途径与方法

大学生的自我意识虽然已达到较高的发展水平，但是仍存在一些不成熟的方面。因此，大学生要正确地对待自我，不断完善自我，培养健康的自我意识。

（一）了解自我，认识自我

古人云：“人贵有自知之明。”“贵”字不仅表明了自知之明的难能可贵，而且意味着一个人要有自知之明并不是一件轻而易举的事。如果一个人能对自我有一个较为全面、客观的认识和评价，就能扬长避短，更好地发展自己、完善自己，达到自知之明。

要认识自己，须先了解自己。了解自己不是一件容易的事，不仅因为“当事者迷”，而且因为人的确难以客观地观察和把握自己。要正确地了解自己，必须借助各种正确的参考系来客观地了解自己，认识自己。下面3个方面的关系可供大学生做自我认识的参照：

1. 从我与他人的关系中认识自我

他人是反映自我的镜子，与他人交往是个人获得自我观念的主要来源。一个人先从家庭中的感情扩展到外面的友爱关系，进入社会又体验到人与人之间的利害关系。有自知之明的人，能从这些关系中用心地向他人学习，获得足够的经验，然后按照自己的需要去规划自己的前途。通过和他人比较来认识自己，应该注意比较的参照系。第一，跟别人比较的是行动前的条件还是行动后的结果？大学生到大学学习，如果认为自己来自农村，条件就不如别人，一开始就置自己于次等地位，必然影响心态和情绪，而比较大学毕业后的行为成绩才有意义。第二，跟他人比要有标准，是相对标准还是绝对标准？是可变的标准还是不可变的标准？有的大学生认为自己不如他人，其实他们关注的可能是身材、家世等不能改变的条件，这没有实际比较的意义。第三，比较的对象是什么人，是与自己条件相类似的人还是个人心目中的偶像？因此，从我与他人的关系中认识自我，确立合理的参照体系和立足点尤为重要。

2. 从我与事的关系中认识自我

从我与事的关系中认识自我，即从我做事的经验中了解自己。一般人通过自己所取得的成果、成就及社会效应来分析自己，可能受成败经验的限制。其实，任何一种活动都是一种学习，不经一事不长一智。成败得失及其经验的价值也因人而异。对聪明又善用智慧的人来说，成功、失败的经验都可以促使其再成功，即使失败了，由于了解自己，有坚强的人格特征，又善于学习，因而可以避免重蹈覆辙。对于某些比较脆弱的人，失败的经验更使其失败，这也是最常见的现象，因为他们不能从失败中吸取教训并改变追求成功的策略，而且由于挫败后形成的怕败心理，不敢面对现实，无法应付困境或挑战，会失去许多良机。对于有些自我狂妄的人而言，成功反而可能成为失败之源，他们可能幸得成功，便骄傲自大，以后做事便不自量力，挫折失败很容易发生。因此，大学生从我与事的关系中认识自我、从成败经验中获得自我意识的情况相当复杂，要详细分析和甄别。

3. 从我与己的关系中认识自我

从我与己的关系中认识自我，看似容易实则困难，因为在自我意识结构中，“我”很多。一般情况下，可从以下3个“我”中认识自己。① 自己眼中的我。个人实际观察到的客观的我，包括身体、容貌、性别、年龄、职业、性格、气质、能力等。② 别人眼中的我。与别人交往时，由别人对自己的态度、情感反应而觉知的我。不同关系的人对自己的反应和评价不同，它是个人从多数人对自己反应归纳的统觉。③ 自己心中的我，即理想的我。除此之外，还可以从实际的我、自觉别人眼中的我、自觉别人心中的我等多个“我”来全面认识自己。对于现代大学生而言，虽然有多个“我”可供认识，但形成统合的自我观念比较困难，因为现代社会急剧变迁，改革开放后受多元价值的影响。

（二）客观对待自我

客观对待自我是发展健康自我意识的核心和关键。客观对待自我就是要实事求是地看待自己，每个人都有优点，也都有不足，无论是好的或坏的，成功的或失败的，有价值或无价值的，凡是自身现实的一切都应该客观地对待。可以说，每个人都知道“自我”是最重要的，可总有些人并不能真正客观地对待自己。有的人只看到自己的缺点，以消极的态度拒绝自我，从而形成自卑。自卑者片面夸大自身的缺点、短处，对自己持悲观态度，甚至否认自我存在的价值，从而极大地阻碍正确自我意识的形成。

要客观地对待自我，首先，要正确地评价自我。“人无完人”，每个人都有自己的优点和缺点、长处和短处。对自己的长处要充分发挥，对自己的短处也要正确对待，既不能护短，也不能因有某些短处而灰心。一般来说，人的短处有两种：一种是可以改变的，如某方面不如他人、做事缺乏一定的毅力等；另一种是无法弥补的，如身材矮小等。对此也要面对现实，有勇气接受自己的缺陷。其次，要正确地对待自己的成败。“胜不骄，败不馁”，要以发展的眼光来看待自己。

（三）有效地控制自我，增强自制力

有效地控制自我指大学生主动定向地改变自我的心理品质、特征和行为的心理过程。有效地控制自我是健全自我意识、完善自我的根本途径。要使自我控制积极有效，应注意以下两个方面：

1. 合理定位理想我

理想我是个人将来要实现的目标，在确立其内容时，要立足现实，从自身实际出发。目标既不要定得太高，也不要定得太低。目标过高，高不可攀，这样的目标会使自我丧失信心，失去斗志；目标过低，唾手可得，这样的目标易使自我失去动力，止步不前。因此，一个人给自己确定怎样的目标很重要。确定目标后，要善于将长远目标具体化，由近及远，由低到高，循序渐进，逐步加以实现。

2. 培养坚强的意志

对自我的监督与修正，需要意志的力量做保障。意志坚强的人，在行动的自觉性、果断性、自制性和坚韧性等方面都表现出较高的水平。只有意志坚强的人，才会做到对自我的有效控制，最终实现理想我。为此，大学生在日常生活中要注意培养自己的自制力和坚韧性，增强对挫折的承受力，加强自我控制的自觉性和主动性，从而克服困难，战胜干扰，最终实现自己的理想。

（四）制订完善的行动计划和程序

大学生由于心智尚未完全成熟，有时缺乏足够的自制力和意志，因而要尝试养成良好习惯，制订完善的行动计划和程序，以使自己的行为有条不紊，避免盲目性，同时也要注意制订计划后要严格执行，不能朝令夕改。

（五）不断完善自我、超越自我

加强自我修养，不断进行自我塑造，达到完善自我、超越自我的境界，是健康自我意识的终极目标。健康自我的培养过程也是一个完善自我、超越自我的过程。

经验告诉我们，自我认识不易，自我控制也很难，若再期望自我开拓、提升、

超越，更是难上加难。但做人一生，唯求成为自己。对于大学生而言，塑造自我、实现自我更是终生努力的目标。古人说得好，要“齐家、治国、平天下”，须从“修身、养性”开始，即从点滴小事开始，从积极行动开始，行知并重。要想运动健身，就天天参加自己喜欢的体育活动；要想开阔思路，就要多读书，多听讲座。在行动时，无论对人对事，均全力以赴，使自己的能力、个性得到最大限度的发挥。行动之后再反省得失的原因，吸取教训并作为经验，再度投入行动，一旦有所收获，便再次反省总结。如此往复进行，自我便一步一步得到扩展和深化，自我的境界也就自然而然得到开拓和提升。这个过程可以用“4A”描述：接纳（acceptance），即接纳自我与自我所在的现实环境；行动（action），即对自己决定的事付诸行动，并全力以赴；情感（affection），即工作、学习时投入情感，获得乐趣，乐在其中；成就（achievement），即以上三者完成后的自然结果，是努力奋斗的代价。如果一个大学生经历了“4A”，可以说是领到了一张健康自我意识的合格证。

大学生完善自我、超越自我的过程，是一个“新我”形成的过程，也是从个人“小我”走向社会“大我”的过程，是从“昨日之我”向“今日之我”“明日之我”迈进的过程。这个过程并不是一帆风顺的，它需要付出艰辛的努力和沉重的代价。但是，这个过程将有无限的乐趣和景点，供自我享受和欣赏。珍惜已有的自我，追求更好更高的自我，做一个自如、独特、最好的自我。

综上所述，大学生在自我意识发展过程中出现的种种偏差和缺陷，是由其自我意识发展的特点决定的，是其心理发展不成熟的表现，虽然是普遍的、常见的，但也必须进行适当的调适。只有认识到这一点，大学生才有可能去面对它，并争取克服它，以期实现自我意识的健康发展，达到自我真正的统一。

问题讨论

司芬克斯之谜

在古希腊，有一个神话传说，讲的是：有一个长着狮子的躯体、人的脑袋的怪物，其名为司芬克斯。它经常守候在路口，向行人提问题，如果行人答不上来，就会被它撕成碎片吃掉。它的问题是：“什么动物早晨用4条腿走路，中午用2条腿走路，傍晚用3条腿走路？”很多人就是因为答不上来，被司芬克斯活活吃掉了。直到有一天，一名叫俄狄浦斯的年轻人回答了这一问题，司芬克斯听后大叫一声，跳下悬崖摔死了。俄狄浦斯的答案是“人”。的确，在人的生命的早晨，即刚出生的孩子，只会手脚并用，所以是“4条腿走路”；在人的生命的中午，人学会了直立行走，所以是“2条腿走路”；在人的生命的黄昏，人因为年岁增大而行走不便，不得不借助于拐杖帮忙，充作第三条腿，所以是“3条腿走路”。

俄狄浦斯正是因为解答了“什么是人”的难题，才当上了一国之王。但是，作为人类，即使他解决了“什么是人”这个大问题，也只是完成了人认识自身的一半，另一半就是要回答“人是什么”。从古代西方的圣人苏格拉底发出的“认识你自己”的呼声，到古代中国的先哲老子的谆谆告诫“知人者智，自知者明”，无不在向人们诠释着人类认识自身的重要性。直至今天，认识自我仍是每个人必须面对的大问题。只有充分认识自己，才能更好地发展自己、完善自己，做一个真真正正的人。

（资料来源：http：//baike.baidu.com/view/96921.html）

看了上面的故事，你想到了什么？我是谁？我是否有价值？我为什么要生活？我努力奋斗为的是什么？生命的意义是什么？人生的目的是什么？

自我测试

自我和谐量表

下面是个人对自己看法的陈述。填答时，请看清楚每句话的意思，然后圈选一个数字（1代表这句话完全不符合你的情况，2代表比较不符合你的情况，3代表不确定，4代表比较符合你的情况，5代表完全符合你的情况），以代表这句话与你现在对自己的看法相符合的程度。每个人对自己的看法都有其独特性，因此答案无对错之分，如实回答即可。

（1）周围的人往往觉得我对自己的看法有些矛盾。 1 2 3 4 5

（2）有时我会对自己在某方面的表现不满意。 1 2 3 4 5

（3）每当遇到困难，我总是首先分析造成困难的原因。 1 2 3 4 5

（4）我很难恰当地表达我对别人的情感反应。 1 2 3 4 5

（5）我对很多事情都有自己的观点，但我并不要求别人也与我一样。 1 2 3 4 5

（6）我一旦形成对事物的看法，就不会再改变。 1 2 3 4 5

（7）我经常对自己的行为感到不满意。 1 2 3 4 5

（8）尽管有时做一些不愿做的事，但我基本上是按自己的愿望办事。 1 2 3 4 5

（9）一件事情好就是好，不好就是不好，不可以含糊。 1 2 3 4 5

（10）如果我在某件事上不顺利，我往往会怀疑自己的能力。 1 2 3 4 5

（11）我至少有几个知心的朋友。 1 2 3 4 5

（12）我觉得我所做的很多事情都是不该做的。 1 2 3 4 5

（13）不论别人怎么说，我的观点绝不改变。 1 2 3 4 5

（14）别人常常会误解我对他们的好恶。 1 2 3 4 5

（15）很多情况下我不得不对自己的能力表示怀疑。 1 2 3 4 5

（16）我朋友中有些是与我截然不同的人，但这并不影响我们的关系。 1 2 3 4 5

(17) 与别人交往过多容易暴露自己的隐私。 1 2 3 4 5
(18) 我很了解自己对周围人的情感。 1 2 3 4 5
(19) 我觉得自己目前的处境与我的要求相差太远。 1 2 3 4 5
(20) 我很少去想自己所做的事是否应该。 1 2 3 4 5
(21) 我所遇到的很多问题都无法自己解决。 1 2 3 4 5
(22) 我很清楚自己是怎样的人。 1 2 3 4 5
(23) 我能很自如地表达我想表达的意思。 1 2 3 4 5
(24) 如果有了足够的证据，我也可以改变自己的观点。 1 2 3 4 5
(25) 我很少考虑自己是一个怎样的人。 1 2 3 4 5
(26) 把心里话告诉别人不仅得不到帮助，还可能招致麻烦。 1 2 3 4 5
(27) 在遇到问题时，我总觉得别人都离我很远。 1 2 3 4 5
(28) 我觉得很难发挥出自己应有的水平。 1 2 3 4 5
(29) 我很担心自己的所作所为会引起别人的误解。 1 2 3 4 5
(30) 如果我发现自己在某些方面表现不佳，总希望尽快弥补。 1 2 3 4 5
(31) 每个人都在忙自己的事情，很难与他们沟通。 1 2 3 4 5
(32) 我认为能力再强的人也可能会遇到难题。 1 2 3 4 5
(33) 我经常感到自己是孤立无援的。 1 2 3 4 5
(34) 一旦遇到麻烦，无论怎样做都无济于事。 1 2 3 4 5
(35) 我总能清楚地了解自己的感受。 1 2 3 4 5

【计分方法和结果解释】

各分量表（因子）的得分为其所包含的项目分直接相加。3个分量表包含的项目如下：

（1）自我与经验的不和谐：1、4、7、10、12、14、15、17、19、21、23、27、28、29、31、33，共16项。

（2）自我的灵活性：2、3、5、8、11、16、18、22、24、30、32、35，共12项。

（3）自我的刻板性：6、9、13、20、25、26、34，共7项。

计算各个分量表的累积分数，然后与下表相对照。

累积分数对照表

因子名称	高得分	正常得分	低得分
自我与经验的不和谐	56分以上	36 ~ 55分	35分以下
自我的灵活性	55分以上	38 ~ 54分	37分以下
自我的刻板性	24分以上	14 ~ 23分	13分以下
总分	103分以上	75 ~ 102分	74分以下

注：总分的计算方法是将“自我的灵活性”反向计分，再与其他两个分量表得分相加。

【测试结果说明】

“自我与经验的不和谐”：反映的是自我与经验之间的关系，包含对能力和情感的自我评价、自我一致性、无助感等，它所产生的症状更多地反映了对经验的不合理期望。分数越高，表明自我与现实经验越不和谐，主观幸福感越差，且有神经质倾向。不和谐与刻板性是心理障碍和不良个性的内心冲突的表现。

“自我的灵活性”：反映的是自我有较深刻的反省，有较高的自尊水平和较强的自信心，愿意求助他人，这有助于提高自己情绪和行为的协调性。它与身心症状自评量表测量结果的敌对和恐怖有显著性相关，可能预示了自我概念的刻板和僵化。分数越高，自我灵活性越高，高分者强烈要求自己个性的发展，激烈的竞争和强烈的自尊使其不甘人后，尽快调整心情，适应特殊环境，以期在日后取得好成绩。相反，自我灵活性低者，自尊水平低，多有自卑感，对现实的适应缺乏主动性，而显现出刻板、不和谐。

“自我的刻板性”：反映的是个体适应能力、心理调整能力的高低和不良个性的内心冲突。它与身心症状自评量表测量结果的躯体化、强迫、人际关系敏感、抑郁、焦虑、敌对、恐怖、偏执等症状具有显著性相关。分数越高，自我和谐程度越低，可能因对环境不满或逃避而导致自我的僵化，不能改变时则产生无助感。

自我和谐测量总分是将“自我的灵活性”反向计分，再与其他两个分量表分数相加而得，其分数越高则自我和谐程度越低。

第三章 学习心理篇——学海无涯，苦乐自知

学习过程是非常复杂的心理过程，不仅与感知、记忆、思维、想象等认知能力有关，而且与动机、情绪、意志、个性等非智力因素有关。大学生良好的心理发展素质，对学习过程和学习效果产生着巨大的影响作用。通过本章的学习，大学生可以了解学习活动的心理特点和学习方法，建立起合理的知识结构，培养学习能力，调适不良的学习心理与习惯，以更好地适应大学阶段的学习生活，取得优良的学习成绩。

第一节　学习概述

经典案例

考试“挂科”的男大学生

王某，男，大学三年级学生，因考试屡屡挂科求助于咨询老师。他主要诉说的是成绩一直不太好，从大一就开始“挂科”，第二学期时下了很大工夫学习，但还是挂了一科，因此自卑感很严重。他说：“同学中有3种人：① 从头到尾认真学习的；② 考试前突击、搞通宵的；③ 靠考场上的‘本事’。”而他自己选择了第二种，一直混到大二还在不断挂科，到大三时才知道自己错了，因为第一种人要有恒心，第二种人要的是能力，第三种人要的是胆量，而自己什么都没有。“本学期又挂了一科，没有学位了。我不喜欢学习，不喜欢我的专业，但我喜欢同学，喜欢和他们交往，当班委也快3年了，但我很害怕拿不到毕业证书。现在最后的路是考研，但我怀疑自己的基础和能力。很想退学，但又觉得愧对父母，心理非常矛盾、茫然……”

——笔者心理咨询案例

一、学习的概念

“学习”一词，在我国古代是可以分为“学”与“习”的，二者并不相同。孔子说：“学而时习之，不亦说乎？”意思是，学了之后及时、经常地温习，不也是一件很愉快的事情吗？“学”的基本含义是获得知识、技能，“习”的基本含义则是巩固知识、技能。“学而时习”，就是“学习”，就是能掌握知识、技能。

许多心理学家、教育学家和哲学家从不同的观点和角度提出了学习的定义。桑代克（1931）说："人类的学习就是人类本性和行为的改变，本性的改变只有在行为的变化上表现出来。"加涅（1977）说："学习是人类倾向或才能的一种变化，这种变化要持续一段时间，而且不能把这种变化简单地归之为成长过程。"希尔加德（1987）说："学习是一个主体在某个现实情境中的重复经验引起的、对那个情景的行为或行为潜能变化。不过，这种行为的变化不能根据主体的先天反应倾向、成熟或暂时状态（如疲劳、醉酒、内驱力）来解释。"联合国教育、科学及文化组织在1987年所做的《学习——财富蕴藏其中》报告中指出，学习指个体终身发展、终身教育的理念。

学习的概念有广义与狭义之分。从广义上讲，学习是人和动物在生活过程中通过实践训练而获得的由经验引起的相对持久的适应性的心理变化，即有机体以经验方式引起的对环境相对持久的适应性的心理变化。这个定义体现了4个论点：一是学习是动物和人共有的心理现象，虽然人的学习是相当复杂的，与动物的学习有本质区别，但不能否认动物也是有学习的；二是学习不是本能活动，而是后天习得的；三是任何水平的学习都将引起适应性的行为变化，不仅是外显行为的变化（有时并不显著），也有内隐行为或内部过程的变化，即个体内部经验的改组和重建，这种变化不是短暂的，而是长久的；四是不能把个体的一切变化都归为学习，只有通过学习活动产生的变化才是学习（如由于疲劳、生长、机体损伤以及其他生理变化所产生的变化都不是学习）。

二、大学生学习的特点

学生的学习是人类学习的特殊形式，它通常指学生在学校中的学习。学生的学习是在教师的组织指导下，有目的、有计划、有组织地进行的。它是以掌握系统的科学知识、技能，形成世界观和道德品质为主要任务的。学生的学习不同于一般意义上的人类学习，不同类型、层次的学校中的学习又各有其特点。

（一）学生学习的特点

在学校教育中，学生既是教育的客体，又是教育的主体。学生的主要任务是学习。学生的学习具有以下特点：

1. 以掌握间接经验为主

学生的学习也是一种认识过程，但与人们在实践中直接认识事物的过程有所区别。学生的学习是在尽可能短的时间内大量地掌握前人所积累的间接的知识经验，为进一步认识世界和改造世界打好基础的过程。也可以说，学生的学习属于古人所说的"闻知"，而不是"亲知"。学生学习内容的性质决定了学习的形式，学生不需要也不可能通过事事处处亲知亲为来进行。虽然学习过程中也要求学生参加一些实践活动，以获得有利于接受间接经验的直接经验，但这种实践完全服从于一定的教学要求和目的，并且多半带有验证性和练习性，与真正意义上的在生产生活中进行的实践活动并不相同。

2. 有多方面的学习任务

学生的学习过程不仅要掌握系统的科学文化知识，掌握各种基本技能，还要发展智力和多种专门能力，培养思想品德，形成科学的世界观，增强体质，陶冶情操，总之要实现全面发展。很多学校要求学生“学会生存、学会学习、学会创造、学会做人”，也说明了学生的学习任务是多方面的。

（二）大学生学习的特点

大学生的学习有以下特点：

1. 注重专业性与综合性相结合

大学教育具有最明显的专业性特点。大学的学习实际上是一种高层次的专业性学习，这种专业性是随着社会对专业人才知识结构和能力结构要求的变化而变化的。一般认为，只有“专”才能“精”“深”，将这一“方向”甚至这一“点”上已有的前人积累的知识经验全部掌握并向前探索，才能适应越来越细的专业分工或职业分工的需要；“样样通”，必然“样样都稀松”，没有专业特长的人必然难以胜任高级、复杂的专业工作。这就要求大学生的学习要注重专业性。事实上，许多大学生会因为对自己的专业不感兴趣而苦恼，常说的话也是“我是修××专业的”，可见他们对大学教育的专业性是认同的。

但问题在于，在当前形势下，大学生在学校里所学的专业与将来所从事的工作不一致的情况越来越普遍，假如只有“一专”没有“多能”，假如“专业上是专家，专业外是菜鸟”，在未来就会因做不到“专业对口”而束手无策，影响未来的事业发展。因此，目前的大学重视“通识教育”，有淡化专业意识的倾向，大学生的学习应当是注重专业性与综合性相结合。

2. 注重课堂学习与自学相结合

课堂教学是现代学校教育最主要的教学组织形式。常识和科学研究都表明，对于知识的学习，听课比自学的效果要好。因为教师备课的过程要“备教材”，把教材上的知识先“内化”成自己的知识，并“外化”为学生易于接受的知识，还会将最新的科研成果补充进去；要“备学生”，分析学生学习的规律与心理上可能出现的反应，考虑学生已有的知识经验与即将传授的新知识之间的衔接问题；还要“备教法”，对抽象难懂的知识尽量采用多媒体等现代手段加强直观效果，通过启发式教学培养学生的思维能力，维持学生的学习兴趣。好的课堂教学效率高、定位准、有艺术性，大学生在学习中不注重课堂教学等于浪费了宝贵的教学资源。

大学生的学习具有自主性。这就要求大学生在注重课堂教学、专心听课的同时，还必须充分发挥主观能动性，开发自己在学习上的潜能，注重自学能力的培养，总让别人嚼了饭菜喂到口中说明自己不独立、不成熟。在大学阶段能否养成自学的习惯，能否具备较强的自学的能力，不但在很大程度上决定了能否学好大学课程，把知识真正学通、学活，而且会影响到大学毕业后能否不断地吸收新的知识并进行创造性的工作。

3. 注重增长知识与发展能力相结合

大学生的学习需要处理好增长知识与发展能力之间的关系，要在积累知识的基础上发展能力，通过发展能力更快更好地掌握知识。因此，大学生在校学习期间，必须在全面掌握专业知识和其他科学文化知识的基础上，加强专业技能的训练和多种能力的锻炼，包括对任何人来说都必须具备的语言表达能力、人际交往能力以及生存生活本领、课外兴趣爱好等，都应加以重视，在时间、条件允许的情况下加以发展。对专业见习、实习、社会实践活动、毕业论文或毕业设计等实践教学环节，要与理论课教学同等重视，注重理论联系实际，防止“高分低能”。

4. 注重接受性学习与研究性学习相结合

大学生的学习必须注重接受性学习与研究性学习相结合，并且随着年级的升高逐渐由以接受性学习为主转变为以研究性学习为主。其中的原因有3个：一是从学科发展的角度说，知识总量迅速增加，学科前沿进展突飞猛进，大学生只有学会研究性学习，才能追随学科发展的新进展，形成扎实的专业能力；二是从大学教学内容多样性的角度说，多数大学教材并非全国统一，教师自编的讲义、指定的参考书各不相同、观点各异，大学生只有学会研究性学习，才能“择善而从之”，并提出自己的见解；三是从大学生具体的学习过程和已经具备的学习能力来说，“渔”比“鱼”重要，“发现真理”比“接受真理”重要，“方法创新”比“结果创新”重要，大学生只有学会研究性学习，才能提升学习的层次，达到更高的学习目标。另外，与小学生、中学生相比，大学生的知识基础、智力水平和综合学习能力也使其最有条件进行研究性学习。

三、大学生的学习策略与习惯

学习策略指学习者为有效地达到学习目标而采取的具体学习过程或学习步骤。对大学生而言，进行专业的学习，掌握一定技能，选择一定的学习策略，对提高学习的效率和学习能力具有重要的意义。这里重点介绍几种常用而有效的学习策略。

（一）MURDER策略

MURDER是6种策略的英文单词字母的缩写，由丹瑟洛于1985年提出。该学习策略系统包含相互联系的两组。一是基本策略系统，主要用于对学习材料进行直接操作，即直接作用于认知加工过程。该组策略主要包括领会与保持策略、提取与应用策略。二是支持策略系统，主要用于确立恰当的学习目标体系，维持适当的学习心态与习惯。该组策略主要包括3个方面：计划与时间安排策略、专心管理策略、监控与诊断策略。

基本策略系统主要教我们如何学习知识，如何进行理解和记忆；支持策略则教我们树立科学健康的学习心态，如何合理地安排时间与规划，如何保持足够的耐心来保证充足的有效学习时间，以及如何监控反思和改进自己的学习行为。可以看到，基本策略与支持策略是相互联系的，二者协同作用于学习活动。

1. 基本策略——学习方法

基本策略主要包括领会与保持策略、提取与应用策略。

领会与保持策略主要用于信息的获得和储存，提取与应用策略主要用于信息的恢复和输出。这两组策略虽然在结构和程序上基本相同，但分别指向不同的目标、不同的学习阶段，具有不同的作用。在领会与保持策略中，理解（understand，U）指自动地分析所学内容中的重点和难点；回忆（recall，R）指不看课本，用自己的语言表达或重新解释所学的内容；消化（digest，D）指根据回忆结果来矫正错误，从而达到真正意义上的理解；扩展（expand，E）指通过自我提问的方式对前面所理解的内容进行再次加工，以求融会贯通，举一反三；复查（review，R）指对整个学习过程进行全面的复习，并通过测验加以考查。

在提取与应用策略中，理解（U）指在某种具体的情景或项目中，对所面临的问题和任务的理解，形成有关问题的条件、目标、性质等心理表征；回忆（R）指回想问题以解决有关的要点；解释（D）指具体详细的回忆和解释要点；扩展（E）指把提取出来的信息加以整理和组织，形成解决问题的方案；复查（R）指对问题解决的适当性进行检查和评价。

从上述分析中可以看到，领会与保持策略、提取与应用策略是相互联系的：前者是基础，后者是其深入与提高；前者着重知识的吸收与积累，后者则强调在思考和实践中让知识更加稳固和有价值。因此，丹瑟洛将前者称为第一级策略，将后者称为第二级策略。

2.支持策略——自律习惯

然而仅有基本策略还不足以顺利地完成学习活动，支持策略在学习活动中也是非常重要的。支持策略，顾名思义，是对基本策略的支持，属于辅助性的策略，但这并不意味着其可有可无。支持策略由3类策略构成：计划与时间安排策略、专心管理策略、监控与诊断策略。

计划与时间安排策略主要指确定学习的目标与进程。根据目标的大小、范围等的不同，可以设置一个目标体系，该体系包含了大、中、小，远、中、近等一系列的目标。可以根据所设立的目标来安排学习进程，也可以根据学习进程适当地调整学习目标。

专心管理策略是支持策略的中心，包括心境设置与心境维持两种策略。心境设置（mood-setting，M）指在学习之前使学生处于积极的情绪状态，克服并减少消极的情绪。心境维持（mood-maintenance，M）指在心境设置的基础上，使积极的情绪状态在整个学习过程中都得到保持。

监控与诊断策略和基本策略系统中的复查策略相似，但它主要是对整个学习策略系统的监控与诊断。

（二）复习策略

复习策略解决如何对所学内容进行适当的重复学习，主要用于信息的长时记忆与保持。根据遗忘发生的规律，采取适当的复习策略来克服遗忘，即在遗忘尚未产生之前，通过复习来避免遗忘。

1. 复习的时间

应该注意及时复习和系统复习。及时复习可以较大限度地控制遗忘，但也不是一劳永逸的，要想长时间保持所学的内容，还必须不断地进行系统的复习。根据有关研究，有效的复习时间最好做以下安排：

第一次复习：学习结束后的5～10分钟，如下课后将要点加以背诵，或者阅读后尽快用自己的语言来表述所学的内容。第二次复习：学习当天的晚些时候或学习结束后的第二天，重读有关内容，将要点用自己的语言表述出来。第三次复习：1个星期后。第四次复习：1个月后。第五次复习：半年后。

每次复习究竟用多长时间才最有效呢？是否复习时间越长，记忆效果越好呢？对人类记忆的研究发现，人们对事件的开始和结尾有较强的记忆，而对中间的记忆较差。例如，若连续复习3个小时，那么只有一次开始和结尾，就可能产生两头记忆效果好而中间记忆效果差的现象。为解决这一问题，可以将连续的集中复习时间加以分散，分为几个小的单元时间，中间穿插短暂的休息，这样就能够增加开始和结尾的数量，进而提高记忆效果。至于每一单元的复习时间，可根据学习材料的趣味性与难易程度而定。

2. 复习的次数

学习完某一新内容后，复习多少次最有利于记忆？这涉及过度学习的问题。所谓过度学习，即在能背诵某一材料后进行适当次数的重复学习。这种重复学习绝不是无谓的重复，相反，它可以加深记忆痕迹以增强记忆效果。一般而言，过度学习的程度达50%～100%时效果较好。例如，当识记某一材料读6遍刚好能够记住时，那么最好再多读两三遍。但要注意，这并不意味着重复次数越多越好，超过100%的过度学习反而会引起疲劳、注意力分散甚至厌烦情绪等不良效果。

3. 复习的方法

要注意选择有效的复习方法。研究发现，许多人经常反复地阅读某种材料，以期达到记忆的目的，这种方法虽然也能够使学习者最终记住有关内容，但事实上，它并不是一个非常有效的复习方法。较好的方法是尝试背诵法，即阅读与背诵相结合：一面读，一面试着背诵。这样，可以使注意力集中于学习中的薄弱环节，避免平均分配学习时间和精力，进而达到提高学习效率的目的。此外，还应尽量地调动起多种感官来共同记忆，眼到、口到、耳到、手到、心到，多种形式的编码和多通道的联系增加了信息的储存和提取途径，自然就使记忆的效果得以增强。

复习策略的主要目的在于使信息在头脑中牢固保持。一系列的研究证明，只有理解了的信息才比较容易记忆并长久保持，反之，呆读死记的东西既难记，又容易遗忘。因此，复习策略应该与其他的学习策略协同作用，共同促进学习效果的提高。

四、大学生学习与心理健康

学习是大学生的主要任务和主要活动方式，因此，它对大学生的心理健康、心理发展影响很大。反过来说，学习是一种非常复杂的心理现象，大学生的心理健康状况、心理发展水平亦对其学习情况有直接的影响。大学生的学习与心理健康互相影响、密不可分。

（一）学习对大学生心理健康的影响

学习对于大学生的心理健康来说，是一把“双刃剑”。大学生的学习，在学什么、学多少、如何学等问题上处理得好就是有益的，处理不好就是有害的。

1. 学习对大学生心理健康的积极影响

（1）学习能够开发大学生的智力。“用进废退”的科学原理同样适用于此。俗话说："刀越磨越快，脑子越用越灵。"学习活动中智力的各种基本能力（如观察能力、记忆能力、思维能力、想象能力等）都能通过频繁使用得到训练提高。

（2）学习能够提高大学生的能力。各种专门能力的提高需要相关的知识作为基础。如希望具备演讲能力的大学生，多看演讲与口才方面的书是学习，多听演讲与口才方面的课是学习，参加演讲方面的竞赛是学习，向口才好的人取经也是学习，通过学习而提高了能力，可谓水到渠成、顺理成章。

（3）学习能够调节大学生的情绪情感。学习满足人的求知欲，其中的收获给人一种成就感。乐于学习的大学生能从学习中找到乐趣和精神寄托。学习中增长的经验、明白的道理能使大学生自觉借助理智的力量调控自己的情绪情感，即使遇到不开心的事情，通过学习转移注意的方向，也会冲淡或忘掉烦恼。

（4）学习能够磨炼大学生的意志。"宝剑锋从磨砺出，梅花香自苦寒来。"大学生虽已经历了十几年的寒窗苦读，但为了未来发展还要继续拼搏，这样的学习过程对磨炼他们的意志有很多益处。

学习能够促进大学生良好性格的形成。学习既能使大学生知书达理，"腹有诗书气自华"，又能使他们在师长教诲、与同窗切磋的过程中学会尊师重道、升华友谊，摆正位置，谦虚谨慎，这就促进了良好性格的形成。

2. 学习对大学生心理健康的消极影响

学习也可能对大学生的心理健康产生消极的影响。学习负担过重，容易造成心理压力，导致精神高度紧张；学习内容不健康或不适宜，容易使一些辨别能力差、自制力弱的大学生心理受诱惑、受污染，或超出其心理承受能力，产生强烈的厌恶或恐惧情绪，甚至表现出某些身体方面的不适；学习难度过大，容易使人产生畏难、发愁情绪，自信心受到挫伤；学习的方式、方法不当，学习成绩长期落后，容易导致自卑心理，甚至自暴自弃；劳逸结合不当，"劳"多"逸"少，会造成过度疲劳，容易对身体健康造成伤害，进而影响心理健康；"劳"少"逸"多甚至好逸恶劳，则会无所事事、消沉颓废。凡此种种，都应该引起足够的重视。

（二）心理健康状况对大学生学习的影响

学习的心理机制十分复杂，不仅与感觉、知觉、记忆、思维、想象等认知机能直接相关，还涉及人的注意力、情绪、意志、需要、动机、兴趣、性格等各种非智力因素。因此，不能简单地在学习与智力之间画等号，不能认为学生的智力好、智商高，学习成绩就一定好；反之，也不能由学习成绩的好坏来推知学生智力水平的高低。经过无数次考试和层层选拔最终进入高校的大学生，就普遍意义而言，其智力的总体水平较高，智力的个别差异较小，其在校期间的学习成绩应当相差不大，但事实并非如此。同一个学校、专业、年级甚至班级的学生，尽管入学时的成绩相差不大，但大学期间的学习成绩差别较大，有的成绩优秀、学习从容，有的多门课程不及格、学习吃力，还不乏无法按时完成学业而中途休学或退学的学生。出现这种情况的原因很多，如高考分数未必能准确反映各地基础教育质量和学生综合素质的实际差异，有的学生被"掠夺式开发"之后已经没有了多少发展的后劲，而有的学生则正好相反等。不过，不难发现，大学生的心理健康状况和心理调节能力也是造成这一结果的一个重要原因。单就对大学学习的心理适应而言，有的大学生适应快，学习效率高，学习效果好，最后就取得了良好的学业成绩；有的大学生直到大学毕业也没有适应过来，整天不知学什么、怎么学，甚至把学习当成“副业”，说起来“重要”，做起来“次要”，忙起别的来则干脆“不要”了。放纵自己必然一泻千里，混天度日必然被别人远远地甩在后面，这时候再回想中小学曾经取得的好成绩还有什么用呢？

第二节　学习技巧与备考应试策略

经典案例

优等生的陨落

2010年3月，江苏省某高校一女生黄某在宿舍轻生。据了解，黄某平时学习勤奋，对自己要求很高，并制订了严格的学习计划，考试成绩经常在班级排名第一，她最大的理想就是考上研究生，家长对她的学习状况及理想也比较满意。2010年，大三，考研日期日益接近，看到很多学姐为考研刻苦学习，如愿以偿的却不多，于是黄某的心理压力越来越大。她也曾努力克服这种心理压力，但没有结果，最终选择了轻生。

当代大学生许多都是独生子女，从小没有经历过挫折，当压力来临时就会选择逃避。其实，缓解压力的方式有很多，如跳舞、上网、交友等。如果没有用合适的方法去进行化解，很可能会产生人生比较失败的消极想法。如果这种负面心态一直积聚，最终会导致完全否定自己。

（资料来源：http：//www1.imau.edu.cn/xsc/article/show.php? itemid=270）

一、接受性学习概述

接受性学习是人类重要的学习方式。接受性学习的对象不是自然和社会本身，而是前人或他人对自然、社会的解释与经验，学习者通过阅读和倾听获得知识技能与态度方法。在接受性学习中，个体的学习者面对的是人类集体的文明成果，是用严密的学科体系组织起来的人类知识与思辨的精华，是复杂的语义系统与逻辑运算规则，并被要求用这一套多变的符号系统去表达感受与解释生活现象。

二、大学生的学习与备考策略

考试是对人的知识、智力、技能的一种测试，具有判断、反馈、预测、激励及选拔的作用，是教育和培养人才过程中的重要组成部分，是检验学生的学习成绩和教师教学效果的重要手段。人们尽管对考试的缺陷指出了许多，但也都承认考试有其存在的现实理由。可以说，考试本身的问题很多，但取消考试之后的问题一定更多。既然如此，在考场上久经考验的大学生还要在多种考试中继续千锤百炼。为保证考试有一个好成绩，制订科学合理的备考策略是必要的。有的考试研究专家提出了以下备考六字要诀。

（一）“透”——吃透教材，夯实基础

教材是考试的依据，目前的考试都重视对考生基础知识的测查，所以备考要吃透教材，夯实基础。吃透教材，首先要将教材读薄，删减那些不可能考或有极小可能考的内容，减轻复习的负担；其次要将教材读通，充分利用教材的目录，探求章目、节目和子目之间的内在联系，将知识系统化，形成知识网络；最后要将教材读活，既死抓基础知识，又能把死的知识用活，在知识运用中提高能力。

（二）“精”——精选精练，精心小结（结构化学习）

许多人在备考中采用“题海战术”，试图以多取胜。多做题固然对巩固知识和提高解题能力有一定作用，但一味地多做题却是事倍功半的笨方法。高明的做法是“精选精练，精心小结”，抓典型，找规律，多联系，及时进行阶段性小结，环环相扣，循序渐进，求“精”的结果自然事半功倍。

（三）“深”——寻找规律，深入理解

学习知识一般要经历一个由少到多、由浅入深的过程，还要再经历一个由多到少、深入浅出的过程。在掌握了基础知识、练熟基本技能之后，就要把复习的重点转移到加强纵向和横向联系、发现规律、深入了解、融会贯通上，以此提高分析概括能力，形成正确的思维方法。

（四）“新”——关注现实，补充新知

许多课程都能从各自的角度与现实建立联系，不断地吸收学科前沿的新成果，而拥有考试命题权的管理机构常常根据实际情况的变化调整考试范围和考试要求。作为相对被动一方的考生，不能闭门复习，“两耳不闻窗外事”，而应当敏感地关注现实，及时地补充新知识，并根据考试内容与要求的变化调整自己的复习。那些期望在新题、难题、联系实际测查知识应用能力的题目上有所收获的考生，应格外注意求“新”。

（五）“查”——及时检查，能动调整

检查是备考过程中经常采用的提高复习效果的手段，如做模拟试题、参加模拟考试、自问自答、同伴提问等。从学习动机的角度说，检查能起到督促、激励的作用，尤其是对那些前期复习不认真、复习进展缓慢或复习方法不对、复习效果较差的考生，检查能促使其紧张起来，想方设法提高复习效果。从复习效率的角度说，检查能起到了解反馈的作用，发现问题与不足，就可以在后面的复习中更有针对性，通过能动的调整弥补缺漏。

三、重大考试前的心理调整

考生参加重大考试能否正常地发挥应有的水平，可以检验其心理素质是否过硬。

毕竟重大考试会影响自己的前程，考生为此出现心理波动是难免的，但过于紧张的情绪只会帮倒忙，使最关键的“临阵磨枪”阶段的学习效率直线下降，并给即将到来的考试造成消极的心理暗示，觉得自己一定考不好，甚至产生打退堂鼓的念头。要解决这一问题，需要提前做好心理调整工作。

（一）唤起内心神圣的使命感

诗人海因里希·海涅说：“如果人类意识到自己的神性，那么就会鼓舞他们自己来表现神性，到了这个时候，真正英雄主义的真正伟大事迹才能使荣耀归于这个世界。”尽管考试更多地属于个人的事，但把参加考试定位得太低会使自己在世俗观念的重压之下难以振作起来，不如拔高它的价值和自己的地位，唤起内心的一种“天将降大任于斯人也”的使命感，这种使命感能够转化成强大的精神力量，让自己从容应对备考中的困难，怀着一颗平常心走进考场。

（二）确定符合自身实际的考试目标

看乒乓球比赛会发现，成绩好的选手也不是常胜将军，只是输得少一点儿而已。七局四胜制的比赛中，只要赢够4局足矣，4：3和4：0没有差别；11分一局，11：9和11：0没有差别。倘若一名选手想用4个11：0战胜对手，这个目标就太高了，真到比赛时每输1分都是对他自信心的打击，心态的失衡会让他在面对水平不如自己的对手时也一败涂地，这就是目标不适当的后果。考试也是如此。再重大的考试也可能有犯错的可能。在考试中出现没有复习过的内容、遇到不会做的题目很正常，只要心平气和地把会做的都做好就足够了。至于实际水平的提高，不是一朝一夕就能改变的，将现有水平正常发挥乃至超水平发挥，胜出的机会就增加了。事先定好符合自身实际的考试目标，对备考中稳定情绪、考试时处乱不惊十分重要。

（三）把已经掌握的知识梳理成为一个整体

一盘零散的珍珠一旦散落到地上，要把它们逐一找到就太难了。如果是一串珍珠，就不怕散落地上，只要抓住其中的一颗，一串珍珠就被全部提起来了。临近考试的时候还在按部就班地复习如同再增加几颗随时会散落的珍珠，而把已经掌握的知识梳理成一个整体就如同把已经到手的大量珍珠串在一起，哪个更重要、更紧迫，不言自明。

（四）进行步骤完整的思维训练

电脑下象棋时，分析、计算、选择的过程总是完整的，计划走一步棋时，首先看自己走出这步棋之后会不会被对手将死，然后看这个棋子在移动到那个位置后会不会被吃掉，之后才是走子的目的性与效率等问题。人却不是这样，有些走法，人会连想一想都觉得多余，思维过程存在大量的省略，在凭直觉走时，连逻辑思维和棋步计算都停止了。人会走出富有想象力和创造力的棋，这是电脑望尘莫及的；人也会犯最低级的错误，但装有智能化程序的电脑一般不会。在考试过程中，有些考生所犯下的低级错误也多是因为省略了思维的步骤造成的，如审题不认真，一看就以为这道题很熟悉，然后急匆匆地答题，根本没有注意到其实它与自己熟悉的题目不同。在得出结果时，由于自信，也会把检查和验算等环节省去，本来能得满分的题目却很遗憾地失分了。进行步骤完整的思维训练，就是为了避免此类问题。

（五）日常生活尽量保持原有的习惯

临近考试，最好不要在生活方式和作息时间上变化太大，因为生活习惯的变化必然造成心理上的变化，打乱原来的节奏，总在暗示自己考试的重要性，结果导致过度紧张。正确的态度是“每临大事有静气”，把重大考试当作普通考试，该做什么还做什么，反而容易保持一颗“平常心”，在考试中正常发挥。

第三节　大学生的学习问题及对策

经典案例

追求“潇洒”的大学生

林某，男，19岁，大学二年级学生，主修网络技术专业。他自认为从小到大都是老师、家长管束着自己，没有生活的自由，来到大学后便认为终于可以解放了，应该过得潇洒一些，于是白天逃课睡觉，晚上通宵达旦地上网聊天，学习成绩一落千丈。辅导员找其谈话，他却辩解道：“人生难得享受，我都累了那么多年了，就不能好好潇洒一下吗？”

林某在生活上没有目标，在学习上无动力，产生了一种“惰性”心理。惰性指在学习、工作和生活中懒散消沉、不求上进的消极倾向，对身心健康是有害的。

（资料来源：http：//blog.sina.com.cn/s/blog_758831f90100zxp5.html）

一、大学生学习中常见的问题及其应对措施

一个人学业的成功，既需要诸多智力因素的作用，也需要各种非智力因素的参与。大学生学习中常见的心理问题，有些属于智力因素，但更多的出在非智力因素上。

（一）记忆力减退

记忆力减退是部分大学生感到棘手的问题，它不仅直接影响学习的效率，还会影响学习的情绪和兴趣。

1. 记忆力减退的主要表现

记忆速度慢，效率低；遗忘快，记不住。

2. 记忆力减退的原因

造成大学生记忆力减退的原因很多，主要有以下5个方面：

（1）身体健康方面的原因。例如，患有疾病、体质差、精力不旺盛等都会影响记忆力。

（2）不良的生活和学习习惯。例如，大量吸烟、饮酒、熬夜、过度疲劳等都会导

致记忆力下降。

（3）学习动机和情绪方面的原因。学习动机过强、严重学习焦虑、紧张、烦恼、恋爱受挫之后的失恋综合征等也会影响记忆力。

（4）记忆方法不正确。死记硬背，超出了大脑的承受能力，出现超限抑制，会在一定时期内表现为厌烦记忆，出现记忆力减退。

（5）注意力不集中。经常分心走神，记忆力肯定会受影响。

3. 记忆力减退的自我应对措施

大学生出现记忆力减退，除在程度严重时寻求专业帮助外，平时还应注意采取有效措施进行自我调整与矫治。

（1）加强身体锻炼，增强体质，保持旺盛的体力和精力。

（2）保证大脑所需的正常营养。可根据营养学与医学原理，多食用对大脑保健有积极作用的健脑性食物，如小米、玉米、海带、芝麻、桂圆、牛奶、鸡蛋、黄花菜、胡萝卜、菠菜、橘子、枣、核桃等。注意多吃水果蔬菜，注意改变偏食的习惯。防止过量吸烟、饮酒，食用被污染或存放时间过长的变质食物，以及接触毒品对脑的损害。

（3）保持积极稳定的情绪状态。

（4）遵循记忆规律，掌握科学的记忆方法。根据遗忘有先快后慢的特点，应在学习之后及时复习。在感觉疲劳时，应变换学习内容与学习方式减缓疲劳，劳逸结合。记忆方法中的形象记忆法、联系记忆法、谐音记忆法、歌诀记忆法等，可以使记忆内容有特征、有联系、有趣味，既有助于提高记忆效果，也可以改善记忆力。

（二）注意力不集中

心理学认为，注意不是独立的心理过程，而是心理过程产生和维持的必需条件。在影响学习的非智力因素中，注意品质的优劣是一个重要的组成部分。一些大学生经常感到，在听课和自学时本来自己很想集中注意力，做到“聚精会神”“全神贯注”，但事实上正好相反。

1. 注意力不集中的主要表现

在上课时，思想开小差，不能专注地听课，总在想其他事情，目光呆滞，动作机械；上自习时，心猿意马，似有心事，易受干扰；参加了感兴趣的课余活动，过了很长时间后还在想那方面的事情，不能把注意力重新转移到学习上。

2. 注意力不集中的原因

造成大学生注意力不集中的原因有很多，主要包括以下5种：

（1）学习动机不强，缺乏学习兴趣，尤其对自己的专业学习不感兴趣。

（2）没有明确的学习目标，没有压力，没有紧迫感。

（3）学习没有计划，随意性过大。

（4）过多参加与学习无关的活动，造成兴趣转移到活动上，心放出去却收不回来。

（5）生活出现挫折，思想负担重，无心学习，无所事事。

3. 注意力不集中的自我应对措施

大学生出现注意力不集中，除寻求专业帮助外，应注意采取有效措施进行自我调整与矫治。

（1）适当强化学习动机，保持一定的学习压力。

（2）明确学习目标，减少课余活动，制订切实可行的学习计划，尽量带着任务学习。

（3）锻炼意志力，能自觉调控自己的情绪和行为。

（4）选择理想的学习环境，尽量不在干扰大的地方学习。

（5）提高独立生活的能力，尽快从生活挫折带来的心理阴影中走出来。

（三）严重学习焦虑

心理学研究表明，中等程度的焦虑对学习的促进作用最为明显，而焦虑程度过低或过高都对学习不利。在大学生中，存在不少学习焦虑程度过低者，但焦虑程度过低所产生的负面影响并不大，更值得关注的是那些学习焦虑程度过高的学生。

1. 严重学习焦虑的主要表现

学习压力大，精神长期高度紧张，思维迟钝，记忆力减退，注意力不集中，情绪躁动，寝食难安，郁郁寡欢，面无表情，精神恍惚；考试期间的紧张程度达到极限，总是担心忧虑，惶惶不可终日。

2. 严重学习焦虑的原因

造成大学生严重学习焦虑的原因有很多，主要包括以下5种：

（1）自信心不足，总认为自己的智力、能力、知识基础不如别人。

（2）成就动机过强，迫切希望取得好成绩并且明显超过别人。

（3）对以前考试失败的体验非常深刻，内心深处的这种消极情绪一直没有根除。

（4）兴趣爱好单一，学习之外无专长，对学习达到孤注一掷的重视程度。

（5）性格内向，不善交往，自我封闭，自我体验异常。

3. 严重学习焦虑的自我应对措施

大学生出现严重学习焦虑，除寻求专业帮助外，还应注意采取有效措施进行自我调整与矫治。

（1）正确认识和评价自己的情况，树立自信心。

（2）增强心理承受能力，正确对待失败与挫折，敢于剖析自己的弱点，有勇气让自己隐秘的情绪见一见阳光，逐步消除埋藏已久的消极情绪。

（3）培养兴趣爱好，提高综合素质，多与周围的人交流沟通，积极参加有益的课外活动，真正做到一专多能。

（4）改进学习方法，注意劳逸结合，提高学习效率，做好考试心理的调整，多关注过程、少关心结果，对考试成绩要全面、客观地看待。

（四）学习动力缺乏

学习动力缺乏，指学习没有内在的驱动力量，无求知的渴望和学习兴趣，也就是有的大学生常说的“感觉学习没劲”。

1. 学习动力缺乏的主要表现

缺少明确的学习目标，学习随意、没有计划；无成就感，无理想抱负，无求知欲和上进心，无压力和紧迫感；厌学情绪明显，经常无故旷课，考试时试图通过作弊蒙混过关。

2. 学习动力缺乏的原因

造成大学生学习动力缺乏的原因有很多，主要包括以下4个方面：

（1）社会原因。新的知识无用论，就业、升迁中的不正之风，拜金主义、享乐主义的抬头，“学得好、干得好不如嫁得好”的婚恋观念，这些社会因素在一定程度上对大学生的学习产生了消极影响。

（2）学校原因。学校专业设置过细、口径过窄，调专业困难，课程体系不合理，内容老化；教师教学不以学生为中心，教学方式单一，与学生互动少、交流少；考试方式只重视考查学生对知识的记忆，导向与时代潮流不符；教学管理不严，教学条件跟不上，人均教育资源减少等。这些都容易成为大学生学习动力缺乏的客观原因。

（3）家庭原因。主要是家长不恰当的期望、过低或过高的要求、管得太多或太少，许诺孩子无论学习好坏都没有就业发展的后顾之忧，孩子一般就不会再刻苦认真学习。

（4）个人原因。学习动机不正确，社会责任感不强，价值观念扭曲，自我定位不准确，依赖思想严重，过于看重专业是否如愿，学习方法不符合大学生学习的特点等，都是造成学习动力缺乏的个人原因，或者说是内因。

3. 学习动力缺乏的自我应对措施

大学生出现学习动力缺乏，除寻求专业帮助外，还应注意采取有效措施进行自我调整与矫治。

（1）提高对学习意义的认识，增强学习的主动性和自觉性。在知识学习方面，经常是“书到用时方恨少，事非经过不知难”。因此，“宜未雨而绸缪，毋临渴而掘井”。

（2）适当设置学习目标，使学习具有明确的努力方向。目标要符合自身实际，不可过高或过低。

（3）制订具体的学习计划，增强学习的有序性。有计划地学习，才能井井有条、忙而不乱，保证学习效率。

（4）培养学习兴趣，做到多读、多听、多想、多动手、多参与。

（5）适当重视外部诱因。例如，对学校指定的学习方面的奖励政策给予必要的关注，既能获得奖金和荣誉，也能增加学习动力。

（五）学习动机过强

一部分大学生表现出学习动力缺乏，也有一部分大学生表现出学习动机过强，过犹不及，学习动机过强同样不利于学习。

1. 学习动机过强的主要表现

成就动机过强，把超过别人、出人头地看得太重，只愿成功、唯恐失败，心理压力很大；奖惩动机过强，听任考试指挥棒的驱使，被动学习、封闭学习；对别人的赞扬或批评非常敏感，对赞扬洋洋自得，对批评强烈抵触；学习强度过大，学习时间过长，经常处于身心俱疲的状态。

2. 学习动机过强的原因

造成大学生学习动机过强的原因有很多，主要包括以下4个方面：

（1）对自己的能力估计不准确，目标与期望超过了自己的实际水平。

（2）自尊心强，好胜心强，嫉妒心强。

（3）补偿心理。感觉以前的学习不够努力，错失了很多发展机会，一朝“醒悟”，出现“不用扬鞭自奋蹄”的状态。或者不能在其他方面表现自己，就把在学习上的出众看成唯一超越别人的机会。

（4）性格原因。自我要求严格，甚至有苛求自己的倾向。

3. 学习动机过强的自我应对措施

大学生出现学习动机过强，除寻求专业帮助外，还应注意采取有效措施进行自我调整与矫治。

（1）端正学习动机，提高需要层次，正确对待外部诱因。

（2）正确认识自己的现状与未来的潜力，量力而行，确定合理的发展目标，脚踏实地，循序渐进。

（3）培养广泛的兴趣爱好，把其他方面的学习也看成必需的学习。

（4）树立远大目标，淡化名利思想，克服虚荣心理，学会调整情绪、优化性格。

（六）学习自卑

自卑是一种自我轻视的心理，是自我体验出现偏差的结果。有自卑倾向的人在学习时就表现为学习自卑。学习自卑在不少大学生中存在，对学习的不利影响是显而易见的。

1. 学习自卑的主要表现

总认为自己在智力、能力、知识基础以及其他才艺方面不如别人，处处感到低人一等；参加学习活动喜欢躲在不显眼的位置，很少主动发言；不愿参加学习竞赛活动；考试前后都认为自己不会考好；在乎别人对自己能力的评价，自尊心强，感情脆弱。

2. 学习自卑的原因

造成大学生学习自卑的原因有很多，主要包括以下4种：

（1）以前在生活和学习中形成的自卑心理在大学学习中的延续。

（2）经历过刻骨铭心的失败与挫折。

（3）对自己和他人都不够了解，总拿自己事实上或想象中的缺点和别人事实上或想象中的优点相比。

（4）不适应大学学习，有过不符合实际的目标和期望值，一旦实现不了，马上失去心理平衡，导致学习自卑。

3. 学习自卑的自我应对措施

大学生出现学习自卑，除寻求专业帮助外，还应注意采取有效措施进行自我调整与矫治。

（1）学会具有自知之明和知人之智，尽量不做无意义的人际比较，非比不可时注意选对比较的标准与方式，冷静对待比较的结果。

（2）提高生活能力，增强对挫折的耐受力。无论遇到怎样的局面，都要坚强面对，不可退缩，不能自卑。要知道，一个连自己都瞧不起的人，有谁会尊重他呢？

（3）加强人际交流，多一些互相关心、互相帮助的知心朋友。

（4）注意学习方法，提高学习效率，以不断进步的学习成绩来增强自信、战胜自卑。

（5）进行积极的心理暗示，告诉自己：我努力，我自信，我优秀，我成功。

二、大学生的考试作弊问题

近年来，关于大学生花样翻新的作弊技巧和逐渐庞大的作弊队伍的报道经常披露于各种媒体，引起社会对大学生群体的忧虑。从大学生心理素质教育的角度来看，应当将大学生作弊作为大学生学习中的特殊心理问题认真加以研究解决。

（一）当前大学生考试作弊的特点

1. 作弊队伍不断“壮大”

过去在大学生中也有作弊的，但人数极少，形成不了气候，外界关注的也较少。而现在不同了，作弊的不是个别人，而是一群人。有关调查发现，在某些高校的一些班级，半数以上的学生承认进入大学后有过作弊行为，作弊队伍真的很“壮观”。

2. 作弊目的日益复杂化

一些平时学习不努力的学生为考试过关铤而走险，这种作弊似乎更符合“常理”。一些学习认真也能够考出好成绩的学生也开始作弊，他们主要是看到别人作弊，心理就不平衡，认为自己通过作弊也多考几分毕竟没有坏处，说不定这几分就意味着在评优评先和保送深造的竞争中能够顺利胜出。出于人情、面子或经济报酬而为人替考的，也以平时学习好的学生居多。

3. 作弊心态变得坦然平静

过去的大学生作弊的少，谁作弊被发现了就像做了天大的见不得人的事，承受着巨大的精神压力，自感羞愧难当。现在的大学生作弊的多了，心态上也变得坦然平静，似乎考试作弊没什么不光彩的，不被发现是自己“高明”，被发现了是“不小心失手”。

4. 作弊手段不断出新

现在，有些大学生的作弊手段经常“推陈出新”，如手机短信传递答案、使用让小抄“隐形”的特制笔等。

5. 出现“职业枪手”

某些大学生以赚钱为目的充当替人考试的“职业枪手”，还有提供做假证件等配套服务的，先明码标价，再讨价还价，俨然把作弊办成了一个“产业”。作弊到了这种地步，大学生原来给人的良好印象自然就被破坏了。

（二）大学生考试作弊的原因分析

1. 价值观念的颠倒

在当今倡导自由竞争的时代，人们更看重结果，对手段选择的合法性有所忽视。

在许多人的价值观念中，金钱、权力、地位最重要，知识、道德、人品无所谓，原本作为信仰的东西，能形成“敲门砖”的受重视，不能对前途利益直接有用的受轻视甚至鄙视。在价值观念颠倒的情况下，能“不劳而获”的作弊现象有所增加就不可避免了。

2. 道德力量的削弱

在长期应试教育的影响下，德育的地位受到动摇，投入减少，质量降低，加上社会风气中不良因素的影响，以及年龄增长之后对原有起约束作用的理念的怀疑、抵触甚至否定，大学生的作弊现象增加肯定与道德力量的削弱有关。

3. 法律资源的缺乏

目前我国尚无针对考试作弊的专门法律，这就使得对考试作弊行为的处罚缺乏法律依据，制定的处罚方式差别也很大。同一种作弊行为，有些学校处罚得很重，如直接开除学籍，有些学校可能只是批评教育。受人情、面子的影响，有些按规定该处罚的作弊行为被减免处罚，这在一定程度上助长了作弊行为的继续发生。

4. 社会控制的失调

表面上看，大学生考试作弊只是一种校园现象，但往深层探究，可以说这也是一种社会现象，是社会上的不正之风在校园内的表现。卖假货、做假证、拉关系办事、一些社会考试舞弊成风等，都对大学生带来了严重的负面影响。

5. 学校教育的积弊

在应试教育中，学生的学习只是围绕考试的指挥棒来进行，学习的内容就是考试的内容，学习的方法就是死记硬背、题海战术，衡量学习效果的标准就是考试分数的高低。在考研热潮中，大学也在延续着中小学的应试教育，专业设置的不合理和发展的不平衡导致很多学生“学非所爱”；教学还是以教师为中心，考试形式简单、内容单一；学生对学习的兴趣受到压抑，只为通过考试而学习。这都是造成大学生考试作弊增多的原因。

（三）控制大学生考试作弊的方法

1. 重视诚信教育，引导大学生做人要诚实守信

在教育工作中，要紧密结合当代大学生的所思所想，对其心理和行为给予正面的教育和积极的引导，帮助他们着眼于未来的发展，自觉抵制眼前蝇头微利的诱惑，克服爱虚荣、要面子、顾私情、无原则、心存侥幸、自制力差等心理弱点，坚守诚实守信的做人原则不动摇。

2. 强化宣传效果，帮助大学生树立正确的考试观

在考试之前借助各种宣传手段，介绍考试作弊的处分措施以及过去考生作弊后的处分结果，既让学生知道作弊的危害，又让他们明白作弊在严格的考试纪律和周密的防范措施面前是难以得逞的，只会付出沉重代价而毫无利益回报，从而让有作弊意图的学生自觉放弃实施作弊。通过宣传，还要让学生树立正确的考试观，把改善考风与建立良好校风、扭转社会不正之风、共同构建和谐社会联系起来，明确自己肩负的社会责任，从而彻底消除考试作弊的思想根源。

3. 倡导依法治校，引入法律手段惩治考试作弊

事实表明，法律手段仍然是解决考试作弊问题的有效手段。对情节较轻的作弊，不能认定为违法或犯罪；情节较重的，属于行政违法行为，可以给予一定的行政处分；情节特别严重的，就具备了犯罪的要件，应当依法追究刑事责任。“法无明文规定不为罪”，应当尽快在立法中将严重的考试作弊规定为犯罪行为，并制定相应的量刑标准以利于操作，借助法律的力量对大学生考试作弊产生震慑作用。高校也要强化依法治校的意识，不再越权处理严重的作弊行为，对权限范围内的考试作弊处罚一定坚持公正的原则，避免出现不必要的纠纷。

4. 深化学分制改革，逐步落实弹性学制

弹性学制是在实行学分制的基础上，允许学生在修满规定学分达到规定要求的前提下，既可提前毕业也可延缓毕业的一种教学管理办法。学生的自主选择权扩大了，学习的积极性会有所提高。既可提前毕业，也可延缓毕业，学习的进度与难度就可根据自己的知识基础和智力水平灵活掌握，这就缓解了因为“强制”和“一刀切”给部分学生带来的沉重的心理压力，可以在一定程度上减少发生考试作弊的可能性。

5. 加强心理素质教育，完善大学生的学习心理

通过对作弊学生的心理分析可以发现，很多作弊学生的学习心理不健全，有些属于学习适应不良，有些属于理想目标缺失，有些属于浮躁心理严重，有些则是在智力和非智力因素的发展上出现了停滞、倒退、异常等问题。这就需要有针对性地在心理素质教育中加以解决，努力完善大学生的学习心理。

三、树立正确的学习观

与动物相比较，人类先天拥有的本领太少，而后天可以开发的潜能极大，这就决定了每个人都必须重视学习，让学习贯穿于生命的整个过程。正如常言所说，“人不学，不知道”，“活到老，学到老”。大学生的主要任务是学习。面对大学阶段依然繁重的学习任务，大学生应当自觉培养自己健全的学习心理，切实提高学习的效率和质量，在继承前人创造的文化科学成果的基础上逐步具备一定的创新能力，努力成长为社会需要的高素质的专门人才。

大学里要学的东西太多了。正如谈恋爱时可能不懂得爱情，上大学时也往往不知大学生活该怎样度过才更有意义、更有收获。等到一切明白过来，这些经验只能传给年轻人了，虽然“纸上得来终觉浅”，但有经验教训可以借鉴总比自己反复试误要好得多。以下10条，可供在读大学生参考：

（一）读大学，究竟读什么

花草树木可以在校园里年复一年地生长，而我们却注定要很快被另外一群人替代，既然如此，那就让我们珍惜这段宝贵的时光，多做些能留下长久记忆的事情。大学生和非大学生最主要的区别绝对不在于是否拥有一门专业知识和技能，还有很多无形的东西更重要。一个经过独立思考而坚持错误观点的人比一个不假思索而接受正确观点的人更值得肯定。一个学会了自觉探索新知的人比一个满腹经纶却故步自封的人

更有发展前途。

（二）人生规划：三岔路口的抉择

不走弯路就是捷径。当你面临发展方向的选择，来到仕途、商界、学术这一人生的三岔路口，你将何去何从呢？仕途险恶、变数太多，商界不忌讳任何神话，学术精神天然地应当与世俗尘嚣保持足够的距离。在大学阶段你可以有你的倾向，但未来的结局未必如你所愿，那只看不见的手力大无穷。好在有些通用的素质，在大学里重视了，以后不会后悔。

（三）专业无冷热，学校无高低

没有哪个用人单位会认为你代表了你的学校或者你的专业，你就是你，当你的素质不能让人满意时，再提别的就没有意义。你会发现，大学之间的实力、名气之争到了考研考场和人才市场上原来是那样的微不足道。一切都在变化，专业的冷热和学校的高低都是暂时的、相对的，以你将要工作的三四十年为考虑问题的背景，你就不会太在乎这几年在哪个学校学哪个专业了，正所谓“三十年河东，三十年河西”“尺有所短，寸有所长”。

（四）不可一业不专，亦不可只专一业

“千招会，不如一招熟。”要想知道大学里需要学什么，最好的方式就是留意招聘信息。很多专业因为不具备专长的有效性，所以成了“屠龙之术”。一业不专，像个卖狗皮膏药的；只专一业，谁能为你将来的“专业对口”打包票呢？

（五）总逃课还叫上学吗

读大学，关键是培养学习的兴趣，学会思考问题的方法。你会对所有的课程都感兴趣吗？每堂课都能让你感到“胜读十年书”吗？当然不是，但不感兴趣就逃课，而且什么课都逃，你还是学生吗？这还叫上学吗？如果因为逃课而多门功课亮起红灯，不仅学费交得冤枉，就这份反反复复的折腾，也说明你不聪明。

（六）勤工俭学的最终目的

勤工俭学的最终目的还是促进学习。既然如此，赚钱就不是第一位的。假如你学的是计算机专业，有两个机会摆在面前：一个是到电脑公司打工，能用上专业知识，但报酬低；另一个是到餐馆刷盘子，没有技术含量，但报酬高。你会选择哪一个？还是到电脑公司好，这不仅是因为“工作本身就是报酬”，还因为这是可以写进你的专业履历表中的经历，经验的积累又是一笔千金难买的财富！

（七）做事不如做人，人脉决定成败

学问好不如做事好，做事好不如做人好。一个人要取得事业成功，一部分是靠自身的知识能力，更多的则来自人际关系。你是否能成大事，从你在大学里是否学习与人和谐相处就可初见端倪了。

（八）互联网下的生活方式

有了网络，有人用两个小时就能加工出一篇天衣无缝的优秀毕业论文。原来只能面对面才能做的事，有了网络随时随地都能解决。问题在于你不能对这个虚拟的世界太当真、太依赖，冷冰冰的“电脑脸”其实是很讨厌的。即使你的网友遍布天下，你也应该主动向周围的人说一声：“你好，我们可以聊聊吗？”

（九）爱情诚可贵，学业不可抛

爱情是美好的、不期而至的、难以拒绝的，在大学里没有谈过恋爱，总像缺少点什么。但爱情不仅仅是感情的事，需要花费金钱和时间，而学习也是。用于爱情的时间多了，用于学习的还富余吗？

（十）学习不只是个人的事情

父母省吃俭用送孩子上大学，为的是让孩子通过学习深造奔向光明的前途。学习不只是个人的事情，也是家庭、学校、社会和国家的事情。能把自己在学校里的每一天都做了什么坦诚地告诉别人的人，比撒谎说自己天天学习的人更懂得“对自己负责就是对他人负责”。

生活是一部百科全书。大学生的学习，既在书本、课堂之内，又在书本、课堂之外，决定未来发展结果的是综合成绩而非单项成绩。

问题讨论

1. 你对自己目前的学习状况满意吗？有哪些事实能证明你的结论？
2. 在考试前后，你在心理上有哪些表现？你有哪些经验教训愿与同学们交流？
3. 你是怎么制订提高自己创新能力的计划的？
4. 你认为学校和教师应当怎样培养大学生健全的学习心理？作为大学生，你又该怎样做呢？

自我测试

一、考试焦虑自我检查量表

请根据你的实际情况如实填写。如果题目符合你的情况，就在该题目上打“√”；如果不符合，则不做任何标记。请不必刻意花时间思考，尽量根据自己对问题的第一印象来回答。如果有某一问题你觉得实在难以回答，请做记录，并与有关的心理老师讨论，因为这些难以回答的问题可能表明你有新的问题。

（1）我希望不用参加考试就能取得成功。

（2）在某一考试中取得好成绩，似乎不能增加我在其他考试中的自信心。

（3）人们（家人、朋友等）都期待我在考试中取得成功。

（4）在考试期间，有时我会产生许多对答题毫无帮助、莫名其妙的想法。

(5) 在重大考试前后，我不想吃东西。
(6) 对喜欢向学生搞突然袭击考试的老师，我总是感到害怕。
(7) 在我看来，考试过程似乎不应该太正规，否则容易使人紧张。
(8) 一般来说，考试成绩好的人将来在社会上会取得更高的地位。
(9) 在重大考试之前或考试期间，我常常会想到其他人会比自己强得多。
(10) 如果我考糟了，即使自己不会总是记挂着它，也会担心别人瞧不起自己。
(11) 对考试结果的担忧，会在考试期间妨碍我的复习，在考试中干扰我的答题。
(12) 面临一场必须参加的重大考试，我会紧张得睡不好觉。
(13) 考试时，如果监考人来回走动或者注视我，我便无法答卷。
(14) 如果废除考试，我想我的功课会学得更好。
(15) 当了解到考试结果将在一定程度上影响我的前途时，我会心烦意乱。
(16) 我知道，如果自己能集中精力，在考试时就能超过大多数人。
(17) 如果我考得不好，人们将对我的能力产生怀疑。
(18) 我似乎从来没有对考试进行过充分的准备。
(19) 在考试前我的身体不能放松。
(20) 面对重大考试，我的大脑好像凝固了一样。
(21) 考场中的噪声（如日光灯的响声、电风扇的声音等）令我烦躁。
(22) 在考试前，我有一种焦虑不安的感觉。
(23) 考试使我对能否达到自己的目标产生怀疑。
(24) 考试实际上并不能反映出一个人对知识掌握的程度。
(25) 如果考试得了低分，我不愿把自己的确切分数告诉任何人。
(26) 在考试前，我常感到需要再充实一些知识。
(27) 在重大考试前我的胃不舒服。
(28) 有时，在参加重要考试前，一想起某些失败的因素，我几乎都要垮了。
(29) 在即将得知考试结果之前，我会感到焦虑不安。
(30) 但愿我能找到一个不需要考试就能被录用的工作。
(31) 假如这次考试我考得不好，我想这意味着自己并不像原来想象的那样聪明。
(32) 如果我的考试分数很低，我的父母会感到非常失望。
(33) 对考试的焦虑心情使我不想认真准备了，而这种放弃的想法让我更加焦虑。
(34) 在应试时，我常常发现自己的手在哆嗦，或双腿直打战。
(35) 在考试过后，我常常觉得自己本应考得更好。
(36) 在考试时，我的紧张情绪妨碍了注意力的集中。
(37) 在某些考题上，我费劲越多，脑子就越乱。
(38) 如果我考砸了，且不说别人会对我有看法，就是我自己也会对自己失去信心。
(39) 在应试时，我身体某些部位的肌肉很紧张。
(40) 在考试前，我感到缺乏信心，精神紧张。
(41) 如果我的考试分数低，我的朋友会对我感到失望。
(42) 在考试前，我所存在的问题之一是不能确定自己是否做好了准备。

（43）在必须参加一次确实很重要的考试时，我常常感到全身心的恐慌。

（44）我希望主考老师能够觉察到某些人比另一些人更加紧张，我还希望老师在评价考试结果时能对此加以考虑。

（45）我宁愿写一篇论文，也不愿参加考试。

（46）在公布我的考分之前，我很想知道别人考得如何。

（47）如果我得了低分，我认识的某些人将会感到快活，这使我心烦意乱。

（48）我想如果我能单独进行考试，或者考试没有时间限制的话，那么我的成绩会好得多。

（49）考试成绩直接影响我的前途和命运。

（50）在考试期间，有时我非常紧张，以致忘记了自己本来知道的东西。

【测试结果说明】

根据对问卷的回答，可以知道自己的考试焦虑主要表现在哪些方面，如下表所示。

题目测查对照表

测查的方面	题目序号
担心考试失败后别人对自己的评价	3、10、17、25、32、41、46、47
担心个人的自我意象受到威胁	2、9、16、24、31、38、40
担心未来前途	1. 8、15、23、30、49
担心应试准备不足	6、11、18、26、33、42
身体反应	5、12、19、27、34、39、43
思维阻抑，注意力不集中	4、13、20、21、28、35、36、37、48、50
一般自信心不足	7、14、22、29、44、45

如果你在某一测查方面的题目上大部分都打了“√”，说明你的考试焦虑可能是由这一因素引起的，或者主要表现为这一方面的问题。

二、记忆测验

有的人只听过一次的东西，就可以准确无误地记忆若干年；有的人在早晨听到的东西，到晚上就忘记了。实际上，几乎所有人都有惊人的记忆潜力。好的记忆力是可以经过努力获得的。如果你想了解自己的记忆力，以及自己运用记忆力是否得法，那么请回答下面的20个题目。

（1）选择一个最符合你的答案：

a. 不需要任何中间环节即可使曾经识记的东西在大脑里重现。

b. 不经提示就想不起来，但能辨别出曾经识记过的东西。

c. 脑中即使还有某一信息的痕迹，也不能回想出来。

d. 提起曾经记过的事情时，很容易与其他事情相混淆，出现错记。

（2）你习惯怎样记忆？

a. 把要记的内容归纳起来记忆的“整体记忆法”。

b. 把要记的内容分成几个部分记忆的“部分记忆法”。

（3）你是否常常怀着强烈的好奇心或浓厚的兴趣去记忆需要记忆的东西？

（4）对大多数内容，你是否要求自己先理解了再去记忆？

（5）你是否经常将几件相关联的事情联系起来，或者用联想的方法去记忆？

（6）你是否经常把一些相似的东西放在一起去记忆？

（7）在你学习感到疲劳时，你是否改变学习的内容？

（8）你能否从大量杂乱的信息中迅速准确地挑选出对自己真正有用的那一部分？

（9）你对记住的东西，是否尽早地使它在大脑中有重现的机会（如学习之后尽早地复习）？

（10）你对需要记忆的书本内容，是否加以整理，制成图表或缩成简短的文字来加强记忆效果？

（11）平时你是否仔细分析记忆材料、寻找规律，或者认真考查和记忆与内容有关的事项？

（12）你对记忆内容之间的共同性和特殊性是否敏感？

（13）你是否经常借助听、写、朗读或亲身实践来增强对大脑的刺激以加深记忆印象？

（14）你是否经常浏览报刊，或精读一本书，或通过其他方法将自己认为有用的信息尽量储存进头脑中？

（15）你是否有做笔记、写日记、记备忘录的习惯？

（16）对一些需要记忆的无意义的东西，如英文字母、阿拉伯数字等，你是否专心地念诵、书写，或把它转换成有意义的东西加以记忆？

（17）需要记的东西很多时，你是否将重要的放在开头或末尾去记？

（18）对一些疑难问题，你是否力求找出问题的答案再记忆？

（19）你对日常生活中没有必要记忆的琐事是否能够尽快忘记？

（20）当你要记住某种知识时，你是否抱着一定记住它的心态，集中精力，或告诫自己还差得很远，自己的理解可能还不够充分？

【测试结果说明】

（1）a. 能做到重现说明记忆效果好、记忆力好。

b. 达到了再认程度，记忆效果和记忆力一般。

c. 遗忘严重，记忆力不好。

d. 错记其实比遗忘还要差，这会耽误事情。

（2）实验表明，“整体记忆法”优于“部分记忆法”。

（3）好奇心和兴趣能使人在一些方面表现出优异的记忆力，如球迷对球星情况的记忆。

（4）理解有助于记忆。

（5）有联系的东西容易记忆。

（6）相似的东西直接放在一起去记忆容易出现混淆，要注意通过比较找出各自的特征及其之间的差异。

（7）改变学习的内容等于改变大脑的兴奋区域，对缓解疲劳有利。

（8）筛选信息的过程是对人的思维的训练，这对改善记忆同样必要。

（9）要防止遗忘，必须在学习之后尽早地复习巩固。

（10）对知识的整理加工能加强记忆效果。

（11）寻找规律并找到联系，能记忆更多更抽象的东西。

（12）这属于对记忆内容的深入理解，对此敏感是好的。

（13）多种感官的协同作用，全身心地投入，比单一的活动方式效果好。

（14）将有用的信息尽量储存进头脑中，既可以直接提取加以运用，也可以用来充当思维创造的材料。

（15）好记性不如烂笔头，该用文字记忆的东西还是要勤于动笔。

（16）注意力集中，再采用科学的记忆方法，记住无意义的东西也不难。

（17）需要记的东西很多时，将重要的放在开头或末尾去记更容易记住。

（18）不懂的东西难记，记了也没有多大作用，付出努力后才得到答案的问题，印象一定更深刻。

（19）头脑的空间一定时，记无用的东西多了，就挤占了记有用东西的空间。

（20）主观态度应当积极，重视程度要高，这样记忆效果才会更好。

第四章 人际心理篇——编织友谊的金丝带

自从有了人类，人际交往也就产生了。人生不能无群。古罗马哲学家西塞罗也说过这样的话：“假如一个人独自升天了，他看到宇宙的大观，他看到群星灿烂，但他并不会感到快乐，他必须找到一个人述说他所见的奇景，他才能快乐。”交往使人类产生了语言，发展了思维，启迪了智慧；交往使人们结成了一定的关系，共同从事物质产品和精神产品的生产，从而推动了社会的进步；交往使一个自然的人最终变成了一个社会的人，使一个生物学意义上的人变成了一个心理学意义上的人。

据说，有一家杂志曾以“生活是什么”为主题，向读者征求准确传神的最短答案，最后有两个答案入选，它们是“梦”和“网”。拥有一个梦，编织一张网，确实是大多数普通人的生活支柱。前者说的是人的理想追求，后者说的是人的社会交往，而二者之间的关系又极为密切。大学生正值多梦的年龄，梦想的实现既需要自身的努力，也需要众人的帮助。如何通过有效的人际交往使自己更好地生存发展，逐渐提高自己的人际交往能力，并克服在人际交往中容易被忽略但又明显影响交往效果的心理问题，是大学生走向成熟所绕不过的考题，这就要求每个人都必须交出合格的答卷。

第一节 人际交往及其对大学生的意义

经典案例

苦恼的芳芳

芳芳，女，21岁，大学三年级学生。中学时在某市一中读书，学习成绩、班级表现等各方面都很优秀，虽是独生女，但并没有养成娇惯习气。

进入大学后，她和3个来自农村的女生住在一个宿舍，彼此在生活习惯和观念想法上的差异很大。她的床、桌子、用品屡被占用，洗衣粉总是被别人使用，她多次提出意见也没有结果。对其他3位同学议论老师、给老师取外号的做法，她很是看不惯，也讨厌她们的脏乱等不良生活习惯，于是不太喜欢和她们交往。

事情就这样发展下去，芳芳和宿舍同学之间的关系越来越疏远。芳芳每天都尽量想办法不回宿舍，但晚上总得回去睡觉，一回到宿舍就感到压抑，其他3个同学有说有笑，而自己则躲在一边一句话都不说。她在生活习惯上也变得脏乱起来，对宿舍的脏乱不再去整理，自己的桌子、床都懒得去整理，用的东西尽量都锁起来。

时间一长，芳芳的学习兴趣也下降了，再加上宿舍脏乱，与同学的关系不好，心情很是压抑。

——笔者心理咨询案例

一、人际交往概述

人际交往也称为交际或社交，是一种建立或改善人际关系的活动。生活在社会上，每个人都拥有自己的社会位置，并与处在其他位置上的人发生联系，形成复杂的人际互动。在这一共同的过程中，人们的感受却不相同，有人满意，有人不满意。好在人们的社会位置以及相互之间的关系都不是固定不变的，它可以通过交往来调节。哲学家叔本华曾比喻说，人像豪猪，天气寒冷的时候，成群的豪猪只得挤在一起，靠体温的互相传递来保暖。豪猪浑身长满锋利的刺，还散发出难闻的臭气，如果紧紧地挤成一团来取暖，会被扎得难受、熏得难受，它们便自动地把彼此之间的距离拉开一些。可距离太远了，又会被冻得难以忍受，它们就再靠得近一些。经过调整，每只豪猪都可以找到一个既温暖又不痛苦的位置。哲学家的比喻说明了人类的特点和交往的意义。人身上所具有的优良品质可以帮助别人，而所具有的恶劣品质却可以伤害别人。假如人与人之间的距离太远，人就感到孤独寂寞、茫然无助；假如人与人之间的距离太近，又难免磕磕碰碰、伤了和气。总的来说，交往体现了人类趋利避害的本性，人们无意识的交往源于惧怕孤独，有意识的交往则或多或少地含有谋利的成分。

（一）孤独求伴是人的本能需要

1. 与世隔绝的人在心理上是不正常的

心理学家发现，人类天生带有许多先天固有的特性，其中之一就是要寻求伙伴，与他人结合在一起。进化论的自然选择理论认为，任何可以增加生物体生存机会的特性历经演变会成为生物体的显性基因。原始人要想生存，必须首先保护自己的生命，然后把猛虎烈豹等一切自然界的生物尽可能变成果腹的食物。怎样才能做到呢？只能依靠集体狩猎。这种方式不仅使人增加了生存的机会，还使集体狩猎的人比单打独斗的人有了更多的后代。久而久之，与其他人生活在一起的行为倾向，就逐渐沉淀在人类的原始本能中了。

人在与世隔绝时，心理上所受的伤害是严重的。18世纪末叶的欧洲探险家亚历山大·塞尔柯克曾在一个荒岛上独居了4年。在这4年中，他可以自如地应对自然界的残酷，满足自己生存所需要的一切，但无法忍受孤独的感觉。为此，他学着《鲁滨逊漂流记》中的鲁滨逊养了一条狗、一只鹦鹉和几头野兽，每天和这些动物进行交谈，但他仍常常陷入精神恍惚的状态，不能自拔。4年后，他虽然重新回到了家人的身边，但无法完全恢复以前与人交往的能力。

把一个人单独禁闭起来之所以被认为是一种很严酷的惩罚，是因为它使人处在不正常的与世隔绝的状态，感受孤独的煎熬，体验恐惧的折磨。与世隔绝时，最需要的是一个伙伴。没有人类伙伴，就把动物培养成伙伴，如猩猩、狗、猫、鹦鹉甚至蚂蚁。假如周围没有任何活物，一支跳动着火苗的蜡烛，水杯中上下翻动的茶叶，也能给人带来充满生命活力的欣喜，因为这些也是孤独的人此时此刻迫切需要的伙伴。

2. 孤独无伴的人感觉内心凄苦

人类学家研究了不同形态的原始社会，发现那些村落的人口都在150名左右，据此提出了“150人定律”。远离村庄生活的城市居民，大多没有改变原有的生活习性，研究者让一些大都市的居民列出一张与其交往的所有人的名单，结果他们名单上的人数都在150左右。当个体的生活圈子过于狭小时，人就会感到孤独。

与过着寻常生活的人相比，鳏寡孤独是困苦的。他们经历了亲人死亡的创伤，丧妻成为鳏夫，丧夫成为寡妇，丧父成为孤儿，丧子成为独老。他们家庭残缺，生活困难，确实值得同情和帮助。但除此之外，他们的心灵孤苦才是难言之隐。三国时期的蜀国人李密，幼年丧父，母亲改嫁，由祖母抚养成人。其在千古传诵的美文《陈情表》中，说到年幼的自己，是“少多疾病，九岁不行”，“茕茕孑立，形影相吊”；说到年老的祖母，是“夙婴疾病，常在床蓐”，“日薄西山，气息奄奄”；说到祖孙二人的关系，是“臣无祖母，无以至今日；祖母无臣，无以终余年”。李密的真情实感，正是孤独无伴的人的共同感受。

社会的发展，极大地提高了对弱势群体的帮扶力度。但对于缺乏心灵伙伴的人来说，即使衣食无虞，也依旧孤苦伶仃。

3. 面对自我让人感到交往有益亦有限

行为学家提出了“非人”的概念。对于不得不接触的陌生人，人们通常采取视而不见的态度，互相把对方看成无生命的物体，类似于一棵树、一根电线杆或一个垃圾桶，也就是“非人”。于是，在公共场合可以旁若无人地高声喧哗，在拥挤的地铁里可以容忍别人的身体紧挨着自己的身体。这个世界越来越显得人满为患，但与此同时，由于真正的孤独不是受到了冷落和遗弃，而是没有知己、不被理解，使得“人生难得一知己”的感叹永不过时。知己、亲密的人、熟人、打过交道的人，交往圈可亲可疏、可大可小，给了我们充分的自由选择的空间。然而，一个人独自面对自我时，还是会感到由衷的孤独。

从根本上说，每个人都是独立的，人与人之间可以互相帮助，但永远不会互相代替。一个人从各种生活琐事中解脱出来、独自面对自我时，就会发现人皆孤独，孤独感乃是人类心理的一层底色。说到底，人来到这个世界上时，是独自而来的；人最后离开这个世界时，也不可能与人结伴同行。每个人都是独特的，都是独一无二的，从这个角度来看，人都难免孤独，都会产生程度不同的孤独感。

“夜深人静的时候，是想家的时候。”感到孤独了，就特别想与人交往，这是人之常情。但此时的交往其实只是为了交往而交往，并不能真正解除自己心理上的孤独之苦，能够意识到这一点的人显得很特别。古代文人王徽之住在山阴时，于雪夜喝酒吟咏，忽然间想到了好朋友戴逵。此时，戴逵正在剡县隐居。王徽之乘坐小船前往，走了一夜才走到戴逵的门前，但他不去敲门就往回赶路。别人对此很不理解，他答道：

"吾本乘兴而行，兴尽而返，何必见戴？"交往的有益、有限，尽在其中了。

（二）交往谋利是人的社会需要

1. 在交往中避苦求乐

20世纪50年代，美国心理学家在实验研究中发现，在老鼠的下丘脑中，存在着"快乐中枢"和其他情绪的反应中枢。把电极埋藏于老鼠的下丘脑外侧时，老鼠在无意中按压杠杆，电流通过后会产生快感，它就不断地按压杠杆，这一中枢被认为是快乐中枢。用电刺激其他部位，能引起发怒、惧怕、惊恐等痛苦反应，老鼠因此而躲避控制电源的杠杆。在临床上对病人运用上述刺激，也取得了类似的结果。实验证明，人类的趋利避害本能表现在情绪上，就是避苦求乐。

每个人都会避苦求乐，而人际关系的亲疏远近决定了别人给你的是快乐还是痛苦。关系远了，自己快乐的时候不愿见到别人的快乐，痛苦的时候更不愿意见到别人的快乐。但亲人、朋友就不同了，彼此之间可以有福同享、有难同当，两个人分享快乐就变成了两份快乐，两个人分担痛苦就变成了一半的痛苦。交往能调节人际关系，让人多一些快乐、少一些痛苦。

2. 合作促进事业成功

俗话说得好："一个篱笆三个桩，一个好汉三个帮。"没有木桩，编得再好的篱笆也站不起来；没有人帮，本领再大的好汉也是孤掌难鸣。历史上有名的楚汉相争，两个主角是刘邦与项羽。若是单挑，刘邦肯定不是项羽的对手。但最终的结果是，刘邦成为皇帝，项羽含恨自杀。汉高帝刘邦曾对文武群臣说："夫运筹帷帐之中，决胜千里之外，吾不如子房。镇国家，抚百姓，给馈饷，不绝粮道，吾不如萧何。连百万之军，战必胜，攻必取，吾不如韩信。此三者，皆人杰也。吾能用之，此吾所以取天下也。"刘邦的手下人才济济，尤其是有张良、萧何、韩信这3位杰出人才，大家齐心协力，最终成就霸业。而英雄项羽留下的《垓下歌》则很悲壮，也很绝望："力拔山兮气盖世，时不利兮骓不逝。骓不逝兮可奈何，虞兮虞兮奈若何？"众叛亲离到了只可以依靠一匹宝马和一个美女的地步，项羽纵有天大的本领，也在劫难逃了。楚汉相争的最终结局告诉人们，善于与人交往，形成合力，是很多事业成功者的共同特征。

有些人的成功，主要依靠个人的创造力，似乎不必看重交往。但从追求全面成功的角度说，如果不看重交往，留下的遗憾会更多。诗圣杜甫有一首诗，题为"不见"，专门写给诗仙李白："不见李生久，佯狂真可哀。世人皆欲杀，吾意独怜才。敏捷诗千首，飘零酒一杯。匡山读书处，头白好归来。"李白的诗好，但性格上狂放不羁，目中无人，得罪的人不少，竟然到了"世人皆欲杀"的地步，着实可怕。国外一位天文学家受聘担任天文台台长，由于工作出色，主管部门计划给他增加报酬，而他出于对天文事业的热爱，谢绝了主管部门的好意，理由是，如果他的收入太优厚，下一任天文台长就很可能不再是天文学家了，而一个由外行领导的科研机构很难创出一流业绩，这对天文事业的发展十分不利。应当承认，这位天文学家的担心并非多余。生活中有一些人，论专业能力的单项得分或许并不突出，但他们擅长交往，往往能够在综合竞争力上占据上风。交往能促进人的事业成功乃至全面成功，有事业心的人需要重视交往。

3. 识人、知人，品味人生

人生苦短，人生无常。人生道路上始终相伴的欢聚与离散、幸福与悲哀、希望与失望、满足与压抑，都有其存在的意义，假如人们愿意去品尝，样样都有滋味，样样都是生命中不可或缺的。而在现实生活中，许多人比较注重埋头做事，却忽略了人生。细细咀嚼生活中的酸甜苦辣，当生命归于终了之时，回悟自己以往的许多努力都是没有多少意义的，而对真正有意义的东西却没有给予足够的重视，它们就像夜空的流星一样转瞬即逝，想要再珍视为时已晚。人应当边做边想，即要学会品味人生。

与人交往，投身生活，是品味人生的条件。高僧弘一法师本名李叔同，他有过歌舞繁华的日子，但后来皈依佛门。有一天，他的朋友来拜访他，吃饭时，他只配一道咸菜。朋友不忍地问他："难道这咸菜不会太咸吗？"弘一法师回答："咸有咸的味道。"吃完饭后，弘一法师倒了一杯白开水喝。朋友又问："没有茶叶吗？怎么喝这平淡的开水？"弘一法师笑着说："开水虽淡，淡也有淡的味道。"这时的弘一法师，早就超越了咸与淡的分别，这超越并不是没有味觉，而是真正能品味出咸菜的好滋味与开水的真纯净。心空如洗的日子，每天都很充实。

弘一法师是得道高僧，身上多了佛门睿智，少了世间俗气，但并不是所有的僧人都能做到这一点。清朝重臣曾国藩第一次去一座寺庙参观，寺僧看他其貌不扬，以为是一个普通游客，所以只是淡淡地招呼他："坐，茶。"第二次他再去寺庙时，穿着较为华丽整齐，寺僧才稍稍礼遇他："请坐，泡茶。"第三次他再去时，寺僧已知道他就是有名的两江总督，所以非常恭敬地迎接他："请上坐，泡好茶。"随后，寺僧捧出文房四宝，请他题字留念。曾国藩提笔就写："坐，请坐，请上坐；茶，泡茶，泡好茶。"寺僧看后无地自容。品味人生，需要在与人交往的过程中完成，追求自我实现的人需要重视交往。

二、大学生人际交往的特点

大学生的生理和心理日趋成熟，且文化层次较高，因此其人际交往具有与其他社会交往不同的特点。

（一）平等意识强

大学生随着自我意识的发展，独立和自尊的要求日益增强，于是产生了强烈的"成人感"，对交往的平等性要求越来越高。他们既对他人平等相待，又希望他人对自己也一视同仁。因此，大学生更多地选择与同辈交往而远离父母，经常回避居高临下的教训，渴望平等交往。尤其那些傲慢无礼，不尊敬他人，操纵欲、支配欲、嫉妒心和报复心强的人常常不受大学生欢迎。

（二）感情色彩浓

大学生普遍希望通过交往获得友谊。对友谊的珍惜与渴求，以及青年人情感丰富的心理特点，使大学生在人际交往中十分注重感情的交流，讲求情投意合和心灵深处的共鸣。另外，大学生的情感不太稳定，有些变化无常，表现为时而欢欣鼓舞、时而焦虑悲观，也经常容易用感情代替理智，这也使得其人际交往带有明显的感情色彩。

（三）富于理想化

大学生的人际交往具有浓厚的理想色彩，比较注重理想、纯洁真诚。无论是对朋友，还是对师长，都希望不掺杂任何杂质，以理想标准要求对方，一旦发现对方某些不好的品质就深感失望。与其他人群相比，大学生人际交往的挫折感较强，致使他们表现出渴求交往和自我封闭的双重性。

三、大学生人际交往的意义

对于新入学的大学生来说，大学校园是一个全新的生活环境。远离了父母，远离了昔日的师长、同学，来到一个完全陌生的生活环境，这使他们既怀念昔日的亲情、友情，又渴望新的友谊。这种特殊的生活环境增加了大学生对人际交往的需求。同时，随着身心的发育成熟，大学生的自我意识得到了迅速发展，发现了自己的内心世界，对自己以及周围关系有了新的认识。由于自我意识尚不健全，需要参照其他人来审视自身和对照外部世界；同时，随着发现自我的惊喜，大学生也开始意识到自身的孤立无援，孤独感的产生也加强了大学生对人际交往的渴求。自我意识的发展所带来的独立意识的增强，使大学生逐步摆脱了对父母、老师的依赖，同时对同龄人的依赖有所增长，需要在新的环境中获得同伴的友谊。并且由于毕业后就要走向社会，大学生人际交往的需要还会从大学扩展到社会生活之中，既要学会怎样与社会人士交往，又要向其学习生活的经验和知识。这些特点决定了人际交往对大学生的发展有重要的意义。

（一）有助于大学生提高自我认识和自我完善水平

人的自我认知和自我完善的过程是在一定的文化环境中，通过个人和他人相互作用、相互认知而认识自我、完善自我的过程，具体地说，就是从他人对自己的评价和态度、与他人的关系，以及与别人的比较中认识自我，即人们常说的“以人为镜”。正确认识自己和周围的环境，才能形成良好的自我形象，塑造完美的人格。同时，恰当的自我认知，既能使人避免“夜郎自大”，又能使人摆脱自卑感。

（二）有助于大学生学习知识和开发智力

在当今信息时代，大学生在交往过程中获得的信息对学习会起到积极的作用。书本上的知识毕竟是有限的，人际交往是获取新知识的有效途径。同时，人际交往中的信息交流有助于启迪思维、开发智力。由于知识的局限与社会经验的不足，大学生看待问题时难免会陷入僵化。而在与老师、同学的交往中，畅所欲言，思维碰撞，往往会产生思想火花，使自己茅塞顿开。

（三）有助于大学生走向社会

人际交往是个人社会化的必经之路。个人社会化即个人通过学习社会知识、技能和文化，从而取得社会生活的资格的过程。如果没有其他人的合作，个人是无法完成生活所必需的知识、技能的，只有学会与人平等相处，才能自立于社会，取得社会认可，成为一个成熟的社会化的人。

（四）有利于大学生的身心健康

通过人际交往体现人与人之间的爱护、关怀、信任与友谊，是精神需要得到满足的重要内容。大学生在彼此交往的过程中，相互倾诉各自的喜怒哀乐，进行感情交流，获得心理上的满足感，增进彼此之间的亲密感。通过交往，大学生能满足生理、心理上的需要，培养良好的情绪、开朗的性格和乐观的生活态度，促进自己的身心健康。

第二节　大学生人际交往问题与调适

经典案例

惧怕与他人交往的小欣

小欣，女，22岁，大学三年级学生，父母务农，家境中等，是家中的独生女。近一两个月来，她情绪低落，心情郁闷，与同学关系不好，回到宿舍总有一种压抑的感觉。临近考研，她的心情更加烦躁不安，虽能控制情绪，但内心十分痛苦，常常在脑中回想自己与他人交往“失败”“丢脸”的事件，因而感到自己很孤独。因经常遭排斥而惧怕交往，总担心会再发生尴尬的事。现在学习也受到了影响，不能集中精力投入学习，她担心考研会受到影响，于是主动寻求心理帮助。

（资料来源：http：//www.doc88.com/p-801299061363.html）

一、人际交往的认知偏差及其调适

大学生人际交往中的认知偏差主要有以下5类：

（一）首因效应

首因即最先的印象。首因效应指初次对人所形成的印象往往最鲜明、最牢固，并对以后的人际知觉与人际交往产生深刻的影响。首因效应产生的根源在于人类知觉的恒常性。所谓知觉的恒常性，指人在认识事物时形成了一定的印象，当知觉的条件在一定范围内发生改变时，知觉的印象却保持相对不变。知觉的恒常性保证了人对事物相对稳定的认识，避免对于同一事物的多次反复认识，决定了人们可以根据已有的知识和经验去认识层出不穷的新事物，但同时容易导致认识上的偏差。在人际交往中，首因效应也往往使人际认知带有表面性、片面性。首因效应在大学生人际交往中普遍存在。有些大学生往往仅凭第一印象就轻易地对别人做判断、下结论。第一印象好，就各方面都好；第一印象不好，就不屑于交往。这种先入为主的认知方式容易使人陷入人际交往的误区，应当尽量避免。人们常说：“路遥知马力，日久见人心。”大学生在人际交往中如果注重调查研究，多了解，多观察，多留心，就不会“一叶障目”而偏离人际交往的正确轨道。

（二）近因效应

近因即最后的印象。近因效应指最后印象对人以后的认知具有强烈的影响，这就是心理学上所说的“后摄”作用。近因效应与首因效应并不矛盾，而是一个问题的两个方面。人们在相识、交往的过程中，第一印象固然重要，但最后的、最近的印象也很重要。一般说来，在对陌生人的认知过程中，首因效应比较明显；在对熟悉的或久违的人的认知中，近因效应则更为明显。根据观察和研究，近因效应在大学生的人际交往中也是普遍存在的。例如，有的大学生平时表现得很好，可一旦做了一件错事或犯了一个错误，就容易给其他同学留下很深的负面印象；与此相反，有的大学生平时表现得一般，但在评优或竞选班干部时，刻意表现自己，做一些表面文章，也容易赢得一部分同学的好感；有的大学生之间长期交往密切，关系融洽，但往往因为一件小事，就产生矛盾，不团结，甚至反目成仇，完全不顾虑平时的愉快交往等。大学生在人际交往中应注意克服近因效应带来的认知偏差，要用动态的、历史的、发展的眼光看待他人，看待人际交往。

（三）晕轮效应

晕轮效应又称为光环效应，指在人际认知中，人们常常把对方所具有的某一特性泛化到其他一系列尚未知的特征上，即从已知特征推及未知特征，从局部信息形成完整印象。人们常说的“情人眼里出西施”“爱屋及乌”就是晕轮效应的体现。在大学生的人际认知中，经常出现这样的情况：某一位学生学习成绩优秀，就认为他的一切都好，甚至连他的一些缺点和不良习惯也被当作特点而加以肯定和效仿；而当一个人的缺点比较明显时，则他的其他优点也往往被忽视。受晕轮效应影响的大学生在人际交往中容易以偏概全，因此必须克服这一认知偏差，力求全面地看待他人。

（四）投射效应

投射效应指在人际交往中，认知者形成对他人的印象时总是假设他人与自己有相同的倾向、特征，如“由己推人”“以小人之心度君子之腹”。投射效应在大学生人际交往中的表现形式是多种多样的。例如，有的大学生对他人有意见，总以为他人对自己怀有敌意，甚至认为对方的一举一动都带有挑衅色彩；有的同学经常在背后议论他人，总以为他人时常在背后议论自己；习惯于说谎的人总是不相信他人的话；有的大学生自己对某件事感兴趣，就以为他人也感兴趣，在一起聊天时，口若悬河、高谈阔论，完全不顾及他人；有的同学在传递信息时，以为自己知道了别人也就知道了，便随意打折扣，三言两语，往往造成误解，甚至会耽误事情；有的大学生用自己的主观愿望或主观想象去投射他人，如喜欢一个异性，希望对方也喜欢自己，进而把对方的一个眼神、一个笑脸、一个友好的表示甚至一句玩笑话都看作对自己的示好等。投射效应的实质在于，从主观出发简单地认知他人，自我与非我不分、主观与客观不分、认知的主体与认知的对象不分，从而导致认知的主观性、任意性。因此，在认知过程中应注意客观性，力求从客观实际出发，深入考察，摒弃主观臆断，尽量减少人际交往中的误会和矛盾。

（五）定势效应

定势效应指在人的头脑中存在某些固定化认识，影响人的认知和评价。定势效应与首因效应有所不同。首因效应指第一次接触中形成的印象，而定势效应则指头脑中已有的某些观念。这些观念中，有些是个体自己形成的，有些则是社会上长期流传和沿袭下来的习惯看法、观念在头脑中的留存。苏联社会心理学家包达列夫曾做过一个实验，揭示出了定势效应在人际印象中的作用。他向两组大学生出示了同一个人的照片。在出示前，他向第一组大学生说照片上的人是一个十恶不赦的人，而向第二组说照片上的人是一位科学家。然后，分别让两组学生对照片上的人做看图描述。结果，第一组学生说，深陷的双眼表明内心阴险仇恨，突出的下巴表明沿着罪恶的胡同走到底；第二组学生说，深陷的双目表明思想深邃，突出的下巴表明坚毅睿智。对一张照片会有两种截然不同的评述，可见定势效应对人们认知的作用和影响。生活中的事例也很多。例如，人们说起某人是北方人，就浮现出这样的印象：坦率、直爽、快人快语、吃苦耐劳、容易相处。说起南方人，则产生几乎相反的印象：白净秀气、精明灵活、处世圆滑。说到浙江人，总认为会做生意；听到湖南口音，总认为这人喜欢吃辣椒。年轻人总以为老年人持重保守，老年人总认为年轻人气盛轻浮、办事不牢靠等。其实也并非人人如此，只是受定势效应的影响。

定势效应有两方面的作用。积极的作用是使认知他人的过程简化，有利于对被认知的人和事物做出概括性的反映，它给予人的是经验。定势效应在人际交往中的消极影响也显而易见，即使人在认知过程中产生有害的偏见、成见甚至错觉。因此，大学生在人际交往中要注意克服定势效应的消极作用，在认知他人时要力求具体、深刻，切不可想当然。

二、大学生社交自卑感及其克服

社交自卑感指大学生在人际交往中存在的自卑感，其常见的表现是忧郁、悲观、孤僻、自我封闭、言行被动，在社交场合表现拘谨、事事避让、处处退缩，不敢抛头露面，生怕当众出丑。一般来讲，社交自卑感严重的人，大多性格内向、感情脆弱、多愁善感，常感自惭形秽，认为自己各方面不如他人，总以为他人瞧不起自己，时时担心在交往中有失体面甚至受到伤害。这种人在交际场合，不是积极参与、主动交流，而是过于警觉、被动防守，消极等待他人亲近和抬举自己，压抑了自身能量的释放，守护的是个人的自尊心，而不是运筹如何改善人际关系。

（一）大学生产生社交自卑感的原因

1. 缺乏自我认识

缺乏自我认识的人，往往高估他人、低估自己。在与他人比较时，习惯用他人的长处与自己的短处相比，结果产生自卑感，丧失交往的勇气和自信心。

2. 经验不足

纵观大千世界，无论是外交家还是公关人员，他们之所以有很强的交际能力，除了自身有优良素质之外，最主要的是他们经过了长期的工作实践，才具备了丰富的交际经验，年轻的大学生当然无法与之相比。长期当学生干部的大学生，其交往能力往往比其他同学强。这也说明经验在人际交往中的重要性。古人说：“世事洞明皆学问，人情练达即文章。”有少数大学生不懂得经验是可以逐步积累的，而是盲目攀比、空自卑，这是徒劳的。

3. 缺乏特长

大学生生活在一个充满生机与活力的群体中，而这个群体中不乏才华出众、多才多艺的同学。例如，有的擅长琴棋书画，有的擅长吟诗作赋，有的能歌善舞，有的口才不凡等，他们在各种交际场合都会受到关注和接纳。而那些没有特长的同学则感到能力低下、相形见绌，这更加剧了自卑感的形成和强化，在人际交往中常常表现出消极、拘谨、尴尬。

4. 畏惧挫折

人际交往的结果既有成功也有失败，这是不可避免的，唯有虚心学习，经常锻炼，不怕挫折，才能日臻成熟，得心应手。可是有些大学生心理上的成功欲极强，对挫折和失败没有心理准备，往往会产生难以排解的自卑感。例如，有的大学生在主持或参与一次聚会、演讲辩论会之前，往往踌躇满志、信心百倍、跃跃欲试，一旦出现不尽如人意的偏差，便丧失信心。尤其是那些性格内向、自尊心极强的大学生更是经不起人际交往中的挫折，他们的脑海里总是有一幅“杯弓蛇影”的画面。

5. 生理条件相对不足

生理缺陷给大学生造成自卑感的现象也是很常见的。例如，有的大学生写文章妙笔生花，可说起话来却不流畅；有的身材矮小、容貌不佳，总认为他人难以接纳自己，怀有自卑心理，交际被动，与异性朋友交往更加缺乏信心。

（二）大学生社交自卑感的克服

1. 正确认识自己，提高自我评价能力

要善于发现自己的长处、肯定自己的成绩，同时要正确看待他人，切不可把自己看得一无是处，而把他人看得完美无缺。有时为了提高自信心，适当地挑一挑比自己出色的人的缺点，也是必要的。

2. 尽可能弥补自己的不足

一个人的身高、长相是很难改变的，但是能力、特长是可以通过努力获得的。例如，他人的个子高且篮球打得好、歌唱得好，而自己的身材矮不适合打篮球、嗓音不美，也不必灰心，可以选择练习书法、绘画、写作等，只要持之以恒，就一定能够成功。如果在书画比赛中获奖，在报纸、刊物上登出自己的文章，则不仅能给自己增添乐趣和信心，也能赢得他人的赞誉，久而久之，自己也同样能成为社交圈中的“重量级”角色。

3. 进行积极的自我暗示、自我鼓励

在交际场合绝不要消极地暗示自己：我不行！我会失败！而要进行积极的心理暗示：我行！我一定能成功！经常进行积极的心理暗示，对增加社交自信心很有帮助。

4. 及时从社交失败的阴影中解脱出来

人际交往难免有挫折和失败，重要的是要总结经验、吸取教训，而不要总是沉溺在失败的回忆中，不要唉声叹气、自怨自艾，而要拿得起、放得下，尽快忘记失败的烦恼，振作精神，勇敢地投入新的社交活动。

三、大学生社交嫉妒感的特点及消除

社交嫉妒感指在社会交往中，因与他人比较，发现自己在才能、名誉、地位、境遇等方面不及他人而生发出来的由抱怨、憎恨、愤怒等组成的复杂情感。就大学生而言，社交嫉妒感的主要表现是对他人的长处、成绩心怀不满，报以嫉恨，看到别人表现突出，心里就会不服气，总希望别人比自己稍逊一筹或相差无几，更有甚者，把自己的成功、别人的失败看作交往中的莫大快慰。

（一）大学生社交嫉妒的特点

1. 潜隐性

嫉妒者不仅在话语上（甚至内心）不承认自己在某件事上存在嫉妒心理，而且会有意地掩饰这种嫉妒。因此，有的心理学家认为，嫉妒不完全是理性的产物。

2. 对等性

嫉妒总是产生在与自己的性别、年龄、文化、地位、职务相类似而状况发生了改变的人群身上。大学生一般不会对老师产生嫉妒，而教师一般也不会对学生产生嫉妒，就是这个道理。

3. 行为性

在社交中，嫉妒感往往导致嫉妒行为。这类行为有讽刺、挖苦、挑拨、中伤、诋毁等，普遍具有不同程度的破坏性，并且其破坏性不仅直接危害被嫉妒者，同时也危害嫉妒者本人。

4. 变异性

当被嫉妒者的优势转为劣势，尤其是落到比嫉妒者还要多的劣势时，嫉妒者原来存在的嫉妒感便可能发生变异，如转变为同情感、怜悯感、幸灾乐祸等。

（二）大学生社交嫉妒的消除

社交嫉妒感是一种非常有害的心理。培根诅咒嫉妒是“最卑劣、最堕落的情欲”。巴尔扎克更加形象地说：“嫉妒者比任何不幸的人更为痛苦，因为别人的幸福和他自己的不幸，都将使他痛苦万分。”在人际交往中，嫉妒感只能给大学生带来痛苦，这种心理必须加以调节。

1. 正确看待别人的能力和长处

当别人确实在某一方面强于自己时，应该实事求是地承认，并努力赶上别人，完全不必嫉妒和不服气。

2. 善于调整目标

当自己的目标和别人的目标一致，而别人在这方面已经远远超过自己时，可以改变目标，换一个方向去努力，也许会获得和别人同样理想的结果。

3. 善于转移注意力

不要总是把目光盯在别人的优点和长处上，也不能总是把注意力放在少数优秀人物的身上，要学会退而求其次。

4. 保持良好的心态

要知道，在任何一个群体中，总有人比较优秀、走在前列，也总有人相对落后。自己可以去努力、去争取，实在赶不上，暂时也不必强求。

5. 常思自己有无嫉妒心

嫉妒心是很难隐藏和掩饰的，在人际交往中容易被他人觉察。一旦别人发觉你嫉妒他，交往就会受到影响。与其如此，倒不如消除嫉妒心理，坦诚、轻松、愉快地与对方沟通，这样或许能获得意想不到的良性交往的效果。

四、大学生社交猜疑心及其调适

（一）社交猜疑的概念

猜疑，顾名思义，即猜测、疑惑。猜疑心理是一种由主观推测而产生的不信任的复杂情感体验。心理学认为，猜测是闭路思维的结果，其特征是“自圆其说”。怀有猜疑心的人总是从某一假想目标出发，脱离考察，进行封闭式思维，最后又回到假想的目标。这就像画圆，越画越粗，越画越圆，最后“越看越像，越看越真”。中国古代有一个故事，说的是某人丢了斧子，无端怀疑是邻居的孩子偷的，便从这个假想的目标出发，观察邻居儿子的言行举止、神情仪态，无一不像偷斧子的表现，思考的结果进一步巩固和强化了原来的假想目标，最终断定偷斧子非邻子莫属。可是，等找到斧子以后，再观察邻居的儿子，竟然完全不像窃斧者。大学生在人际交往中也带有类似的猜疑心理。例如，宿舍里丢了东西，往往只看表面而胡乱猜疑；被老师批评了，怀疑是某人打了小报告；评先进未评上，也疑心有人从中作梗等。这些无疑会有损团结，伤害同学之间的感情，甚至产生较大的麻烦。

（二）消除猜疑心理的途径

在人际交往中很难避免猜疑，但如果猜疑心过重，对一切都怀疑，则容易造成人与人之间的隔阂、矛盾和冲突。因此，大学生必须注意克服自身存在的猜疑心重的缺点。消除猜疑心理有4种途径：

1. 学会正确的人际认知方法

对他人和客观事物的认识要力求客观、全面、公正，切忌只凭主观臆想就轻率地下结论，也不能只凭一两次交往、共事就断定交往对象是怎样的人。只有对他人正确、全面、深刻地认知，才会避免胡乱猜疑。例如，自己与一个人长期交往，对其品德、为人非常了解，就不会轻易怀疑对方。

2. 加强沟通，多做调查研究

如果出现了疑点，不要马上胡乱猜测，否则就会产生嫉恨和报复心理。要主动与所怀疑的对象多接触、多交流，坦诚交谈，这样往往会得到意想不到的信息。生活中经常出现这样的情况：对于某件事，你坚信是某人所为，但经过谈心、交流或侧面调查、了解，结果发现，那件事与你怀疑的对象毫不相关。

3. 学会“冷处理”

工厂里要做一个锤头，成型以后，烧得通红，如果马上放入水中冷却，锤头就会硬而不韧；反之，如果出炉以后让它在空气中慢慢降温，其结果是既硬又韧，达到理想的效果。一事当前，胡乱猜疑者与善于耐心调查者相比，易“急功近利”，想用简便的方法达到目的，其实不但不能获得事半功倍的结果，反而会酿成追悔莫及的苦果。这种事例在古代的君臣关系或现代人的日常生活中都屡见不鲜。对于那些一时无法得到证实的事情，最好的办法是先“放一放”，相信总有水落石出的时候。在生活中，人们都有这样的经历：找一件东西，怎么找也找不到，过一段时间后，却不经意地发现了。急于求成、胡乱猜疑，弊多利少，远不及耐心考察的冷处理方法好。

4. 学会识别信息

猜疑心理可能源于自身，也可能是听信别人的流言蜚语而产生的。因此，人们在人际交往中，要善于对信息和信息源进行认真的鉴别，冷静筛选，去伪存真，不可偏信。信息是与人际空间并存的，有些信息只能供参考，唯有真人实事才是判断是非的依据。面对未经证实的信息，一定要做到“耳要硬，口要紧，行要慎”，“兼听则明，偏听则暗”，古人所云，颇有哲理。对于小道消息，不妨宁可信其无，不可信其有；尤其是对那些惯爱搬弄是非、油嘴滑舌的人，更要保持警觉，切勿盲从轻信。遇事要调查研究，善于鉴别信息真伪，是大学生修身处世、避免在人际交往中走入误区的重要武器。

五、大学生社交报复心理及其调适

报复是人类行为强有力的动机之一。社交报复心理指交往者一方在自认为受委屈、被羞辱甚至是情感、人格被伤害时所产生的反击心理。

（一）社交报复心理的类型

社交报复，按不同的标准分类，有以下4种类型：

1. 公开报复和隐蔽报复

前者的报复行为毫不隐讳，显而易见，容易防范；后者则暗中进行，能见度低，不易防范。

2. 直接报复和间接报复

前者采取以牙还牙、当面较真的方式进行报复，彼此咒骂甚至动手；后者则不同，彼此在背后羞辱、诽谤对方，甚至移情于物，破坏对方的物品，或对与对方相关的人进行报复。

3. 及时报复与事后报复

前者的报复行为具有及时性、当下性；后者则是“君子报仇，十年不晚”，窥测时机，秋后算账。

4. 对等报复与失当报复

前者的报复行为强度与其所认为的或实际被伤害的程度相当，后者的报复行为严重超出其所受伤害的程度。

（二）社交报复心理的调适

报复心理在大学生人际交往中的程度存在不同。不难发现，在社交中常用报复举措的人多半是心胸狭隘、脾气暴躁即文明水准较低的人，他们常把战争中的“以牙还牙”和法律上的“正当防卫”移植到朋友的人际交往中来，实在是不可取。如果不注意克服这种心理，任其滋长，必然会导致严重后果。调适报复心理，可从以下4个方面入手：

1. 正确认识自己所受的伤害

对于什么是伤害，每个人的理解都不完全相同。对同一句话或同一件事，有的人认为是伤害，而有的人则根本不放在心上。大学生在实施报复行为之前，要冷静考虑一下，自己究竟是不是受到了伤害，伤在哪里，是不是自己过于敏感或多疑，有无报复的必要和价值，这样有助于延缓报复行为的实施。

2. 正确分析别人对自己的伤害

即使受到伤害，也要加以分析，要想清楚别人是有意伤害还是无意伤害，是严重伤害还是轻微伤害等。对于大学生来说，即使受到有意伤害，是否实施报复也要三思而后行，有时为了顾全大局或需要时间调查清楚原因，就只能暂时忍受，否则是得不到舆论支持的。至于在交际中遇到那些性格开朗、大大咧咧的人，口无遮拦、有口无心地出语伤人，或者是老朋友偶尔说了几句有伤自尊心的话，也不能进行报复，最多也只能用表情暗示或用调侃、幽默的语言表达自己的心态。总之，面对伤害，要头脑冷静，具体分析、具体对待。

3. 多考虑报复的后果

在报复行为实施之前，不妨仔细想一想，通过报复，除了或许能从中体验到报复本身所带来的所谓“快感”并给对方造成伤害之外，还能得到什么呢？在唇枪舌剑、“刀来剑往”的搏击中，自己会不会再次受到伤害呢？后果是什么？舆论怎么说？会不会形成打架斗殴而造成出乎意料的恶果呢？这一切不能不引起双方思考。古语所说的“饶人不是痴汉，痴汉不会饶人”，“忍得一时之气，了却百日之忧”，都很值得大学生在交际中认真对待。

4. 学会忍耐和克制

人们在确实受到伤害时，只能有两种态度：一是反击，加以报复；二是忍耐，自我克制。在正常的人际交往中，一般极少出现大的伤害，多半是一些有悖于文明礼貌和出言不逊所引起的心理伤害。从有益于交际者身心健康和人际交往的正常进行出发，每个参与交际的大学生都应当首先做到严于律己，坚持文明标准，把握好自己的一言一行，尽量不对别人造成伤害，万一有差错，应及时检讨自己，表示歉意。受到一点儿伤害的人也应尽量忍让、克制。“海纳百川，有容乃大”。大学生要学会宽容，高姿态、大度量，从团结共事的愿望出发，力求化干戈为玉帛，争做人际交流的雅士和贤达。

第三节　大学生人际交往能力的培养

经典案例

渴望朋友的小吴

小吴，女，20岁，大学一年级学生。她来自农村，性格内向，小心谨慎，为人踏实。她在家中排行第四，上有三个姐姐，下有一个弟弟。她出生后被寄养在姨妈家，到8岁才回到父母身边，与父母、爷爷、姐弟们生活在一起。父亲和爷爷都是脾气很暴躁的人，父亲更是很少与她沟通。她从小有什么想法总会被父亲否决，做错事后总是会挨父亲的打，而其他姐弟却很受父亲的疼爱，因此她从小便缺乏安全感。在中学期间的朋友不多，更多时候是一个人独处。上大学后，她第一次过住校生活，不知如何与老师和同学相处，见到老师会十分拘谨，和同学交往时也很小心翼翼，生怕会说错话引起别人的嘲笑。她很想多参与校园活动，和同学多交流，但总怕别人对自己有看法，内心感到压抑、痛苦。上课时，她有时注意力不集中，无法认真听讲。小吴很希望自己拥有较好的人际关系，能轻松自然地与同学交往，与老师像朋友一样相处。

（资料来源：http：//mall.cnki.net/magazine/Article/LCYY201202082.htm）

一、人际交往的几种理论

（一）社会交换理论

人际交往是一个社会交换的过程，人们之间的所有活动都是交换，是一种准经济交易：当与他人交往时，自己希望获取一定的利益，作为回报，也准备给予他人某种东西，他人也是如此。这种理论假定交换中的个体都是自利的（self-interested）：人们试图使自己的收益最大化，并使自己的成本最小化，从而确保交换结果是一个正的净收益。在这里，交换的东西是非常广泛的，可以是物质的，也可以是社会性的，包括信息、金钱、地位、情感和物品等。

交换关系中的每个个体都会评估自己和他人在贡献和收益两方面的相对大小。如果他觉得自己的投入获得了大致相等的回报，就会认为这种社会关系是公平的。有学者指出，公平性的关系是比较稳定和愉快的关系，当关系中存在不公平时，双方都有可能感到不舒服，产生恢复公平的动机。一些学者还讨论了权利对于交换结果的公平性的影响，他们认为，在其他条件相同的条件下，权力较大的人在社会交换中的收益更多。需要注意的是，在实际生活中，人际交往是在特定的社会交换结构中展开的，关系的发展必然受到这种结构的制约。

（二）自我表露理论

从广义上说，社会交换过程也包含情感的交流，而情感交流是与自我表露分不开的。所谓自我表露，就是人们常说的“敞开心扉”，即把有关自我的信息、自己内心的想法和情感暴露给对方。良好的人际关系是在交往双方的自我表露逐渐增加的过程中发展起来的。

自我表露（self-disclosure）可以增加他人对自己的喜欢。自我表露本身具有很强的象征性，它给对方一个强有力的信号：你对他相当信任，愿意有进一步的交往。另外，对他人的自我表露可以引发他人做自我表露，由此可以增进相互理解、相互信任。

布里格斯认为，自我表露对人的益处表现在：一是他们知道彼此的相似点与不同点在何处，还能了解相似与不同的程度；二是准确地向他人表露自我，是健康人格的体现；三是自我表露增强了自我觉察的能力；四是分享体验可以帮助个体发现这不是他们唯一存在的问题；五是自我表露可以从他人那里获得反馈而减少不必要的行为。

当然，自我表露也必须注意分寸，过分的表露会让人感觉不舒服。一般来说，表露的范围和深度是随着关系的发展而逐步增加的。对于不同的关系对象，在不同的发展阶段，自我表露的广度和深度明显不同。在非常亲密的朋友中，自我表露往往十分深入，达到所谓无话不说的程度。但是，需要注意的是，无论关系多么亲密，人们都可能存在不愿意暴露的领域，这就是所谓的“隐私”问题。布里格斯（2001）也认为，自我表露也存在风险，主要表现在：最实质的风险包括来自不同目标人的攻击、嘲笑、拒绝与不关心等；个人表露可能会受到听者的伤害；不适当的自我表露可能会引起他人的退缩或拒绝，对不适宜的人或在不适当的时间过分表露的人，被认为是社会化不良的标志。

在人际交往中，个人往往将部分隐私袒露给自己信任的亲友。除了隐私需要，人还有沟通的需求，需要向“知己”说一些知心话。亲密关系本身也要求人们坦诚相待。但是，这并不意味着关系亲密的人之间就不应该有任何隐私。只有隐私需求和沟通需求之间保持适度的平衡，亲密关系才能正常发展。

（三）交往分析理论

交往分析理论又称为PAC理论，最初是由心理学家埃里克·伯恩提出的。他认为，每个人的个性包括3种成分，就好像一个人身上的3个小我：父母、成人与孩童。

父母（parent，P）身份以权威和优越感为标志，通常表现为统治人、训斥人等权威式的作风。这种状态学自父母与其他权威人物。当一个人的人格结构中P成分占优势时，他的行为表现为凭主观印象办事，独断专行，滥用权威。这种人讲起话来总是“你应该……”“你不能……”“你必须……”。

成人（adult，A）身份表现客观与理智。其行为表现为待人接物冷静，慎思明断，对自己负责、对他人尊重。其语言特征：“我个人认为……”“我的想法是……”。

孩童（child，C）身份像婴儿的冲动，表现为服从和任人摆布，喜怒无常，感情用事，一会儿天真可爱，一会儿乱发脾气，让人讨厌。其表现都是即兴的，不负责任，追求享乐，玩世不恭，遇事无主见，逃避退缩，以自我为中心，不顾他人。这种人说话时总是“我是……”“我想……”“我不知道……”“我不管……”。

在P、A、C三种成分中，P、C具有盲目性、被动性与两面性。而A具有自觉性、客观性与探索性，致力于弄清事物真相、事物间的关系与变化规律，能够站在别人的角度审视自己，具有反省能力。根据PAC理论，不同的心态可以构成不同的交往组合。当交往双方的相互作用构成一种平行关系时，交往就是可持续的，对话可无限制地继续下去。这种交往有6种具体形式：P–P、A–A、C–C、C–P、A–P、C–A。P–P交往双方都自以为是，虽然谈得很投机，但都在指责别人，这样的两个人久而久之会互相助长偏激苛求的性格。C–C交往双方则有些同流合污的意味，两人一拍即合，但都不负责任。C–P、A–P、C–A交往均属于互补型的交往，自己期望对方的，刚好是对方回应的，这种交往因为互补，所以能够持续，但潜藏着不平等与依赖，长此以往，也不利于交往双方的发展。只有A–A交往才是最健康的，大家都本着负责与尊重的原则，力图合情合理地解决问题。

二、人际交往的吸引因素

（一）外貌吸引

外貌在人际交往中的吸引力量是毋庸置疑的，尤其是和陌生人初次接触时更是如此。虽然有不少人对以貌取人颇感不公，认为外貌几乎是无法经过一个人的努力而改变的特征，以它作为吸引人的因素不太公道。虽然也有人不断提醒自己，“不可以貌取人”“人不可貌相，海水不可斗量”，“以貌取人，贻误时机”，但是外貌所引起的微妙作用却难以排除。

国外学者研究了网络约会中异性外貌吸引的情况，发现在第一次见面之后，决定下一次是否继续约会时，相貌因素要重于性格、能力、兴趣等因素。布瑞斯和李维斯发现，对方外貌吸引力和第二次是否与之约会的相关系数为89%，泰塞和布洛第发现的相关系数为69%。可见，在人际关系形成的初期，有时在很大程度上是依靠长相吸引在一起的。即使在相同性别的人之间，也会受到对方相貌因素的影响。

不难理解，相貌因素在异性朋友或爱人的选择上的作用，但怎样解释即使在同性之间，或成人与儿童之间，相貌与吸引力仍然有密切关系呢？

在人际交往中，对那些暂时还不太了解的人，人们总是不知不觉地从外貌上推测出其他的有关特征。例如，苏联心理学家A. A. 包达列夫曾向72个人调查，问他们是如何理解人的外貌的。其中，9人认为，方方的下巴是意志坚定的标志，宽大的前额是智慧的象征；3人认为，粗硬的头发表示倔强的性格；14人认为，胖表示和善；2人认为，肥厚的嘴唇是好色的标志；5人认为，个子矮小表示这个人喜欢掌握权力；5人认为，漂亮的人常常是愚笨的。西方学者的研究指出，法官在“执法如山”的法庭上给犯人判刑时，也难逃以貌取人的影响。对于罪行相同的盗窃犯，外貌漂亮的被判2.8年，不漂亮的被判5.2年。但有的法官对于判罚却认为，越漂亮的诈骗犯越危险，越应该重判。

亚里士多德曾指出：美丽比一封介绍信更具有推荐力。古往今来，确实有些人并没有超人的品德和学识，仅凭漂亮的外貌，便轻而易举地办到了别人很难办到的事，这往往使人不平和警惕。

（二）能力吸引

大多数人一般都倾向于同聪明能干的人交往，因为能干的人常常能帮助自己满足某些生活需要、工作需要等。同时，和一个有能力的人交往，会使别人对自己另眼相看，在一定程度上能抬高自己的身价，使自己获得一种心理上的满足。

但是心理学家发现，人们并不喜欢结交能力太强、十全十美的朋友。莎士比亚的戏剧《量罪记》中有一句名言："最好的好人，都是犯过错误的过来人；一个人往往因为有一点小小的缺点，更显出他的可爱。"社会心理学的研究证明，一个极其聪明能干的人，会使其他人产生一种卑下感，令人敬而远之，反而降低了吸引力。如果一个聪明能干的人偶尔暴露一些缺点，或遭遇一些小挫折，则会更招人喜欢。

美国民意测验表明，拳王阿里在最后的卫冕战中被击败，声誉不仅没有降低，反而更高了。他在失败后，人们感到他并不是战无不胜的神，而是有血有肉的人，因此更亲近也更喜欢他了。

这种现象只是就一般人的心理而言的，对于自尊极高或者自尊很低的人来说，他们则更喜欢完美无缺的人。自尊极高的人认为，只有"完人"才值得自己尊敬和爱慕；而自尊很低的人常常也是盲目地崇拜"伟人"，而"伟人"一旦有了缺点就不称其为自己心目中的"伟人"了。

（三）熟识吸引

要得到别人的喜欢，简单易行的方法就是设法让别人熟悉自己。社会心理学的研究证明，为人所熟识的东西，可以在其心中增加积极意义的成分，见到的次数越多越会增加喜欢的程度，这是一种相当普遍的心理学原则。

罗伯特·查荣克为证明这一点，做过多次实验。在他的一个实验中，他让被试者看一些人的照片，有的照片让被试者看25次之多，有些只让看一两次，然后让被试者说自己比较喜欢哪个人。结果，被试者大多喜欢多次看过其照片的那个人，因为熟悉，便有一种亲和力和亲近感。

（四）相邻近性吸引

远亲不如近邻。国外学者西戈尔在警察专科学校做了一项有趣的研究，他把学生们的名字按其字母顺序排列起来，然后按此顺序排列教室的座位和宿舍的房间。6个月后，要求学生说出3个最亲近的伙伴的名字，竟然发现学生的朋友大多说的是与自己相近的人，确切的数据是平均相差4.5个字母。

人们所喜欢的人，往往是邻近的人，而人们所厌恶的人，也往往是邻近的人。

为什么邻近能够产生吸引力呢？第一，人们普遍存在一种建立和谐人际关系的期望，要努力和邻近者友好相处，所以会尽量避免让近邻感到不愉快；同时人们看待对方，也倾向于多看积极的方面，忽视消极的方面。第二，人们总希望能够以比较小的代价换取最大的报酬。和邻近者交往，比和距离远的人交往所付出的代价小，容易了解对方，容易掌握对方的动态，这就可以产生一种安全感。人们愿意和令自己感到有安全感的人打交道。

（五）相似吸引

“物以类聚，人以群分。”人们倾向于在某方面或多或少和自己相似的人。例如，对朋友的选择和喜爱，固然希望找漂亮的，但是并非长相越英俊、越漂亮，吸引力就越大。心理学家的实验表明：人们常常觉得外貌与自己相差不太大的人对自己有较大的吸引力。

年龄、兴趣、文化修养、专门特长、态度观点和思想信仰、社会和经济地位等方面相似，易使彼此感到平等而相互吸引。

（六）需要互补吸引

有人需要指点，有人愿意指点人。人人都有潜在的需求，希望和那些在某方面有特长的人交往。如对能人，人们有一种羡慕感和敬佩心理，愿意和这种人打交道，以弥补自己在这方面的不足。

在生活中，人们常可以看到几个要好的朋友各有所长，一旦遇到问题，大家分工处理，达到和谐的统一。同样，一个领导班子也是如此，总是有人愿意出主意，有人愿意做社交，有人愿意作决定。如果一个班子里的几个人都要自己说了算，就会做不好团结工作，造成“一人一个号，各吹各的调”。

三、大学生人际交往能力的培养

（一）人际交往的原则

大学生人际交往的原则主要包括以下4个方面：

1. 尊重和平等的原则

平等，是人与人之间建立情感的基础，也是人际交往的一项基本原则。与人交往，只有以平等的姿态出现，不盛气凌人，不高人一等，给别人以充分的尊重，才有可能形成人与人之间的心理相容，产生愉悦、满足的心境，形成和谐的人际交往关系。因此，大学生在人际交往中应坚持平等原则，尊重、理解、关心和帮助他人，建立起有利于成长和进步的人际关系。

2. 团结和互利的原则

人际交往的一个显著特征是互利，包括物质的和精神的层面。在运用互利原则时要注意，互助互惠并不是等价交换，更不是庸俗的交易，而是一种自觉、自愿的相互付出、相互奉献。交往的双方相互关心、相互帮助、相互支持，既要考虑双方的共同价值和共同利益、满足共同的心理需要，又要促进相互间的联系、深化双方的感情。

3. 真诚和守信的原则

人际交往中的真诚原则，主要表现在为人处事言行一致、表里如一。一个心地坦诚、纯洁无私的人，对同学、对朋友应该永远心口如一，只有这样，才能得到别人的信任。那种矫饰、伪装、抑制自己的真情，闪烁其词、敷衍搪塞的人是难以获得美好的真情的。马克思主义认为：我们现在假定人就是人，而人同世界的关系是一种人的关系，那么你就只能用爱交换爱，只能用信任来交换信任。在各种美好的人际关系中莫不体现这种以诚待诚、以心换心的原则。鲁迅先生晚年曾倡导“学学孩子”，就是说成年人应像孩子那样诚实淳朴，不矫揉造作，能“再现自己的真实”。当然，我们也应该看到社会环境、人际关系的复杂性，真诚是人际交往的第一要素但并不是唯一要素。对于初涉人世的青年学生来说，不仅要学会善于表达自己的真情实感，还必须学会善于分辨那些虚情假意之辈，一味的单纯和真诚有时会碰壁，是行不通的。孔子说，“唯仁者能好人，能恶人”，就是说“仁者”应有爱憎分明的态度。

4. 相容和谅解的原则

在人际交往中各方各自成长环境、道德修养、个性特征等差异的存在，出现认识不一致，或因误会、不理解而产生矛盾是不可避免的，这就要求各方遵循包容原则，理解他人，在非原则性问题上不斤斤计较、求同存异，正所谓“君子和而不同，小人同而不和”。大学生在交往中做到包容理解他人，有助于扩大交往空间，并能消除人际关系中的紧张情绪和矛盾冲突。

（二）大学生人际交往需注意的问题

大学生人际交往中存在着以下问题：

1. 交往方式过于被动

有些大学生在心理上有交往的渴望，但在行动上缺乏主动性，对人际交往存在畏惧心理，甚至自我封闭。

2. 交往范围过于狭窄

有些大学生不仅与社会人士缺乏交往，有的甚至与跨学科同学的交往都十分有限，与老师的接触也仅限于课堂。

3. 交往认知方面存在障碍，过分关注自我

有些大学生在交往中过多地考虑自己的需要，容易忽视他人的需要，矛盾和冲突就容易发生。在校的大学生中，独生子女所占的比例相当高，过分自我关注的倾向也显得更为突出。过分追求完美，对人际交往有意地寄予了过高的期望，把想象和希望混同于现实，这样在实际的交往中遇到不如意或挫折，就会产生困惑和苦闷。

4. 交往能力不适应新环境的要求

有的缺乏交往礼仪知识，使交往缺乏和谐的气氛；有的不懂得交往原则，在交往中或者违反法律规章、道德规范，或者因交往对方的过错而受到伤害；有的过于热衷于交往活动，影响了正常的学习、工作和生活。互联网的发展尤其是校园网的出现，有的人迷恋于网上聊天室或网上游戏，把宝贵的时间和精力消耗在虚拟世界中，有人甚至把网络交往视为儿戏，违背道德与法律的事件时有发生。因此，有必要进一步了解人际交往的相关知识。

（三）提高大学生人际交往艺术

1. 人际交往语言沟通的艺术

语言是社会交往的工具和媒介。从一定意义上说，交往的艺术就是语言的艺术，正确运用语言艺术是培养社交能力的重要内容。这门艺术首先取决于思想的内涵和深

度、语言的丰富程度，以及发现各种事物的典型特征的能力。同样的内容、同样的意思，却有不同的表达方式。

在语言交往方面，要注意以下3个问题：

一是要选择共同关心的话题，使在场的人感兴趣，并让每一个人都能发表意见。和熟人交谈可以开门见山，但与陌生人初次相识，则应考虑选择适当的开场白，使彼此能顺利地进入一种共同语言交流的沟通境界。做自我介绍要恰当，要避免刻意谦虚或自我炫耀。

二是不要谈论他人的生理缺陷，不要取笑他人。开玩笑一定要谨慎，切记一定不要伤害他人。

三是要能缓解气氛。一旦涉及让人不愉快的事情，要耐心听别人把话讲完。在一般的社交场合下，如果听者不赞成说话者的某些观点，除非是对知己，一般不宜突然打断对方的话接过来自己说，而应以委婉的语气表示疑问，否则可能使交谈结束或转向争论。

除了语言的沟通方式外，还要注意学习一些社交礼仪，了解一些其他国家的社交礼仪和风土人情，以免在交往中发生错误。

另外，还要注意了解其他国家的文化背景。文化背景不同，往往也会给交往的双方带来困难。

2. 人际交往非语言沟通的艺术

交往是人际思想和感情的相互传递过程，既可以通过言语沟通方式，也可以通过非语言符号和行为形式进行沟通。在通常情况下，语言和非语言方式又是结合在一起的。

语言和非语言方式的表示结合起来时，语言本身没有多少感情，而非语言的行为表示才准确地反映出话语的真正意思和感情，承担起绝大部分的传播职能。同样的一句话，表情、音质和语调不同，意思就不同。“你干得很好”这句话，可以是正话反说，也可以反语正讲；可以是郑重其事地说“这事你要当心点”，也可以带威胁的口吻说；可以热情地说“我应该感谢你”，也可以是冷嘲热讽地讲。这都取决于语调、面部表情和动作等非语言行为表示。

非语言行为表示可以直接代替语言，如用斜眼表示否定、不理会，用正眼表示尊重、肯定和接受。非语言行为还能表达出有时语言难以表达的思想感情，还可以支持、修饰语言行为。

非语言交往的表现形式包括人际沟通中的目光、体势、声调、衣着、饰品、礼物等。

3. 善于展示自己的魅力，确立良好的第一印象

魅力，就是吸引人的力量。通过展示自己的魅力给人留下美好的、深刻的第一印象，是成功交往的开始，并可以对以后的交往起到心理定势的作用。

（1）正确的角色意识

在社会交往中，角色会随着环境、场合的变化而不断变化，人是多种社会角色的扮演者。一个人在企业可能是厂长、经理，在家中是丈夫、父亲，在商场是顾客，在

飞机上是乘客……一个人是多种角色的集合体。因此，在社交中，不能简单地、自发地去适应自己的社交角色，而要自觉地按照社会角色的特定行为模式，即社会对角色的特定要求去做，否则就不能胜任自己的角色而妨碍社交活动的正常进行。

作为一名大学生，要以一个良好的形象出现在公众面前，了解社会对自己所担任角色的要求，在任何时候都应该保持一个清醒的头脑。

（2）良好的内在气质

要以一种良好的形象出现在公众面前，气质非常重要。一个人具备怎样的气质，对其精神面貌有很大的影响。人的容貌如同一朵花，季节性很强，总有凋零的时候；而人的气质所带来的风采是与日俱增的，俗话所说的“风韵犹存”就是讲的这个道理。一个老教授、一名学者，白发苍苍、满脸皱纹，仍给人一种高雅、风度翩翩的感觉，这种气质带给人的美感是不受年龄和服饰的制约的。当然，美丽的容貌、入时的服饰、精心的打扮，能给人以美感，但这种外在的美浅显而短暂，重要的是内在的美。

（四）掌握必要的社交礼仪，讲究交往的规范

1. 社交礼仪的内容

仪表指人的外表，包括仪容仪貌、姿态和风度等。服饰是变化多姿的部分，很能体现一个人的性格特征。社交中的用语是否得当，是否合乎礼仪，对人际交往、人际关系会产生不同的效果，正所谓“良言一句三冬暖，恶语伤人六月寒”。

2. 礼仪的作用

礼仪的基本目的就是树立和塑造个人的形象。所谓个人形象，即个人在公众观念中的总体反映和评价。个人形象包括内在的和外在的两个方面的内容。只有加强自身的内在修养，做到“内慧外秀”，才能树立起良好的个人形象。在树立和塑造个人形象的过程中，恰如其分地运用礼仪，将会产生以下两个方面的作用。一是化解矛盾、调适人际关系。礼仪使人愉快，使整个世界充满人情味，让人体会到世界的美好，增进人与人之间的积极情感。历史上“将相和”的故事广为流传，就是因为它从一个侧面生动地反映了古人讲究礼让、有效调节人际关系的史实。二是增强自我信心。熟悉礼仪，每个人就可以“从心所欲而不逾矩”地进行社交活动。

3. 异性交往要注意分寸

在交往中要注意分清友情和爱情的界限，不能将一般的同学关系与恋爱或暧昧关系相混淆。异性之间的交往在思想感情和行为方式上都与同性之间的交往存在某种差别。因此，在交往过程中必须注意分寸，讲究文明礼貌。对于恋人之间的交往，也应有分寸，过分地卿卿我我，不注意场合的示爱，也是不可取的。

4. 交往中待人接物要适度

（1）交往的人数要适度

交往的人数并不是多多益善或少而精，要根据自己的时间、能力和兴趣爱好开展交往活动。过分广泛地交朋友，往往会影响交往质量。另外，不应把自己的交往范围限于小圈子里，因为狭窄的交往范围会限制自己的才智发挥，使闭锁的心灵得不到广

泛友谊的滋润。

（2）交往的深度要因人而异

不宜等距离交往，对所有人都一视同仁，应该分层次。因为人的精力和时间都是有限的，不可能让所有的交往对象来平分自己的时间和精力。另外，社会性比较的客观存在，必然引起竞争，也就必然出现差别。因此，有选择地进行人际交往，随时掌握交往程度，是大学生逐步向高层次需求上升的有效手段。

（3）交往中的待人接物要适度

应该做到自尊而不自大，热情而不轻浮，聪明而不油滑，豪爽而不粗俗，谦让而不虚伪，姿态大方而不落俗套。

总之，交往不是为了交往而交往，而是为了生活、学习、事业而交往。注意交往有度，追求交往的质量；深化交往的内涵，提高交往的效益；通过交往使自己的生活、学习的需求得到满足，生活、学习质量不断提高。

第四节　正确对待竞争与合作

经典案例

蛋糕与橘汁

两姐妹有一篮橘子，她们一方想用橘肉榨汁，一方想用橘皮制作蛋糕。如果用竞争、公平、输赢式思维处理，常见的办法是平分橘子，一方用一半的橘子榨汁，另一方用一半橘子的皮制作蛋糕。

不过，如果她们愿意合作，一方给对方全部的橘子皮，另一方给对方全部的橘子肉，则得到的橘子汁与蛋糕都将倍增，但前提是双方合作，没有合作则不可能倍增。

（资料来源：http：//blog.sina.com.cn/s/blog_4c727c470100t44k.html）

一、正确认识竞争

（一）竞争的社会作用具有两重性

从积极的意义看，正当的竞争有利于推动先进生产力的发展，有利于激发人的创造潜能和个体的进取心，调动人的积极性、主动性、创造性。从消极的意义看，不正当的竞争对社会而言，可能破坏公正、平等原则，扰乱正常的经济和社会秩序，阻碍先进生产力的发展和社会进步。因此，在倡导竞争精神的同时，要鼓励和保护正当竞争，反对和遏制不正当竞争。

（二）积极培养竞争意识

首先，未来的国际社会将是一个竞争更为激烈的社会，如何应对国际的挑战是摆在肩负振兴中华民族历史使命的当代大学生面前的重要课题。当代大学生不仅要勇于面对竞争，还要善于应对竞争，要培养正确的竞争意识和能力。其次，大学阶段的生活充满着竞争。无论是考试取得好名次还是获得奖学金，无论是在科技、文化竞赛中取得成功还是如愿以偿地考上研究生，其竞争都是很激烈的。对此，应当有充分的思想准备。

（三）在竞争中保持健康的心态

在充满竞争的现代社会中，要正确对待竞争，在竞争中保持健康的心态。既要始终保持不甘落后的进取精神，又要实事求是地对待自己，根据自己的实际情况，把近期目标和长远目标结合起来，脚踏实地，努力使理想成为现实。还要注意在竞争中冷静思考，审时度势，扬长避短，发挥自己的长处，挖掘自己的潜能，减少挫折，增加成功的机会。要有涵养达观的人生态度，既不好高骛远又不妄自菲薄，既要有远大的目标和拼搏精神又要有面对失败的勇气。一个人的成功，除了主观努力外，还取决于社会环境、人际关系等多种因素。成功固然可喜，失败了也不要气馁，要从失败中悟出道理，在竞争中学到知识，从而为明日的成功打下坚实的基础。

二、现代社会更需要合作

合作能增强人的社会责任感和归属感。随着社会的发展，合作范围不断扩大，合作形式不断增多，任何人要想取得成功都离不开与他人的合作交往，合作有助于实现个人的外在价值。同时，合作能强化人的协调意识，增强人与人的亲和力。大学校园中，一项集体活动从发起到结束的过程，往往是一些人的亲密人际关系的形成过程。大学生的合作精神应从日常的学习、生活做起，同学之间应经常交换思想、交流情感，相互关心，在交往中共同体验合作的快乐。

（一）合作产生人的群体力量——社会力量

这种力量是单独个体的力量所无法比拟的，也不等于个体力量的简单相加。个人的力量是有限的，个人的脆弱性和能力的局限性使得个体无法单独地达到自己的目标。每个人的知识与智慧都有其独特的优势和长处。社会通过分工与合作的方式，把人力资源进行优化整合，使每个人的优势得以充分发挥，而尽量避免劣势，这样才可能取得力量倍增的实际效果。

（二）合作是事业成功的土壤

任何事业的成功，都需要良好的合作。科学界取得的辉煌成就，充分证实了合作的必要。自然科学的早期研究基本上是以个人的方式进行的，即便如此，他们的任何一个发现或一项发明创造，也都浸透着前人辛勤劳动的汗水，是科学家群体共同努力的结果。

三、正确处理矛盾关系

（一）正确处理竞争与合作的关系

在社会主义市场经济条件下，合作在群体内部和竞争对象之间都是必要的。在群体内部的合作是不言而喻的，尽管内部成员之间也存在竞争，但是由于群体内部的利益是一致的，合作始终占主导地位。在群体中，竞争主要在于激发个体的积极性，而合作则在于达到整体资源优化的目的，使群体的整体竞争优势得以发挥，在发展中处于更有利的地位。在竞争对象或与其他群体的关系中，合作也是不可或缺的重要方面。市场体制通过生产、交换、消费等环节把社会组成关系复杂的网络。竞争对象也要合作，可以在合作中取得双赢的效果。

与竞争需要规则一样，合作也离不开规则。保证合作者的合法权益，是制定合作规则的出发点之一。一方面，社会通过合作的方式，对需要帮助的人伸出援助之手；另一方面，在通常情况下，合作应当建立在互惠互利的基础之上。在合作过程中，不能侵犯对方的合法权益。

在现代社会生活中，竞争与合作是社会生活中常见的普遍现象，也是人际相互作用的基本形式。竞争与合作在形式上是对立的，但在社会生活中是统一的。竞争与合作既有矛盾的一面，又有统一的一面。竞争中有合作，合作中有竞争，二者相互渗透、相辅相成。竞争促进合作，合作为竞争的胜利打下良好的基础。实践证明，优秀的竞争者往往是理想的合作者。

（二）正确处理个人和集体的关系

任何竞争与合作，归根结底都离不开个人的努力。没有个人努力的集体，是缺乏生机与活力的松散集体；没有集体价值导向的个人努力是各行其是、力量内耗的无效努力。因此，要在服从集体利益的前提下，充分发挥个人的积极性，在个人勤奋努力的基础上，自觉而积极地投入到集体合作中去。

（三）正确处理个人和他人的关系

事实上，无论是竞争还是合作，都要处理好个人和他人的关系。虚心地向别人学习，才能在竞争中超过别人。也只有这样才能找到合作伙伴，在合作中成功。

（四）处理好主角和配角的关系

主角要承担主要责任，充分调动配角的个人积极性；配角要胸怀大局，密切配合主角做好工作。在合作中，无论是做主角还是做配角，都要学会与人分享成功，以整体利益为重，以工作为重，正确地理解和处理竞争与合作的关系，是大学生成才的重要保证。

问题讨论

1. 人际交往的含义是什么？人际交往对大学生有什么意义？
2. 大学生人际交往存在哪些问题？如何调适？
3. 如何提高大学生人际交往艺术？
4. 大学生如何正确认识和对待竞争与合作？

自我测试

大学生人际关系综合诊断量表

这是一份人际关系行为困扰的诊断量表，共28个问题。在每个问题上，选“是”在对应的选项上画“√”，计1分；选“否”在对应的选项上画“×”，计0分。请认真完成，然后对照后面对测验结果做出的解释，检查自己的人际关系是否和谐。

（1）关于自己的烦恼有口难言。 是 否

（2）和陌生人见面感觉不自然。 是 否

（3）过分地羡慕和妒忌别人。 是 否

（4）与异性交往太少。 是 否

（5）对连续不断的会谈感到困难。 是 否

（6）在社交场合感到紧张。 是 否

（7）时常伤害别人。 是 否

（8）与异性来往感觉不自然。 是 否

（9）与一大群朋友在一起，常感到孤寂或失落。 是 否

（10）极易受窘。 是 否

（11）与别人不能和睦相处。 是 否

（12）不知道与异性相处如何适可而止。 是 否

（13）当不熟悉的人对自己倾诉其生平遭遇以求同情时，自己常感到不自在。 是 否

（14）担心别人对自己有什么坏印象。 是 否

（15）总是尽力使别人赏识自己。 是 否

（16）暗自思慕异性。 是 否

（17）时常避免表达自己的感受。 是 否

（18）对自己的仪表（容貌）缺乏信心。 是 否

（19）讨厌某人或被某人所讨厌。 是 否

（20）瞧不起异性。 是 否

（21）不能专注地倾听。 是 否

（22）自己的烦恼无人可倾诉。 是 否

（23）受别人排斥与漠视。 是 否

（24）被异性瞧不起。 是 否

（25）不能广泛地听取各种意见、看法。 是 否

（26）自己常因受伤害而暗自伤心。 是 否

（27）若一件事情没做好，会埋怨合作者。 是 否

（28）在与异性交往时不知如何更好地相处。 是 否

【测量结果】

1. 总体评述

总分在0～8分，说明你在与朋友相处上的困扰较少。你善于交谈，性格比较开朗，主动关心他人，愿意和他人在一起，他人也都喜欢你，你们相处得不错，而且你能够从与朋友的相处中得到许多乐趣。你与异性朋友相处得也不错。总之，你在交友方面不存在或较少存在困扰，善于与朋友相处，人缘很好，获得许多人的好感与赞同。

总分在9～14分，说明你与他人相处存在一定程度的困扰。你的人缘一般，和朋友的关系并不牢固，时好时坏，经常处于一种起伏波动之中。

总分在15～20分，说明你在与他人相处上的行为困扰较严重。

总分超过20分，则表明你的人际关系困扰程度严重，而且在心理上出现较为明显的障碍。你可能不善于交谈，也可能是一个性格孤僻的人，不开朗，或者有明显的自高自大、讨人嫌弃的行为。

2. 人际关系具体方面评述

（1）表明你在交谈方面的行为困扰程度。题号：1、5、9、13、17、21、25。

在7题中，如果你的得分在6分以上，说明你不善于交谈，只有在极需要的情况下你才同别人交谈。你总难以表达自己的感受，无论是愉快还是烦恼。你不是一个很好的倾听者，往往无法专心听别人说话或只对单独的话题感兴趣。如果得分在3～5分，说明你的交谈能力一般。你会诉说自己的感受，但不能讲得条理清楚。你努力使自己成为一个好的倾听者，但还是做得不够。如果你与对方不太熟悉，开始你往往表现得拘谨与沉默，不愿意跟对方谈，但经过与对方一段时间的接触后，会主动与对方交谈。如果得分在0～2分，说明你有较高的交谈能力和技巧，善于利用恰当的谈话方式来交流思想感情，因而在与他人建立友情方面往往比他人获得更大的成功。这种优势为你的学习与生活创造了良好的环境，而且常常有助于你成为伙伴中的领袖人物。

（2）测试你在交际与交友方面的困扰程度。题号：2、6、10、14、18、22、26。

在7题中，如果得分在6分以上，则表明你在社交活动与交友方面存在着较大的行为困扰。在正常的集体活动与社交场合，你往往感到更加紧张而扰乱自己的思绪，你往往过多地考虑自己的形象而使自己处于被动、孤独的境地。总之，交际与交友方面的严重困扰使你陷入感情危机和孤独困窘的状态。如果得分在3～5分，则表明你在被动地寻找被人喜爱的突破口。你不喜欢独自一人待着，需要与朋友在一起，但又不大善于创造条件并积极主动地寻找知心朋友，而且你心有余悸，生怕会有主动行为后的“冷”体验。如果得分低于3分，则表明你对人较为真诚和热情，你的人际关系和谐，不存在较明显持久的行为困扰。

（3）测试你在待人接物方面的困扰程度。题号：3、7、11、15、19、23、27。

在7题中，如果得分在6分以上，则表明你缺乏待人接物的机智与技巧。在实际的人际关系中，你也许常有意无意地伤害别人，或者你过分地羡慕别人以致妒忌别人，因此其他同学可能回报给你的是冷漠、排斥甚至是愚弄。如果得分在3～5分，则表明你是一个多侧面的人，也许算是一个较圆滑的人。对待不同的人你有不同的态度，而不同的人对你也有不同的评价。你的朋友关系在某些方面是和谐的、良好的，而在另一些方面却是紧张的、恶劣的。因此，你的情绪不稳定，内心极不平静，常常处于矛盾状态。如果得分在0～3分，表明你较尊重他人，敢于承担责任，对环境的适应性强。你常以真诚、宽容、责任心强等个性获得众人的好感与赞同。

（4）测试你跟异性朋友交往的困扰程度。题号：4、8、12、16、20、24、28。

在7题中，如果得分在5分以上，表明你与异性交往的过程中存在较为严重的困扰。你存在着过分思慕异性或者对异性有偏见。你会不知如何把握好与异性交往的分寸而陷入困扰之中。如果得分在3～4分，表明你与异性交往时行为的困扰程度一般。有时你可能会觉得与异性交往是一件愉快的事，有时又觉得是一种负担，你不懂得如何与异性交往最合适。如果得分在0～2分，表明你懂得如何正确地处理异性朋友之间的关系。对异性朋友持公正的态度，能大方、自然地与异性交往。你是一个较受欢迎的人，无论是对同性朋友还是对异性朋友。

第五章 恋爱心理篇——月亮代表我的心

爱情是大学校园里一道永远的风景。随着生理上的不断成熟和心理上新的需要的出现，更多的大学生步入了恋爱的行列。爱情是美好的，也是痛苦的。很多大学生由于心理尚不够成熟，人生观和价值观尚未稳定，在爱情方面还存在相当大的困扰，这些问题得不到解决，将严重影响其生活和学业。本章将就大学生的恋爱心理和与之密切联系的性心理问题进行详细论述。

第一节 大学生恋爱概述

经典案例

歌德的失恋

青年男子谁个不善钟情？
妙龄女人谁个不善怀春？
这是人性中的至洁至纯，
为什么从此中有惨痛飞迸？
……

这首诗是德国伟大诗人歌德在经历了第七次失恋之后写的。当时，他29岁。这位才华盖世、风度翩翩的诗圣，也有着坎坷的恋爱史。

歌德在十四五岁时，一个名叫格兰脱欣的小姑娘和他很要好。在一种莫名其妙的好奇心驱使下，他起草了一封想象中的格兰脱欣写给他的情书，拿去让她签名。小姑娘感到有趣，开心地应允了。少年歌德立刻欣喜若狂，堕入情网。

不久，格兰脱欣因受一起案件株连而离开此地，刚刚编织的浪漫情网就这样被撕碎。歌德悲痛欲绝，饭难咽，睡难眠，泪湿枕席。

歌德的第一次失恋是必然的，他盲目地闯入情场，和自己的感情开了一个幼稚而又庄重的玩笑。

歌德的第二次恋爱是在他医好了初恋的伤痕离家到大学求学的时候，他爱上了一家酒馆老板的女儿。然而热恋中的歌德却犯了一个致命的错误——妒忌。他看到那个姑娘在戏院中和其他男子谈话时，非常气恼，以至发狂。直爽的酒家女受不了这种感情的折磨，便抛弃了他。

在失恋的痛苦中，歌德经过认真思索，很快认识到了自己的错误，并写出了一本喜剧——《恋爱者的脾气》，诉说了自己的失败和教训。多疑、猜忌，是情人间的常见病，最容易伤感情。恋爱需要忠诚，但忠诚是相互的，正如英国俗语所说的“疑来则爱去”。

23岁时，歌德在梵次赖学习法律。有一次，他到乡下去参加舞会，遇见了一位善良而美丽的姑娘。她那双传神的大眼睛，又打动了歌德火热的心。歌德和她一起跳舞，一起做游戏，爱的潮水又一次在他胸中激荡。当天下午，歌德就去登门拜访这位19岁的姑娘，歌德没有料到，这位名叫绿蒂的漂亮姑娘，原来是他的好友的未婚妻。他竟然神不知鬼不觉地踏进了危险的“三角区”，这可怎么办呢？庆幸的是，他的好友并没有介意，他相信歌德的品行，也信任自己的情人。绿蒂果然忠于自己的爱情，她对歌德既热情周到，又注意分寸，不使他产生任何幻想。

回来后的歌德想到了死，在床前悬了一柄剑，几欲自尽。

在爱的抉择中，歌德清醒了。他结束了这场毫无意义的恋爱以后，仍然对绿蒂和凯史脱南满怀感情，在他们结婚时送给绿蒂一个精致的戒指以示祝贺。

结束第五次失恋之后的歌德，从爱情焚燃的灰烬中得到了灵感和激情，写出了脍炙人口的名著《少年维特之烦恼》。作品中的维特就是歌德的化身，所不同的是，维特因爱了友人之妻而产生了烦恼，饮弹自尽了，而歌德最后在“逃脱”中得到了新生，结束了烦恼。

4年后，歌德作了一首诗《绿蒂与维特》印在该书卷首。本文开头引了诗的前半部分。下面，以诗的后半部分作为本文的结束吧。

可爱的读者哟，你哭他，你爱他，
请从非毁之前救起他的声名，
请看，他出穴的精灵在向你耳语：
做个堂堂的男子，不要步我后尘！

歌德的一生到底经历了多少次失恋，人们无法确记，但有一点是清楚的，他终于顽强地走完了人生的道路，成就了不朽的事业。

（资料来源：http：//wenku.baidu.com/view/83c9c35e312b3169a451a424.html）

一、青少年情感关系与发展

爱情是指一对男女基于一定的客观物质基础和共同的生活理想，在各自内心形成对对方最真挚的倾心爱慕，并且渴望对方成为自己终身伴侣的一种最强烈、最稳定、最专一的感情；恋爱指异性之间在生理、心理和环境因素交互作用下互相倾慕和培植爱情的过程，它是个体的生理和心理发展到一定阶段的产物。大学生的恋爱现象正是以大学生性生理的成熟为基础而产生的心理现象。

在校大学生的平均年龄在20岁左右，处于性生理发育的成熟期。两性生理的发育有两个明显的标志：一是体征上的变化，如男性骨骼壮大，女性则体态丰满等；二是功能上的变化，在这一时期，两性生殖系统发育成熟，男性分泌精液以至出现遗精，女子开始每月规律性排卵、月经来潮。性生理的成熟为大学生恋爱提供了生理基础。大学生的恋爱心理也是基于青春期开始的性意识萌动而产生的男女之间情感关系的继续。从青春期到大学时期，这种关系一般经历以下4个阶段：

（一）异性疏远期

青少年在第二性征出现后的1～2年内，朦胧地意识到两性的差别，开始有了不安和羞涩的心理，很怕异性注意自己的变化，于是男女彼此疏远，即使是青梅竹马的童年伙伴也较少交往。有的孩子在家里还不由自主地疏远异性长辈。与此同时，也开始了对性的好奇心和求知欲，很想知道被成人世界掩饰的秘密到底是什么。

（二）异性吸引期

对异性产生好感与爱慕，女孩一般发生在十二三岁，男孩一般发生在十三四岁。这时的少男少女开始喜欢表现自己：男孩乐于在女孩面前展示自己的能力与才华，以赢得女孩的好感与赞许；女孩开始注意修饰打扮，以引起男孩的注意和喜欢。男女相互接近的渴望使其乐于参加与异性在一起的集体活动，喜欢结伴外出郊游、唱歌、跳舞或参加体育活动等，并对异性表示关心、体贴，乐于帮助异性同学以博得异性的好感。但是，少男少女毕竟还不懂得应当怎样与异性相处，接触和交往多半没有专一性和排他性。

（三）异性向往期

16岁之后的青少年向成人过渡加快，在对异性产生好感的基础上各自形成一个或几个异性的“理想模型”，并在众多的男女生交往中，逐渐由对群体异性的好感转向对个别异性的依恋，有的还形成一对一的“专情”行动，萌生恋情。

（四）择偶尝试期

高中毕业进入大学的青少年，对异性的爱慕和向往有了比较严肃的选择和排他性，自然而然地进入了恋爱择偶尝试期。男女双方从内心深处都感到异性存在的美好，并渴望用各种方式接近异性，引起特定异性的注意与好感。

二、大学生恋爱心理的发展阶段

大学生的恋爱心理发展，一般认为经历下面5个阶段：

（一）理想对象构建阶段

其实，大学之前的初中时期和高中时期，个体便有了朦胧的恋爱意识，有的高中生便开始了“早恋”，但大部分高中生因为学习的压力，只能压抑这种情感。经过高考千军万马的竞争，有幸挤过高考的独木桥进入大学殿堂的青年，顿时从以往沉重的升学压力下解脱出来，便开始思考自己心目中的“白马王子”或“白雪公主”，开始构建自己未来理想对象的内外素质的模型；由于远离父母家乡，面对着全新的生活环境、全新的人际关系，心里的孤独感油然而生，从而渴望得到别人的关心和帮助，与人建立友谊。于是，在找老乡、寻朋友的过程中，男生、女生的接触频繁起来，恋爱意识在这时也萌芽了。

（二）初恋阶段

大学生认为自己找到理想中的偶像时，初恋便开始了。有人把初恋的心理发展分为醉我、疑我、非我、化我4个阶段。“醉我”指被追求对象迷住而陶醉；“疑我”指怀疑对象是不是爱我；“非我”指进入实质的求爱，可以抛弃自己的一切以适应对方；“化我”指恋爱关系初步确定，双方都把对方的利益置于自身之上。

（三）热恋阶段

在这一阶段，大学生恋人之间一改初恋时期关系的含蓄，进入了朝夕相处、关系密切的时期，双方都要求更长的相处时间、更短的相处距离。此时，双方的感情支配一切，在认知上容易发生偏差，“情人眼里出西施”的晕轮效应是常见的现象，他们往往放大对方的优点，而看不到对方的缺点，因此很难对对方做出理智的判断。有人甚至用“热恋期的男女智商是最低的”来描述这一阶段男女双方的心理。

（四）心理相撞调适阶段

热恋的朝夕相处之后，彼此相互了解逐渐加深，双方都会对对方的优缺点做出重新地审视，双方的优缺点更多地暴露出来，矛盾和冲突在这一时期是在所难免的，感情会出现急剧的动荡，双方的关系可能向和谐方向发展，也可能出现危机甚至出现情感破裂。

（五）感情稳定期

通过心理相撞期的情感碰撞，如果做出了肯定的判断，双方就进入了情感的稳定阶段。在这一阶段，双方既能欣赏对方的优点，也能容忍对方的缺点，彼此的感情更加和谐稳定，对爱情的思考趋于冷静、理智，恋爱呈现较稳定的态势。双方更多地考虑未来的工作和生活等现实问题。这一阶段往往为以后的家庭生活打下基础。

三、大学生恋爱的特点及类型

（一）大学生恋爱的特点

1. 普遍性

2011年，笔者对在校大学生恋爱情况所做的一项问卷调查显示：某学院在校大学生中，正在谈恋爱的占35.8%，渴望谈恋爱的占43.7%。由此说明，大学生谈恋爱已呈现普遍性的特点。

2. 浪漫性

大学生的经济尚未独立，是依靠其父母生存和生活的。大学生的爱情就是在这样的状况下产生的。因此，大学生谈情说爱往往很少涉及家庭、经济等现实问题，更多的是重视对方的人品、才学和感情，谈论的话题大多是人生、社会和学习等精神生活，体现出浓厚的浪漫主义色彩。

3. 冲动性

恋爱冲动性一方面表现为感情升温快。大学生从初恋到热恋，过渡期很短，很难找到一个明显的分界线，甚至在极短的时间内便形影不离、如漆似胶。另一方面的表现主要是情感的强度大，极不稳定，而且有不易控制的特点。

4. 公开性

现在许多高校对大学生恋爱采取“既不提倡也不反对”“睁一只眼闭一只眼”的态度，加上相当多大学生认为恋爱是一种个人的自由，因此大学生的恋爱行为已完全公开化。在大学的教室、食堂、图书馆等公共场所随处都可以看到一对对的情侣。

5. 轻率性

一方面，大学生的恋爱是在没有完整统一的择偶标准的情况下产生的，有很多同学是在好奇心、神秘感和性冲动的驱使下产生恋情的，这种恋情由于缺乏慎重考虑，往往经不起时间的考验，常常出现情感危机，造成恋爱挫折。另一方面，在恋爱的动机上，很多人只是为了免于大学生活的孤独和寂寞，缺乏必要的感情基础，在轻率的动机之上建立的恋爱往往导致高的失败率。

6. 竞争性

有的学生受西方恋爱方式的影响，不顾中国传统文化和伦理道德，在两人的情感世界里发起挑战。有的崇尚情场实力论；有的相互钩心斗角，争风吃醋；有的则置学业于不顾，沉迷于感情的追逐。

7. 自主性

大学生具有较强的独立意识，同时也由于摆脱了家庭的束缚，在恋爱问题上表现出很强的自主性，自己的爱情自己做主。家长对子女的恋爱不太知情，干涉的情况也比较少。

（二）大学生恋爱的类型

大学生恋爱的类型归纳起来主要有以下6种类型：

1. 志同道合型

这类学生基本上具有成熟的人格，有正确的恋爱观，能够以理性引导爱情，正确处理恋爱与学习、感情与爱情、情爱与性爱的关系。双方有较强的事业心、进取心和自控能力，有共同的理想、抱负、价值观念，把事业的成功作为爱情持久的目标，不仅把恋爱看成人生的快乐，而且能把幸福的爱情转化为学习和工作的动力。他们认为，恋爱不仅应该促使双方的进步，而且应该促进双方的成长。

2. 生活实惠型

进入大学后，毕业去向是大学生最为关注的主题，恋爱无可非议地融入了毕业动向的因素。同时，家庭条件和对方的发展前途也是各自关注的必不可少的条件。一些大学生彼此间的爱慕与向往也许并不强烈，但是有确定的生活目标。大三是这类学生谈恋爱的高潮期。他们认为这时谈恋爱，相互了解，信任程度高。这种爱情是理智的、现实的，确定恋爱关系引起的争议也比较少。

3. 从众攀比型

在一些高校，恋爱成为一种时尚。当周边的许多同学有了异性朋友时，一些男同学为了不使自己显得无能，一些女同学为了证明自己的魅力，也学别人的样子匆匆地谈起了“恋爱”。这类学生由于目的性不强，缺乏认真的态度，常常是跟着感觉走，把谈恋爱看成一种精神上的补偿，常以“因为没想那么多”为借口而各奔东西。这种恋爱带有很大的随意性。

4. 玩伴消费型

这类学生在精神上不太充实，同性朋友较少，时常感到孤独、烦闷，为了弥补精神上的空虚，急欲与异性朋友交往，“恋爱”成为一种近景性的精神需求。尤其是到了周末，当寝室的室友成双成对地走出校园，而自己一人在寝室时，会有一种空虚得想谈恋爱的感觉。女生的这种心理体验尤为明显。据报道，有一所大学的一个班的全部女生在大二时就都有了“相恋对象”，用她们自己的话说：“我其实不是真的在谈恋爱，只是生活太乏味了，又没有知己，想找个伴畅快畅快。”

5. 追求浪漫型

这类学生的情感比较丰富，浪漫的爱情对他们有着强烈的吸引力，对爱情浪漫色彩的追逐和窥探心理日趋强烈。他们并非不尊重爱情，而是觉得出没于花前月下的刺激比爱情的责任和义务更富有色彩和韵味。与这种韵味相比较，人物自身的品质被淡化了。他们在恋爱过程中，对爱情的缠绵悱恻有较深的体验并乐在其中，时时沉浸在两人的世界里，忘却了集体，甚至忘却了学业。

6. 功利世俗型

以对方的门第、家产、地位、名誉、处所、职业、社交能力、驯服度等为恋爱的前提条件。

（三）大学生的恋爱观念

1. 注重恋爱过程，轻视恋爱结果

根据调查，大学生在“大学期间谈恋爱主要是为了什么”这一问题的回答上，大多数学生回答是为了“体验爱情的幸福”和“充实大学阶段的生活”，很少有大学生把恋爱动机指向“将来结婚成家”。由此可见，当代大学生注重的是恋爱过程本身，至于恋爱的结果已经不太在意。注重恋爱过程，有利于双方相互了解、加深认识，也有利于培养感情、增加心理相容度，同时也反映出大学生恋爱的不落世俗，着意追求内心的情感感受。只重恋爱过程，轻视恋爱结果，实质上是只强调爱的权利，而否认了爱的责任。

2. 主观学业第一，客观爱情至上

在对待学业与爱情的关系上，超过90%的大学生认为“学业高于爱情”或“同等重要”，只有极少数认为“爱情高于学业”。这充分说明绝大多数大学生能够正确看待学业与爱情的关系。他们赞成学习是学生的天职，大学阶段应以学习为主，爱情应当服从学业或者希望学业和爱情双丰收，既渴求学业有成，又向往爱情幸福。因此，关于爱情和学业的关系的问题，大学生的认知是正确的。但是，结合大学生在客观行为方面的表现，就会发现许多大学生处理不好学业和爱情的关系，他们一旦坠入爱河，便把学习抛到九霄云外。因此，许多大学生的主观愿望和实际行为表现是相互矛盾的。

3. 恋爱观念开放，传统道德淡化

随着我国改革开放的深入，受西方文化的影响，当代大学生的恋爱观念日益开放，传统道德逐渐淡化。近年来，大学校园里的恋爱行为越来越开放，很多恋人在大庭广众之下旁若无人地表现自己的亲昵行为，还有个别恋人在校外租房居住，过起了家庭式的生活。大学生虽有一定的传统观念，但在爱情的激情下，很多大学生难以处理好理智与情感的关系。

4. 承受能力较弱

大学生即使热恋者多，但毕竟“终成眷属”者少，这样就产生了一批失恋大军。感情受挫后绝大多数大学生通过“找朋友诉说”或“理性思考”，对自己和对方采取宽容的态度。但仍有一部分学生摆脱不了情感危机，有的失去信心，放弃对爱情的追求；有的一蹶不振，自暴自弃，认为一切都失去了意义，以至于悲观厌世；有的视对方如仇人，肆意诽谤，甚至做出极端行为报复对方。

第二节 大学生恋爱心理问题与调适

经典案例

网恋——虚拟世界的“玫瑰陷阱”

案例1：黑龙江省某中学一女学生李某在网上结识了一个网名叫“阳光男孩”的男孩。李某被男孩幽默的言辞所吸引，特别是“阳光男孩”介绍自己为某公司的白领、父母在国外等情况，更让她羡慕至极，而男孩似乎也对她萌生了爱意。当男孩提出见面时，李某一口答应，并瞒着家人，踏上了远去湖南长沙的列车。然而，她做梦也没想到，她痴迷的网上恋人竟是社会上的小混混，网上所说的话全是谎言。见李某万般后悔准备离开时，这个小混混凶相毕露，带着几名兄弟，将女孩强行带到某旅馆进行多次轮奸，并抢光了她所有的钱物。

案例2：家住江苏的女大学生小雪在网上与一个叫毕东东的男子爱得很深。在毕东东的邀请下，她多次去哈尔滨和“心上人”约会并同居。在一次约会中，毕东东得知小雪的家境很好，父母准备送她出国深造，便觉得送到嘴里的“肥肉”哪能轻易放掉。就在小雪出国前夕，毕东东再次将她约到自己的住处，实施了他的敲诈计划，在没有达到目的的情况下，竟与同伙将小雪掐死。

（资料来源：http：//edu.qq.com/a/20051116/000130.htm）

一、大学生的网恋及其引导

随着互联网的普及，网络成为大学生生活中不可或缺的一部分，也成为大学生恋爱的新渠道。大学生作为一个极易接受新鲜事物的群体，其中有很多人尝试通过网恋的方式与异性建立感情。许多调查显示，网恋在大学生恋爱中的比例越来越高，甚至有的大学生断言："凡上网者都得经历一次网恋！"

（一）大学生网恋的心理类型

尽管网恋给大学生身心带来了巨大的影响和伤害，但仍有相当一部分人还痴迷于网恋不能自拔。仔细分析，可能有以下5方面原因：

1. 游戏型心理

网络是虚拟的世界，现实的规则在网上完全可以忘记。在网上可以模糊性别和身份，想体验一下交友的感觉，有这种心态的人在网上比较潇洒，不担心爱情可能造成的伤害，只想在网上"潇洒走一回"，根本没有投入感情。在他们心目中，网恋就是一场虚拟的感情游戏。

2. 空虚型心理

大学生大多远离家乡和亲人，特别是大一的学生刚刚步入大学的校门，尚不能完全适应大学的生活，在生活中还没有确立一个明确的目标。其实，不只是在新生中，在大学生整个群体中，缺乏精神追求和远大理想者、缺乏明确的生活目标者大有人在，他们往往体验到一种孤独、空虚和寂寞，而网络这一虚拟的世界正好迎合了他们的需要，网恋也就成了其空虚心灵的寄托。

3. 表现自我心理

在现实生活中，大学生由于校规校纪、社会道德等的约束，不可能完全张扬自我。还有的大学生，在生活中过得不如意，自己的本领和能力没有得到发挥与表现，没有被同学、老师认可，从而倍感失落。而在网络这个虚拟的世界里，可以抛开现实的规范和约束，尽情地自由发挥，尽情地表现自我，尽情地网恋，来获得自我的满足。

4. 追求浪漫心理

爱是世界上最美好的东西，也是人的本能，谈恋爱是人间最浪漫的事。大学生是崇尚浪漫的群体，而网恋的浪漫性远远超过了现实的恋情。网恋的浪漫源于它的神秘，两个人不曾见面却感情炽烈，冰冷的键盘却能传递浪漫的恋情，不知对方身在何处却充满无限的牵挂。网恋的浪漫性恰恰满足了大学生的心理需求，也使大学生网恋蓬勃发展。

5. 从众心理

这类同学受周围网恋同学的影响，看到他人都上网聊天交友，网恋得有滋有味，也就跃跃欲试，想去体会一下那种感觉，从网络中找到一份属于自己的情感，以求得心理平衡。

（二）网恋的特性

1. 虚拟性

在网络中没有人知道自己究竟是男人还是女人，即使娇柔无比也可以给自己起名叫作“冰山剑客”，即使力拔山兮也可以叫作“蜜糖”。网络的天空任你“包装”，可弥补自己在现实生活中所不能体会到的“缺失”的“快感”。因此，网络中相识的人给出的许多信息，如姓名、身份、经历等资料可能是假的，这样就造成了一种可能：准备开始交往或者恋爱失败了，不会像现实生活那样彼此的社交场相近或者相交，交往双方因为这种失败而带来社会压力。因此，先通过网络认识，进行一段时间的交往，了解彼此的愿望后再走出网络，开始传统的恋爱过程，对网络主体双方而言都是最安全、最可靠的一种方法。

2. 交互性

现代社会压力大、节奏快，给人们的生活造成时间上的紧迫感。网络的交互性强的特点，不仅可以使人们在很短的时间内就结识很多朋友，为相识、相恋创造机会，节省了宝贵的时间，而且让交流变得更加自由和自然，选择的余地更大。显然，这是其他媒介所难以比拟的优势。

3. 超时空性

在网络交往行为中，人们借助于大量的信息不但可以足不出户了解外面的世界，而且人际交流在大容量、高速度的信息网络的支撑下不再需要时间和空间的支持也可以面对面地进行了。“网恋”的出现与兴起大大地减弱了现实中时空距离给人们婚恋所带来的种种限制，使得爱情能够通过网络传递得以实现。

4. 符号交互性

在网络交往行为中，各种各样的信息图标和象征符号不仅构成了人们网际交流的中介，而且进一步构成了人们可以与之直接进行交流的对象。人们的网络交往行为在很大程度上都依赖于由这些信息符号及其相关的知识系统所构筑而成的一个虚拟性的“制象王国”。与传统婚恋方式中的“身体语言”接触、现实视听交往不同，在“网恋”中恋爱双方大多是通过文字性信息进行彼此的交流，寻找虚拟的感觉，拓展充分的想象空间。

（三）网恋对大学生的不良影响

网络就像一把双刃剑，有利也有弊。网恋的双方如果志趣相投，都付出真感情，终成眷属也不是不可能的。网恋也可以结出美丽的果实，但网恋成功的例子实在是少之又少。其实，网恋的结果是由网恋的动机决定的，当绝大多数人怀着不真诚的心态去网恋时，其结果在网恋伊始就已注定。总的说来，大学生网恋是弊大于利的。大学生网恋的不良影响大体有以下4个方面：

1. 对学业造成不良影响

网恋和通常的恋爱不同，时间长了网友往往会产生强烈的依赖心理，只要有一天不上网就感觉非常难受，这样必然把许多宝贵的时间用在网恋上。甚至有些人白天晚上都沉溺于网上聊天，他们无视学校的纪律，长期逃课上网，导致学习成绩严重下降、留级甚至退学。

2. 感情容易受到欺骗

近年来，关于大学生被“网络恋人”欺骗、诈骗、抢劫甚至伤害的报道常常在媒体中出现。例如，2001年8月，广东某大学一女学生因沉迷网恋，轻信网友，被对方骗去4000元；2003年5月，广东某大学女生许某与网络恋人见面后，不但财物被洗劫一空，而且被残忍杀害。其实，在网络这个虚拟的世界里，什么人都有，其中不乏道德败坏者和不法之徒，他们往往通过骗取大学生的信任，来达到自己不可告人的目的。

3. 产生人际关系问题

人际关系需要时间的投入。上网使一些学生迷恋于与网友交流，热衷于虚拟的朋友关系，对网上的朋友产生心理依赖，而没有给现实中的朋友和同学以时间和空间，他们经常拒绝和同学一起活动，对现实中的人际关系进行逃避，因此极易引起人际关系的障碍，造成人际交往和人际沟通能力下降。

4. 引发一些大学生人格分裂的倾向

有些大学生在网上虚拟了一个自我，想以这个虚拟的自我，获得在日常生活中没有获得的爱情或得到一种自我满足。例如，自己不漂亮，却说自己很漂亮；也有的在网上尝试和真实自我相反的性格，就像做游戏一样和网友恋爱。这种人格转换本身无所谓对错，对于较灵活的人来说，可以在虚拟世界和真实世界间灵活转换。但有些大学生无法将网上的人格与现实的人格灵活转换，渐渐造成了人格分裂或其他心理障碍。

（四）大学生网恋的引导

网络是当代人最重要的交流方式之一，不能因为它给人们带来了某些问题就片面地排斥它。在大学生网恋问题上，教育工作者应该加强引导和教育。

第一，大学生应该有正确的心态。很多人抱着游戏的心态投入网恋，其实，这在游戏别人的同时也游戏了自己。正确的心态对于网络交友是必要的。

第二，最重要的一点，就是要把网络交流放在一个恰当的位置。网络对于大学生恋爱的作用是消极的还是积极的，关键在于大学生如何对待和使用网络。把网络交流作为一种辅助的交流手段，同时，通过书信、见面等渠道加强沟通，双方进行深入的了解，在此基础上双方进一步发展关系，不失为一种可取的策略。

第三，要充分认识网络世界存在着的虚拟性和险恶性，对网络恋情多一分清醒、少一分沉醉，时刻保持高度警惕性，在网络世界里注意保护自己。

二、失恋及其自我调适

大学生在享受爱情甜蜜的同时，也极有可能遭受到失恋的打击。所谓失恋，指恋爱的一方被其恋爱对象抛弃。失恋是人们感情生活中的一件很痛苦的事情，要想从失恋的打击中尽快地走出来，并不是十分容易的。失恋者一般带有强烈的消极心理反应：有的悲伤痛苦，愤怒与绝望；有的沉溺于往事，难以自拔；有的产生强烈的报复心和强烈的自卑感；有的迁怒于他人或他事。在遭受失恋后，大多数失恋者能正确对待和处理好失恋现象，能愉快地走向新的生活。然而，对于有些失恋者，有些不良反应会长期存在，这将严重影响其身心健康。失恋者如何才能尽快走出失恋的阴影、摆脱失恋的困扰呢？建议采取以下方式进行自我调适：

（一）合理宣泄

失恋后，心中的空虚、寂寞会油然而生。失恋造成的情感压抑是十分严重的，如果不及时地合理宣泄，会出现各种不适应症状。比较有效的宣泄方法有以下4种：

一是向亲密的朋友或家人倾诉内心的苦闷和悲伤。二是闭门痛哭一场。痛哭是一种情绪的爆发，是一种自我保护性反应，哭过之后，你的感情也许会得到真正的释放。三是寄情于山水之间，向大自然宣泄自己压抑的情绪。失恋后可以与朋友一起外出远游一次，体验大自然之奇丽与伟大、人生之美好，会觉得自己失恋的痛苦只不过是沧海一粟，心胸会变开阔，郁闷的心情就会有所缓解。四是用写日记或写信的形式，让情感在笔端发泄，把自己的苦闷和烦恼记录下来，或给自己看，或寄给朋友看，寻得心理的安慰和寄托。

（二）积极转移

在遭遇失恋后，可以把注意力分散到自己感兴趣的活动中去，因为活动本身就可以冲淡心中的郁闷。去打球，去参加文娱活动，去购物，都能消除心中的郁结，解除失恋带来的心理压力。恩格斯曾有过一次失恋，他心灰意冷，便去了阿尔卑斯山脉旅行。峻伟的山川、广阔的原野使恩格斯大为感慨，世界如此宏大，生活如此美好，自己的痛苦只不过是沧海一粟。暂时离开这个令人伤心的地方，去其他地方看一看，会对摆脱失恋的痛苦有帮助。

（三）自我安慰

任何事情都有好与坏两个方面，有时，失恋的人也可以适当运用挫折合理化的方法，进行自我安慰。有两种典型的自我安慰的方法。一种是“酸葡萄”心理，即缩小或否定个人求而不达的目标的好处，而强调其各种缺点。例如，失恋了就多想想对方的缺点，这就好像狐狸吃不到葡萄而说葡萄酸是一样的。另一种是“甜柠檬”心理，即不是把目标的好处缩小，而是把目标的境况扩大。其实柠檬是酸的，但是我们只有柠檬时也可以把它想象成甜的。例如，失恋了，可以说这也有积极的一面，它更有利于集中精力学习和工作。这两种方法可以暂时延缓对不愉快的事情真相的接受，直至心理准备完毕，能够正视现实。

（四）升华

升华是失恋后宣泄心理能量的最理想方式。失恋者应运用理智，把感情、精力投入能充分实现自身价值的事业和对生活的热爱上去，从而将失恋造成的挫折在更高的升华境界中得到补偿，获得更大、更多的收益。历史上的许多名人给失恋者作出了优秀的榜样。著名音乐家贝多芬31岁时深深爱上了一名少女，恰在这时他患了耳聋症，这使贝多芬无法娶到他钟爱的姑娘。两年后，姑娘出嫁了。病痛的折磨、失恋的痛苦使他痛不欲生，但贝多芬并未被挫折压倒，而是更加狂热地投入生活，投入自己钟爱的音乐事业，从音乐中寻找感情的寄托。正是在这次失恋之后，贝多芬用他的天才和情感创作了著名的《第一交响曲》。著名作家歌德也是在失恋后创作了小说《少年维特之烦恼》。他们是运用升华法来克服失恋挫折的楷模，失恋的大学生应该从他们的经历中汲取营养，积极地面对生活。

（五）为他人着想

俄国伟大的诗人普希金曾经失恋过，但他在给对方的诗中表达了自己的痛苦和对他人的谅解，诗人博大的胸怀充分展示了他无私而崇高的情操。其实每个人面对爱情都有选择的权利，爱与不爱是每一个人的权利，接受与拒绝他人的爱也是每一个人的权利。每个人在做选择时，一定有他自己的理由。而他的理由可能我们并不知道，但是我们应该知道他一定有他自己的理由。我们不能强求他人做什么，我们做的只能是珍藏起这份美好的情感。如果能做到这一点，心理便能恢复平衡，痛苦自然也就减少了。

（六）积极的自我暗示

如果一个人失恋后总是责备自己，只能使自己越来越压抑，这时，积极的自我暗示是必要的。“幸亏与他分手，否则我会陷得更深”“天涯何处无芳草”等积极的自我暗示可以平静情绪，消除一些消极的想法。正如海伦·凯勒所言：“一扇幸福之门对你关闭的同时，另一扇幸福之门却在你的面前洞开了。”失恋者应该放眼长远，寻找失恋中的积极因素来激励自己，帮助自己走出困境。

（七）失恋不失德，失恋不失志

失恋不失德，是一个人应有的态度和品格，也是恋爱的重要原则。要做到：不报复、不打击、不伤害，不破坏对方的名誉和人格，不破坏对方重新建立生活的努力。爱情是人生的重要内容而非全部，因为失恋而毁掉自己的品格是愚蠢的行为。

失恋不失志，人生除了爱情外，还有其他美好的东西；“爱情”虽离自己而去，但学业、事业却可以永远伴随。不能因失恋而丢掉自己的理想和志向。理想是个人进步的动力目标，在为理想而奋斗的过程中，逐渐平复由失恋造成的心理创伤，就会重新获得幸福的爱情。

三、单恋及其自我调适

单恋是一方倾慕，其情感苦于不被对方知晓和接受而造成的一厢情愿或对恋爱的渴望，俗称单相思。它仅仅停留在个体单方面爱恋而无法发展成双方相恋的状态，是一种深沉而无望的爱情，充满了毁灭性的激情和疯狂，在幻觉中自愿奉献一切，具有痴迷而深刻的悲哀。单恋通常包括两种形式：一种是内心爱慕对方但无法表达出来或已被对方拒绝仍痴心不改的情感，另一种是把与对方的交往和友谊看作“有意”或“暗示”而产生的爱情错觉。单恋形成的原因很复杂，主要与单恋者的幻想特质、信念误区和认知偏差等有密切的关系。

（一）幻想特质

人的幻想特质与先天和后天的心理发展过程有密切关系。一个从没有被人爱过的人，就难以爱上别人，即使爱上别人也羞于向人承认，也不敢奢望被爱。人人都有爱和被爱的渴望，如果对爱的需要满足受阻，往往会转向自己，回到自己的内心，自编自导一个玫瑰色的梦，并在梦中满足自己对爱和被爱的渴求。他们进入青春期，开始真正的异性交往时，就很难适应正常的恋爱，于是只好退回到过去那种满足方式上，以儿童的反应把爱的渴望当成现实的异性之爱，以丰富的想象力在幻想中得到异性爱的满足。

（二）信念误区

单恋者往往信守“伟大的爱充满艰辛和痛苦，它往往是得不到回报的”的信念，于是在得不到对方的爱时，就在单恋中自我暗示：爱不仅仅是为了爱，不要承诺，不要回报，这种不顾一切的爱才是最伟大的爱。

（三）认知偏差

单恋者往往由于对倾慕对象一往情深，希望得到对方的动机十分强烈，在这种心理的支配下，往往会把对方的言行举止纳入自己主观需要的想象中，造成对他人的认知偏差。另外，有的单恋者不能正确地看待被拒绝的事实，认为如果承认事实，就是承认自己配不上对方，因此为了自尊和面子，就强迫自己坚持求爱到底。

单恋可能也会给人带来一定的快乐，有人赞美单恋就像含苞欲放的花朵，它比花的怒放更能打动人的心。在现实生活中，因为无法正常地向所钟爱的异性倾诉柔情，更不能感受到对方爱意的温馨，所以单恋会给单恋者带来情感的痛苦。更为严重的是，单恋者伴随着情感的痛苦，内心还有一种强烈的自我否定，产生强烈的自卑心理，如果这些长期出现在失恋者身上，将严重损害其身心健康。

（四）单恋的自我调适

面对单恋，建议从以下3个方面来克服：

1. 理智战胜情感

恋爱是男女之间爱慕的行为表现，互爱是爱情的必要前提。一个人对某人产生炽热的情感时，可冷静思考一下这样的前提是否具备。单恋者应通过加强修养、陶冶性格来培养健康的人格和良好的心理素质，学会用意志的力量驾驭自己的思维和情感，从认识的误区中解脱出来，克服爱情错觉。因为单恋往往是单恋者对对方的一往情深，一味地只看到对方的优点，并且常常用自己的观点解释对方的言谈举止，从而造成一种认知偏差。对此，应客观评价、认识对方的言行，成功地转移自己的感情；同时借助理性，努力从感情上加以调整，时常提醒自己不要把感情倾注在虚幻的关系上，消除爱情固着心理，摆脱无意义的感情羁绊。

2. 及时地移情、移境

移情就是恰当地转移自己的感情，如多参加集体活动、体育锻炼和娱乐活动等，将注意力转移，或将积累的相思之情转化为更为广泛的父母之爱、朋友之爱。移境则是转换一种新的环境，从距离和环境上远离所爱之人，以免触景生情，随着时间的推移和新的爱情的获得，将过去的事情逐渐淡忘。

3. 勇于自我表露

需要拿出十足的勇气，克服羞怯心理和自我安慰心理的折磨，勇敢地表白。如果对方有意，心灵共同撞击出爱情的火花，单恋自然地转化为“双恋”，爱的快乐就取代了爱的痛苦。如果是“落花有意，流水无情”，则断绝自己的幻想和希望，可以就此抛弃虚幻的情感，以轻松的心态投入正常的生活。

四、多角恋

多角恋是一个人同时被两个或两个以上的异性追求，或自己同时追求两个或两个以上的异性，并建立了爱情关系。多角恋是爱情纠纷的主要原因之一，实质上是比单恋更为复杂、更为严重的异常现象。由于爱情具有排他性、冲动性，任何一种多角恋都潜伏着极大的危险性，一旦失控就会给对方及社会带来恶果。

（一）多角恋的原因

导致多角恋的原因主要有以下3个方面：

1. 择偶标准不明确

由于个性不成熟，生活经验不足，择偶前没有一个较为明确的标准，不知如何才能断定与自己关系密切的异性中哪一位与自己更合适，因此，只好颇费心思地多方应付，多头追逐，从而出现了选择性多角恋。

2. 择偶动机不良

有的人一开始和异性交往就出现了朝三暮四、见异思迁的倾向。为了满足不同的欲求，在不同角色中周旋以寻求快乐，有的甚至发展到玩弄异性的程度。

3. 虚荣心强

总以为追求者越多身份就越高，若退出竞争就是承认失败，承认自己比别人差，这是导致恋爱上的自私自利、对别人和自己的感情不负责任的多角恋的主要原因。

（二）多角恋的调适

面对多角恋，正确的做法如下：

1. 分清楚爱情的选择性与排他性之间的界限

大学生在恋爱中确实有选择的自由与权利，但如果与多个对象建立恋爱关系，再进行选择，便违背了专一性和排他性的爱情准则。在多角恋的情况下，大学生应该明确在未确定爱情对象的时候，选择是他人的权利，但爱情对象确定后，必须遵守专一性和排他性的准则。

2. 勇于作出退避决策

感情一旦陷入多人相互纠葛的状态，不但消耗人的体力和精力，而且也不会给自己带来幸福和快乐，还往往会对感情造成更大的伤害。同时，多角恋者还遭受道德伦理层面的批评，承受着巨大的社会心理压力。此时，一个看似消极实则积极的策略就是退避，而且是理智勇敢地回避这种关系。退一步海阔天空，退让不是软弱，更不是失败，而是一种理智的选择。

五、大学生的恋爱误区

大学生在恋爱活动中由于种种原因，往往步入恋爱的误区。这些误区的存在是不利于大学生恋爱的健康发展的。

（一）为了消除孤独而恋爱

孤独感是个体无法与他人建立实质性联系的心理状态。有的大学生看到别人出双入对感到孤独难耐，一旦爱情来临便紧抓不放，以此来驱赶孤独。但是，往往事与愿违，随着恋爱的发展，孤独感并没有消失，有时会更加严重。其实，孤独感产生的原因很复杂。孤独感是大学生心理发展过程中常见的一种现象，和许多大学生生活目标缺失、没有远大抱负和理想也有直接的联系。因此，靠恋爱不能从根本上消除孤独感，树立切实的生活目标、生活中有积极的追求才是消除孤独感的根本所在。同时，为了消除孤独而恋爱，这样的恋爱也是不会长久的。

（二）把恋爱当成生活的全部

“爱情第一”的观点在相当一部分大学生中流行，在他们看来，有了爱情就有了美好的未来，没有爱情，前途就会黯淡无光，于是整日花前月下、卿卿我我。有的学生因为恋爱而荒废了学业，有的学生因恋爱而产生了心理危机，其原因就是把爱情当成生活的主要目标。恋爱是人生活的重要组成部分，但不是生活的全部和唯一，生活中还有更重要的东西。恋爱的前景如何，在很大程度上和生存状态有关。如果一个人沉溺于爱情的甜蜜，忽略了生活中其他的重要事情，就会损害其现实生存状态，爱情就会失去它赖以生存的基础，恋爱的前景也会令人担忧。因此，大学生应该自觉纠正“恋爱第一，学业第二”的错误观念，将学业放在最重要的位置，通过学业的进步为爱情的发展提供生存基础。

（三）过高估计恋人的优点

“情人眼里出西施”，处于热恋中的大学生在认知对方时有强烈的晕轮效应，往往感到对方什么都好，分别之后魂牵梦绕，在思念中反复回味，恋人的形象在想象中越来越完美。盲目的感情自然潜藏着危机，因为它与客观事实严重地偏离。随着交往的增多、了解的加深、理智感的增强、情绪强度的降低，想象和现实的距离就会越来越大，如果没有足够的精神准备，恋爱就会陷入僵局。

（四）偏爱对方的外在魅力

个体的身材、长相等外部特征在两性交往中起着重要的作用，特别是在短暂接触时作用更大。在交往的初始阶段，外在特征所产生的第一印象影响着双方的进一步交往，即此时双方的相互吸引基于外在特征的魅力。但是，人的外在魅力和内在的人格魅力往往是不相符的。随着恋爱双方了解的深入和接触时间的增长，彼此的外在魅力会逐渐褪色，内在的人格魅力的作用会凸显出来，而且在天长日久的交往中，它会对恋爱关系的发展起到至关重要的作用。如果一个人只注重外在的魅力，只看重对方的长相、外貌、身材，不注重对方的品质、修养等内在魅力，这样的爱情是不会长久的。

（五）将爱情视为“赌气”和“占有”

大学生在恋爱中难免会发生种种误会，双方又都比较敏感，因此容易受到伤害。受到伤害后如果不愿意给对方以解释的机会，就会出现赌气的现象。赌气的表现是恋爱双方故意说不喜欢、不愿意、不高兴等，以致造成更多的误会和冲突，最终可能会毁掉爱情。人与人之间交往时发生误解是常见的现象，这并不可怕。出现了误会后应该给对方以解释的机会，一旦陷入僵局，双方都有责任采取主动措施，如果一味地赌气只会葬送爱情。另外，有的人也将爱情视为一种“占有”，不允许对方和更多的异性朋友交往，从时间和空间上限制对方，将对方视为自己的私有物。这种占有心理只能对感情造成伤害，有可能使本来美好的恋情向畸形方向发展。

第三节　大学生健康的性心理

经典案例

“误闯女厕所”的男生

张某，男，21岁，大学三年级学生。在上高中时，他有一次无意间闯入女厕所并看到女生入厕的情景。当时，他虽然连声抱歉地退了出来，可一种兴奋感却始终在脑中挥之不去。一段时间之后，他开始克制不住自己，接二连三地重复起“误闯女厕所”的“误会”。但时间一长他开始发现，这一次次的“误会”越来越难以满足自己了，于是他开始在女厕所内“守株待兔”。终于有一天，他的这种行为被人发现了，学校给了他严厉的处分，并且声明再有类似的事情发生就要将他开除。他本人也深知不应该这样做，但就是不能控制自己，因此希望得到咨询师的帮助。

（资料来源：http：//www.incnk.com/xxkjbl/919.html）

一、大学生性心理的特征

从心理发展阶段上看，绝大多数大学生处于青年中期，其性心理不可避免地会带有该年龄阶段的特征；同时，大学生的社会角色和所处的社会环境，也不可避免地会对大学生的性心理产生影响。

（一）性心理的本能性与朦胧性

大学生的性心理，尤其是低年级大学生的性心理，通常缺乏深刻的社会内容，主要还是建立在生理发育基础上的本能作用，情不自禁地对异性发生兴趣、好感和爱慕。加上不少学生不了解性的基本知识，对性有较浓厚的神秘感，使得这种萌动又罩上了一层朦胧的色彩。由于性生理和性心理日趋成熟，大学生向往与异性交往的需求十分强烈，他们对异性的兴趣增加，喜欢探索异性的心理秘密，对异性交往十分敏感，总希望有机会与异性接触和交往。

（二）性意识的强烈性与表现上的文饰性

与中学生相比，大学生对性的关心程度明显增强，与性有关的话题常常是他们日常关注的焦点话题。大学生十分重视自己在异性心目中的形象，十分看重来自异性的评价，并常常按照异性的要求和希望来进行自我评价和自我塑造。尽管大学生在心理上对性问题和异性都很敏感，在行为表现上却可能显得拘谨和羞涩，具有明显的文饰性。例如，有的大学生对某一异性很感兴趣，表面上却有意地表现得无动于衷，甚至不屑一顾，或做出回避的样子；有的表面上很讨厌男女的亲昵动作，内心却很希望得到体验。

（三）性心理的动荡性与压抑性

大学生的心理不够成熟，尚未形成稳固的道德观和恋爱观，自控和自制的能力有限，其性心理容易受外界影响而显得动荡不安。与此同时，大学生并不具备通常意义上满足性冲动的配偶条件，易导致过分的焦虑和压抑。

（四）性宣泄的普遍性

在强烈的性驱动力的影响下，大学生有了性的需要和欲求，甚至会产生性冲动。因此，在大学生中，性幻想、性梦等现象明显比中学生增多。然而，由于主客观条件的限制，大学生缺乏正常地满足性生活要求的条件，因此手淫便成为大学生性宣泄的主要形式，有的大学生甚至会出现边缘性行为和性交行为。

（五）性别差异性

大学生的性心理存在明显的性别差异。例如，在对异性感情的流露上，男生显得较为外显和热烈，女生往往表现得含蓄而温存；在内心体验上，男生更多的是新奇、神秘和喜悦，女生则常常惊慌、羞涩和不知所措；在表达方式上，男生较为主动和直接，女生往往采取暗示的方式等。不过，这种差异近年来有缩小的趋势，如在表达方式上，女生变得较为主动的情况已越来越多。

二、培养正确的性心理

当代大学生存在着各种各样的性心理困惑，需要有针对性地应对。

（一）性认知的困惑及应对

中国有着几千年的封建历史，社会上还存在着传统的封建观念，特别是性问题，人们常常回避和忌谈。性知识的传播，不但在社会教育层面上是极其薄弱的环节，在学校教育中，也是绝大多数教育工作者没有勇气涉足的领域，这种现实在很大程度上造成了大学生的性认知的不足甚至性无知。有的人无法理解自身的生理变化，往往会使人把本是美好、正常的生理现象看作可怕的、丑陋的甚至是罪恶的东西，从而带来极大的精神恐慌和心理焦虑。例如，有的人对遗精、月经和身体变化等现象不能正确认知，过分担心自己的身高和体重，担心面部的青春痘影响美观；有的女性对自己的体形忧心忡忡，本来发育得健康正常，却认为自己不够健美，从而背负上沉重的精神压力；有的片面地去追求“苗条”和“骨感”，承受着肉体和精神的双重重压，盲目减肥而造成心理障碍。

要改变大学生性认知不足的现状，社会教育和学校教育就要突破教育的误区，特别是学校教育，应该通过课堂等教育渠道积极传播性知识，加强对学生的全面教育和个别指导。大学生也应该通过正常的渠道，主动学习掌握有关性生理和性心理方面的知识，来弥补自己的不足。

（二）性冲动的困扰及应对

性冲动是男女都有的正常的生理和心理反应，它是在性激素的作用下和外界环境的刺激下产生的，既不是不纯洁、不道德的，也不是难以控制、难以解除的。调查显示，87%的学生存在性冲动，12%的学生对性感到恐惧，36%的学生对性感到羞怯，33%的学生对个人的性冲动感到自责。

1. 手淫

要解除性冲动，最好的办法是获得性满足，但对于大多数大学生来讲，获得婚姻的性满足是不现实的，于是，便有了各种各样的自我解除的方法，常用的方法是手淫、性幻想和性梦等，其中，手淫是最常用的方法。有调查显示，大学生手淫的发生率为75%～92%，男生中手淫的比例较女生高。

对手淫的理解分狭义和广义两个方面。手淫的狭义含义是用手来抚摸刺激自己的外生殖器，使心理上得到满足，达到自慰的一种现象。从广义角度讲，任何方式的自我与互相间的抚摸刺激生殖器及其他敏感部位以求性快感和性满足的行为都可以视为手淫。

手淫是一种常见现象，在男女老幼不同年龄皆有，但在青少年中最为普遍。手淫是从儿童期就存在的行为，不过在儿童期多是由于无意识地偶尔玩弄生殖器、穿紧身裤、爬杆等活动时的摩擦使生殖器受到刺激并引起快感。无论男女，到了青春期后，由于体内的生理改变，都会自然而然地产生性的冲动和要求，这段时间处于性紧张状态，对性问题满怀憧憬、好奇和幻想。作为一种本能，他们会在性生理和性心理的驱使下开始有意识地手淫。

人从性成熟到能够合法地满足性要求——结婚，一般要等待七八年或更久，而这段时间的性能量偏偏最高，总要寻找机会解除性紧张。在这种情况下，手淫大概是最方便、最安全的办法，它既不涉及异性或卷入感情纠葛，也不会导致性攻击甚至性犯罪的发生，所以是一种合理的解除性紧张的方法，同时也能够解决一部分因性问题而引起的社会问题。但是，频繁手淫就属于一种心理障碍，它会使人意志消沉、记忆力减退、注意力不集中、理解力下降、失眠、多梦、心悸，甚至会引发泌尿生殖系统疾病。对于一般青年来说，手淫超过一周一次就属于频繁。过于频繁的手淫一方面使人精神、精力下降，另一方面过频地刺激性器官，可能导致男子阳痿、早泄或女子性冷淡。假如频繁手淫，成为习惯，甚至认为手淫可以代替性生活，则更会为自恋等病态人格的产生提供温床。除此之外，手淫还会造成沉重的精神负担，特别是一些人发生手淫，会产生内疚和自责心理。

大学生要克服手淫的习惯，切记以下5点：

第一，对手淫要有正确的态度和认识。

第二，培养良好的爱好和兴趣，积极参加有男女参加的社会活动，减少对异性的敏感性，并通过丰富多彩的业余活动将过于旺盛的性能量化解掉。

第三，不要看色情书籍和影视，以减少不良的性刺激。

第四，对过度手淫的危害要有正确的认识，树立克服习惯性手淫的决心，把自己从手淫的精神压力下解放出来。

第五，注意生活规律与生活调节，避免穿着太紧的衣裤，按时睡眠，睡眠时的被褥不要过暖、过重，晚餐不宜吃刺激性食物。

2. 性幻想和性梦

性幻想和性梦也是性冲动的行为。

性幻想指人在觉醒状态时，通过幻想方式获得性快乐的现象。性幻想一般分为3种情况：第一种是不伴有性行为的性幻想，此类最普遍，发生频率最高，又称为“白日梦”；第二种是伴随自慰的性幻想；第三种是伴随性生活的性幻想。大学生的性幻想，从性别上看，男大学生性幻想的比例大于女生，但女性性幻想的内容更丰富多彩；从年龄和年级看，其性幻想的发生率随着年龄的增加和年级的提高而增加。从心理素质上讲，想象力丰富的人，其幻想多一些，内容更丰富一些。

性幻想是人类性心理中最普遍的一种现象，在人类心理活动中占有极其重要的地位。首先，它是启动性兴奋的一种正常机制，有助于性兴奋的维持和性快感的获得；其次，它是对现实中暂时不能实现的愿望的精神满足，它可以强化躯体刺激，加深体验，提供更深层的性满足；最后，它可以疏泄性压力，是性行为的一种替代，有助于减轻心理焦虑。但是，如果长期沉溺于性幻想，甚至把幻想当作现实，就是一种不健康的表现了。克服过多的性幻想，应该做到有积极的生活目标，合理地将注意力转移到积极的活动上。

性梦指在睡梦中与性对象发生性接触而出现性冲动和性高潮的现象。男大学生的性梦频率高于女生，且性梦频率随年级增加而增加。男女生的性梦表现也不同，女性的性梦肉欲色彩不明显，而男生的性梦色情成分较重。性梦也是一种正常的和普遍的性心理现象。在现实生活中，不少大学生对性梦存在一定的误解。有人把性梦当成个人品质问题，甚至觉得自己下流无耻，其实性梦只是生理需要的无意识反映，是不以人的意志为转移的，它和意识清醒状态下的性幻想完全不同。频繁的性梦同样会影响休息、睡眠和心理健康。自我调节的办法是睡前进行适当的体育锻炼，以利于尽快入睡；尽量避免过多的性刺激，有意识地转移自己的关注目标。

（三）异性交往的困惑及应对

异性交往不适在青年学生中也是比较常见的。有的大学生怀有强烈的羞耻心和自我形象关注，这种心理往往导致对异性的交往恐惧。

异性交往恐惧的主要表现：内心渴望和异性交往，但又缺少胆量；和异性在一起总觉得不自然，手脚不知怎么放才好，内心很紧张，惴惴不安甚至脸红，常常觉得无话可说；缺少异性朋友。

异性交往恐惧的原因，主要有以下4种情况：一是性格内向，平时沉默寡言，在渴望和异性接触时怕别人取笑，从而压抑自己，久而久之就不敢去接触了；二是由于青春期的闭锁性所引起，没有及时从中走出来；三是由于家庭的过度保护，限制了孩子的独立活动，容易使孩子形成恐惧和逃避行为；四是遗传因素的影响。

对于上述几种情况的学生，可采取以下对策：

（1）多交往，多参加集体活动，多表现自己。可以先和自己最熟悉的人在一起，然后在熟人的带动下一起活动。

（2）培养兴趣，锻炼能力。学会培养自己的多种兴趣爱好，扩大自己的知识面，锻炼自己的能力。

（3）培养自信心。与班上积极活跃的男女同学多接触，发掘自我闪光点，培养自信心。

（4）多同异性交往。可先和自己熟悉的异性谈话，把谈话的时间一次次延长，直到能够自如控制为止；然后要求自己每天接触不同的异性，人数一天天增多，直到能够和异性自由交流为止。

（四）性暴力及应对

中国计生协会发布的《大学生性与生殖健康调查报告（2015）》显示，在17966名受访大学生中两成以上有过性行为，超三成表示曾遭到性骚扰或性暴力。

世界卫生组织（WHO）将性暴力定义为“无论当事人双方是何种关系，以及在何种情形下（包括但不限于在家里和工作中），任何人通过强迫手段使另一方与其发生任何形式的性行为、企图发生性行为、令人厌恶的性暗示或性骚扰、买卖行为或其他另行说明的行为”。其中“暴力”不仅包括身体暴力，还包括口头或心理暴力。社会文化加诸给受害者的标签与嫌弃，也会造成受害者的二度伤害。性暴力是一种有目的的侵略性行为，其目的是希望对受害者展示统治的权力，通过污辱受害者，削弱受害者的尊严感。性暴力包括各种形式的性侵犯和不涉及身体接触的性骚扰、威胁或窥视等。与性暴力相关的强迫行为包括施暴于肉体、心理操纵、勒索、引诱和其他威胁，例如伤害身体的威胁、解雇对方的威胁等。性暴力也可能在被害者处于酒醉、精神恍惚无法正确判断事情的情况下发生。性骚扰表现形式尚无统一界定，一般认为有口头、行动、人为设立环境3种方式。口头方式，如以下流语言挑逗他人，向其讲述个人的性经历或传播色情内容；行动方式，即故意触摸碰撞他人身体敏感部位；设置环境方式，即在工作场所周围布置淫秽图片、广告等，使对方感到难堪。

作为大学生，如何自我保护，回避性暴力呢？尽量不要单独外出，与朋友一起，多人同行；不要饮酒过度，避免因醉酒不省人事；与异性共处一室时，不要关门；当独自一人外出时，不要戴耳机行走；当对方的言行让你有任何不适的时候，不要忍耐，立刻大声地表示抗拒，坚定地反抗，比如可以言语斥责、推开对方、转身离开等，必要时可大声求助。

面对性暴力，怎么办？大学生首先要态度坚定而明确地说“不”。如可以及时躲闪、远离被侵害的环境；可以用带有威慑性的目光直视对方，大声呵斥；还可以向身边的人求助，借助公众力量对骚扰者形成威慑。除此之外，更要懂得拿起法律武器捍卫自己的权利。当遭受性骚扰时，可以拨打110，向公安机关报案；可以向人民法院起诉，要求民事赔偿；也可以向公共场所管理部门或有关机关投诉。公共场所的监控录像，手机里的图片、短信、语音都可以作为性骚扰的证据。目击者是有力的证人。保存和取得有利证据是主张权利的关键。

如果不幸遭遇了性暴力，受害者可能很难从性暴力的阴影中走出来，常表现出一系列的心理障碍或行为异常，比如自残、暴饮暴食、抑郁等。受害者应当向学校心理学健康（咨询）中心或正规三甲医院心理健康门诊寻求专业人士的帮助，而且越早越好。

问题讨论

1. 小张是一个温柔善良的姑娘，进入大学后，她几乎把所有的精力都用在了学习上。大一下半学期，随着同学间熟悉程度的加深，班里有两个男同学都喜欢上了小张。小张在内心里，一直认为学习是第一位的，但看到好多人有了男朋友，她好像感到了一些孤独。如果你是小张同学，你会做何选择？你会怎样对待那两个男同学？如果你是两个男同学之一，你会如何去做呢？

2. 对于学业和爱情的关系，大学生能认识到学业是重要的，但实践中很多人不能真正处理好二者的关系。如果你是正在热恋中的一名大学生，且正在着手准备考研，为了考研成功，你如何处理考研和感情的关系？

自我测试

一、大学生“一见钟情”心理测评量表

你容易产生“一见钟情”吗？请对以下题目做出“是”或“不确定”或“否”的选择，并在相应的选项处画“√”。

（1）我非常喜欢破解字迹。	是	不确定	否
（2）考试前，我会一心一意地复习。	是	不确定	否
（3）我觉得飞碟存在。	是	不确定	否
（4）我特别喜欢看言情小说。	是	不确定	否
（5）我做事有一些冲动。	是	不确定	否
（6）我特别欣赏我的父亲（或认识的某一个人）。	是	不确定	否
（7）每逢假日，我总是出去旅游或参加团体活动。	是	不确定	否
（8）朋友的聚会我基本上都去参加。	是	不确定	否
（9）我很喜欢写信。	是	不确定	否
（10）我对未来充满幻想。	是	不确定	否
（11）我比较安静，就算是节假日也喜欢待在家中。	是	不确定	否
（12）如果有约会，我会选择浪漫温馨的地方。	是	不确定	否
（13）我很崇拜某些偶像明星。	是	不确定	否

(14) 看书时，我喜欢从内容概要开始看。 是 不确定 否

(15) 我不太喜欢与人打交道。 是 不确定 否

(16) 我相信真正的爱情应该是平平淡淡、从从容容的。 是 不确定 否

(17) 我认为人无完人，每个人都是各有所长和各有所短的。 是 不确定 否

(18) 见到英俊的男生（或漂亮的女生），我会心跳不止，为之陶醉。 是 不确定 否

(19) 我非常渴望有一个人能来关心和体贴我。 是 不确定 否

(20) 我非常在乎别人对我的看法。 是 不确定 否

(21) 对于我喜欢的人，我会无怨无悔地奉献一切。 是 不确定 否

(22) 每次考试前，我都会猜题碰运气。 是 不确定 否

(23) 如果有约会，我喜欢去引人注目的场所。 是 不确定 否

(24) 我相信“灰姑娘”的故事。 是 不确定 否

(25) 对于现在的处境，我非常不满意。 是 不确定 否

(26) 我喜欢买奖券，万一中了大奖就太好了。 是 不确定 否

(27) 我认为人与人之间不必相处得太亲热。 是 不确定 否

(28) 我最近看了3部以上的电视连续剧。 是 不确定 否

(29) 我喜欢能拆能装的玩具。 是 不确定 否

(30) 看到悲伤的场面，我会心酸。 是 不确定 否

【评分规则】

第2、11、14、15、16、20、23、27和29题（共9题），选择“是”计0分，选“不确定”计1分，选“否”计2分；其余的21道题，选择“是”计2分，选“不确定”计1分，选“否”计“0”分。各题得分相加，统计总分。

【结果分析】

1～20分：你对他人的兴趣不大，喜欢有条理的生活，一见钟情的可能不大，即使看中了某一个人，也会由于会受到他人看法和意见的左右，几乎没有勇气去约他/她。

21～40分：一见钟情的程度一般。

41～60分：你很容易一见钟情，你的“情人眼里”总有“西施”出现，为了感情，你常会奋不顾身。

二、大学生单相思心理测验量表

你是否单相思了？请自己测试一下，对下列各题做出“是”或“不确定”或“否”的选择，并在相应的选项处画“√”。

(1) 我十分崇拜某些偶像。 是 不确定 否

（2）最近我感到十分空虚。 是 不确定 否
（3）我常心烦意乱，什么事也做不下去。 是 不确定 否
（4）我常常在梦里与某人谈情说爱。 是 不确定 否
（5）我是那么喜欢他/她，可对方却没什么反应。 是 不确定 否
（6）最近我在学习时总是不能集中注意力。 是 不确定 否
（7）平时我喜爱的活动，现在兴趣也减少了。 是 不确定 否
（8）我常看描写情感方面的小说或电视剧。 是 不确定 否
（9）我常写日记来倾诉心事。 是 不确定 否
（10）我总是期盼着他/她能出现在我的面前。 是 不确定 否
（11）我希望他/她能向我表白爱意。 是 不确定 否
（12）他/她好像总是故意躲着我。 是 不确定 否
（13）我相信“心有灵犀一点通”。 是 不确定 否
（14）我最近的饮食状况不太好。 是 不确定 否
（15）我喜欢打听有关他/她的一些信息。 是 不确定 否
（16）他/她好像挺喜欢我的。 是 不确定 否
（17）听说他/她已经有恋人了。 是 不确定 否
（18）爱一个人不需说出口。 是 不确定 否
（19）我的桌上一直放着他/她的照片。 是 不确定 否
（20）我常换新衣服和新发型，想引起他/她的注意。 是 不确定 否
（21）昨天他/她从我身边走过，态度不怎么热情。 是 不确定 否
（22）他/她只要和我说话，我就有点紧张。 是 不确定 否
（23）他/她好像只把我当作普通朋友看待。 是 不确定 否
（24）我看见他/她和别的异性一起有说有笑，心里就不是滋味。
是 不确定 否
（25）多么希望他/她能约我出去玩。 是 不确定 否

【评分规则】

选择“是”计2分，选择“不确定”计1分，选择“否”计0分。各题得分相加，统计总分。

【结果分析】

1～16分：说明你已经喜欢上对方了，找个方法试探一下对方是否也喜欢你。

17～33分：说明你已经爱上对方了，但对方好像没有给你同等的感情回报，这使得你近日比较痛苦，也影响你的生活和学习。

34～50：说明你已经深深爱上了对方，但对方好像只把你当作一般朋友。不妨鼓起勇气去问问对方，并做好准备承受被拒绝的痛苦。

第六章 情绪情感篇——我的情绪我做主

情绪是人的心理状态的晴雨表，它反映着每个人内在的心理状态。情绪情感在人们的学习、工作及生活中起着重要作用：乐观积极的情绪可使生活充满阳光，提高生活质量与工作效率；抑郁消极的情绪则降低工作、学习效率，影响身心健康。大学生正处于青年期，情绪波动较大，情感体验复杂而丰富，经常会面临着各种各样的情绪困扰。对大学生情绪心理进行正确疏导，对其学习、生活是很有必要的。

第一节 情绪与情感概述

经典案例

一个女大学生的考试焦虑

某女生，19岁，自幼学习上进，记忆力较强，深受老师的器重。上中学时，市里的一些学科竞赛，学校都推荐她参加，这对她的精神压力很大。她本人对数学兴趣不浓，但是老师仍然很看重她，让她参加一次数学竞赛。她自己认为这是学校和老师对自己的器重，也不好违抗。她在考试前一夜没睡，在考场上脑子很乱，原来复习过的内容也想不起来了，急得浑身出汗，心慌意乱，勉强交了试卷，考试失败，从此以后出现了睡眠障碍。

她大学报考了社会科学专业，没想到这个系也要学习数理统计，数学和统计学在大一、大二两个学年都要学，这给她带来了沉重的心理负担，每到期末复习考试临近期间就紧张焦虑，还伴有严重的睡眠障碍。

——笔者心理咨询案例

一、情绪概述

（一）关于情绪

情绪指高兴、快乐、痛苦、悲哀等，一般发生时间短暂、表面化，而且容易发生变化。人们通常以愤怒、悲伤、恐惧、快乐、喜爱、惊讶、厌恶、羞耻等反应来说明情绪。我国常说的喜、怒、哀、惧、爱、恶、欲七情，也可以被称作情绪（emotion）。

情绪是客观事物是否符合个体的需要所产生的态度体验，是人脑对客观事物与人的需要之间关系的反映。情绪同人的需要和动机密切相关，如人的某种需要得到满足（或目的没有达到），将会产生愉快（或者难过）的感受。

（二）情绪的表现

人的情绪表现复杂多样，心理学家通常把情绪归纳为3个方面：内省的情绪体验、外在的情绪表现和情绪的生理变化。

1. 内省的情绪体验

简单地说，就是人对情绪状态的自我感受，是在愉快度、紧张度、激动度和确信度4个维度上产生的心理感受。情绪的四维理论是由心理学家卡罗尔·伊扎德（1977）提出的，在他看来，愉快度表示主观体验的享乐色调；紧张度表示情绪的心理激活水平，包括肌肉紧张和动作抑制等成分的激活水平；激动度表示个体对情绪、情境出现的突然性——即个体缺乏预料和缺乏准备的程度；确信度表示个体胜任、承受感情的程度。内省的情绪体验是人脑对客观环境和客观现实的重要反映形式之一，这种反映形式不同于认知活动，不是对客观事物本身的反映，而是带有主观色彩。

2. 外在的情绪表现

外在的情绪表现即表情，具体指面部表情、言语表情和体态表情。表情在情绪活动中具有独特作用，是情绪本身不可分割的发生机制，也是传递情绪信息的外在表现。例如，有的人遇到伤心、悲痛的事就捶胸顿足、呼天抢地，遇到高兴的事就手舞足蹈等。

3. 情绪的生理变化

当情绪产生时，人们身体的各系统器官都会发生相应的生理变化（如心跳）和物理反应。其生理机制就是大脑皮层的不同神经元产生兴奋，皮下中枢（包括海马、丘脑和脑干网状结构）不断传递和反馈信息，协调和支持脑的激活水平和情绪状态，随着脑和神经系统的变化，机体的其他内脏器官也随之产生不同的生理变化，如呼吸急促、心跳加快等。情绪的生理变化既是主观体验的深化，又是外在情绪表现的基础，在情绪结构中起着承上启下的作用。

（三）情绪与情感

情绪和情感是人们对客观事物是否符合自身需要而产生的态度体验，是人对客观现实的一种特殊的反映形式。人们在认识和改造客观现实的过程中，对事物采取各种不同的态度，产生各种不同的心理体验：当得到别人的真诚赞美时，会有一种喜悦的感受，不由自主地露出愉快的表情；当受到伤害时，会感到愤怒；当受到委屈时，会痛苦、悲伤、哭泣；当面临重大考试或抉择时，会感到紧张、焦虑甚至失眠。

需要是情绪产生的基础，客观事物符合并满足人们的需要就会使人产生积极的体验，如满意、愉快、喜悦、振奋等，反之则产生消极的情绪体验，如悲哀、厌恶、焦虑、愤怒等。大学生的需要是多层次的，从衣、食、住、行、亲情、学业、职业到被理解、被尊重和自我实现等，这些需要的满足与否都会引起不同的情绪反应，造成了大学生情绪的复杂性和多样性。

（四）情商

情商（emotional quotient，EQ）又称为情绪智力，是近年来心理学界提出的与智力和智商相对应的概念。它主要指人在情绪、情感、意志、耐受挫折等方面的品质。以往认为，一个人能否在一生中取得成就，智力水平是最重要的，即智商越高，取得成就的可能性就越大。现在心理学普遍认为，情商水平的高低对一个人能否取得成功也有着重大的影响作用，有时其作用甚至要超过智力水平。一般来讲，情商包括以下内容：

1. 认识自身情绪的能力

认识自身情绪的能力指了解、把握和控制自己情绪的能力，是情商的核心和基础。能及时觉察自己的情绪，意识到自我对情绪的看法，不因情绪而迷失方向，也不夸大其词、反应过度，即使在强烈的情绪中也能理性思考，并客观地反省自我。

2. 妥善管理自我情绪的能力

妥善管理自我情绪的能力是建立在自我认知的基础上，面对逆境和挫折能适当表达情绪，有效摆脱焦虑、沮丧、烦恼、愤怒等消极情绪，保持情绪平稳。

3. 理解、分析情绪的能力

理解、分析情绪的能力包括给情绪贴上标签，认识情绪本身与语言表达之间关系的能力，理解情绪所表达意义的能力，认识和分析情绪产生原因的能力，理解复杂情绪的能力。

4. 自我激励的能力

自我激励的能力是一种为了某种目标自我调动、指挥个人情绪的能力。具备自我激励能力的人，无论做什么事情都会有成效。如果一个人的能力很强但缺乏自我激励，也将一事无成，要取得成功就必须学会调动内心深处的积极性。

5. 认知他人情绪的能力

认知他人情绪的能力指理解和觉察他人需求和感受，即移情的能力。这是与他人正常交往，实现顺利沟通的基础。每个人内心深处都渴望他人的理解、包容和同情，移情是一种感人之所感、知人之所知、能分享和理解他人感情的能力，表现为“将心比心”“设身处地”“己所不欲，勿施于人”，这是人际关系最基本的能力。

6. 人际关系的管理能力

人际关系的管理能力是处理人际关系的能力和技巧，人际交往能力既是情商的组成部分，也是情商影响的结果。这种能力在一定程度上影响一个人生活幸福和事业成功。美国著名社会学家卡耐基强调：“一个人事业的成功，只有15%是由于他的专业知识和智能，而85%则依靠他的人际关系和处事能力。”

情商的水平不像智力水平那样可用测验分数较准确地表示出来，它只能根据个人的综合表现进行判断。情商水平高的人具有以下特点：社交能力强，外向而愉快，不易陷入恐惧或伤感，对事业较投入，为人正直，富于同情心，情感生活较丰富但不逾矩，无论是独处还是与许多人在一起时都能怡然自得。一个人是否具有较高的情商，和童年时期的教育培养有着密切的关系，因此培养情商应从小开始。

二、情绪的功能

在我们的生活中，情绪不是一种毫无目的、没有任何意义的伴随体验，而是我们在适应外界变化的过程中产生的、具有重要作用的工具。

（一）自我防御功能

在最简单水平上，情绪能够帮助人们做出更迅速的反应。当身体或其他方面受到威胁时，人会产生恐惧；当发生利益或权利上的冲突时，人会产生愤怒；当吃到不适的食物或污物时，人会产生厌恶感。这些情绪反应表现出非常明显的自我保护性倾向。

（二）社会适应功能

情绪能够使个体针对不同的刺激事件产生灵活自如的适应性反应，并调节或保持个体与环境间的关系。情绪之所以具有灵活性的特征，是因为情绪的机能不仅可以来源于个体全部的先天机能，还来源于学习及认知活动。多种情绪都具有调控群体间互动的功能。例如，羞怯感可以加强个体与社会习俗的一致性；当个体对他人造成伤害时，其内疚感可激发社会公平重建。其他的情绪，如同情、喜欢、友爱等，也能起到构建和保持社会关系的作用。它们可以增强群体内的凝聚力，而且有提高个体的社会适应能力的作用。

（三）动力功能

达尔文认为，人类祖先在捕猎和搏斗时，产生愤怒的情绪反应，有助于增强体力，战胜猎物或敌人。现代科学更清楚地提示了人在紧张情绪发生时会表现出一系列生理变化，如血压升高、呼吸频率提高、肾上腺分泌增加等，这一切都有助于一个人充分调动体力，去应付紧急状况。适度的情绪反应能够激励人的活动，提高人的活动效率，进而推动人们有效地完成工作任务。

（四）强化功能

大量研究表明：当出现紧急情况时，消极的情绪（如愤怒和恐惧）能够唤起大脑的警觉水平；积极的情绪（如高兴），能使一个人的感觉、知觉变得敏锐，记忆获得增强，思维更加灵活，有助于一个人内在潜能的充分展示。

（五）信号功能

一个人不仅能凭借表情传递情感信息，也能凭借表情传递自己的某种思想和愿望。表情是思想的信号，如微笑表示赞赏，点头表示默认，摇头表示反对。我国有“出门看天色，进门看脸色”的俗语，意思是说通过他人的情绪反馈信息，领悟到他人对自己的态度。

第二节　大学生情绪情感偏差与调适

一、大学生情绪的特点

风华正茂的大学生，本该是最健康的一类人，但许多调查资料显示，我国大学生心理障碍和疾病的发病率高达20%，因各种疾病而休学、退学的比例也呈上升趋势。造成学生身心不健康的原因是多方面的，但身心健康与大学生的情绪关系最为密切，特别是一些强烈而持久的情绪问题对大学生的危害更大。

大学生的消极情绪，指因生活事件引起的悲伤、痛苦长时间持续不能消除的状态。消极情绪一方面导致大学生大脑神经活动功能紊乱，情绪中枢部位的控制减弱，使其认识范围缩小，自制力、学习效率降低，不能正确评价自我，甚至会产生某些失去理智的行为，严重者会造成心理障碍和心理疾病；另一方面，消极情绪又会降低大学生的免疫功能，导致其正常生理平衡失调，引起心血管、消化、泌尿、呼吸、内分泌等系统的各种疾病。

大学生情绪情感带有两极性、矛盾性的特点。这主要是因为大学生的各种需要日益增长，但对需要的合理性认识不足，产生了主观认识与社会客观现实之间的矛盾冲突，具体表现在以下3个方面：

（一）稳定性与波动性并存

大学生具有较高的文化修养，对情绪已有一定控制能力，情绪日趋稳定并出现了心境化的特点，多愁善感，触景生情。但与成人相比，大学生情绪的波动性仍然很明显，情绪容易大起大落，从一个极端走向另一个极端，可能因为一次成功而豪情万丈，也可能因一次失败而斗志全无。

（二）外显性与内隐性并存

大学生思维敏捷，反应灵活，喜怒哀乐溢于言表。高兴时眉飞色舞，悲伤时愁眉不展，愤怒时声色俱厉，这是外显性的特点。在特定场合和特定问题上，大学生又会掩饰、控制自己的真实情感，不像儿童那样天真率直，而是表现出内隐性的特点。例如有的大学生在对待异性的态度上往往遮遮掩掩，不愿意暴露自己的真实情感。

（三）冲动性与理智性并存

大学生在外界刺激下容易产生冲动的情绪和行为，表现为易感情用事。例如，有的大学生稍遇不满就怒不可遏，充当“拼命三郎”；心血来潮时狂热崇拜或迷恋自己喜欢的人，时过境迁后又烟消云散。多数情况下，大学生在感情冲动后能理性地思考问题，对自己情绪和行为能够进行自我反思和调控。

二、大学生的不良情绪与调适

（一）愤怒

经典案例

小丽的愤怒

小丽和小静是一个宿舍的舍友，也是好朋友。一次，小静偶然翻看了小丽的手机聊天记录，小丽顿时感觉心里着了火，脸色变得僵硬，对着小静大声吼道：“你这是什么意思？你怎么可以随便翻看我的手机？”

——笔者心理咨询案例

1. 愤怒的概念

愤怒是个人目的不能达到或一再受到妨碍，从而逐渐积累起来的紧张情绪。

有4种情况可以引起人们的愤怒：发生了自己很不希望发生的事，认为对方是故意的事件，与人们价值观相违背的事件，认为可以通过愤怒来避免或者控制事件。

每个人都希望获得自己预期的一切，受到他人的尊重，获得或保存有利的东西，保护自己的时间和空间。上例中，小丽认为小静不尊重自己，侵犯了自己的隐私，因此愤怒是对事物失望的表现。如果被人踩了脚，自己认为对方是故意或者是无意的会产生不同的反应，如果对方马上对自己说“对不起”，自己会觉得没关系；如果对方非但不说“对不起”，还生气地看了自己一眼，自己会感到非常气愤。

2. 平息愤怒的途径

（1）化解

化解是通过对人生和自我的反省与觉悟，使愤怒自行消失，并逐渐变得很少对那些常引起一般人愤怒的事情生气。化解并不是像一般人所理解的那样是一种消极的处世态度，而是把挫折、不如意、不开心看作生活的组成部分，因此没有必要把宝贵的时间和生命消耗在应付这类事情上。“相逢一笑泯恩仇”就是化解的一个最好注释。

愤怒往往是因为当事人存在认为事物应该向自己期望的那样发展的心理定势，当事情的发展与自己的期望背道而驰时，心中就会产生怒气。例如，在人际交往中，王某对朋友真心付出、鼎力相助，而朋友对其所作所为却无动于衷，熟视无睹，毫无表示，即所谓的“投之以桃”没有“报之以李”，这时王某的心理就会感到不平衡了。如果人们能够更深层地把握人性，更乐观地对待人生，并认识到人生不如意事十之八九，就能够平静地接纳现实，遇到事情就不会像以往那样“拍案而起”“怒发冲冠”了。

（2）学会制怒

愤怒与悲伤不同。有人就认为愤怒是健康的宣泄，根本不应控制，其实这是一种误解。有的人因愤怒将情绪进行了升华，但更多的人是在愤怒的火焰中烧伤了自己，也烧伤了别人。极度的愤怒不仅有害身心，还往往造成恶果。有很多打架斗殴事件、刑事犯罪行为等都是由不善于制怒引起的。因此，大学生要学会制怒，方法如下：

① 顿悟法

日本有一个古老的传说，一个好勇斗狠的武士向一个老禅师询问天堂与地狱的意义。老禅师轻蔑地说："你不过是个粗俗的人，我没有时间跟你这种人论道。"武士恼羞成怒，拔剑大吼："老汉无礼，看我一刀杀死你。"禅师慢慢道："这就是地狱。"武士恍然大悟，心平气和地按刀入鞘，鞠躬感谢禅师的指点。禅师道："这就是天堂。"顿悟指人在情绪即将失控时，突然觉悟，化解了愤怒。当然顿悟与个人修养往往分不开，它与中国禅宗中的棒喝法有异曲同工之妙。

② 冷却法

人在愤怒时，往往不可理喻，尤其是面对令人愤怒的情况时，怒火难以平息，此时要更加注重自己的行为。行为的失控会导致新的致怒因素，连续不断地使怒火升级，进而发展到狂怒的程度，自己的行为也就失控了。要采取一切可能的办法：比如语速降低2/3，音量降低2/3；闭上眼睛，可以快速浇灭怒火；转转脖子，缓解僵硬，尽力使自己的怒火平息。如果转移一下场景，当事人转入一个怒火不会再被激起的场景，建立起另一个"兴奋灶"，愤怒就会慢慢冷却。例如，两个愤怒争吵的人，最好先分开一下，在冷却的期间，发怒者可将注意力转移到其他方面，如散步、看电视、看小说、听音乐、运动等，不去想引发愤怒的事情。但愤怒时大吃大喝则没有什么效果，因为这时当事人可能仍在思索引发愤怒的事件，并使饮食失去节制。

③ 有分寸地表达愤怒

在有些情况下，你需要适当地表达自己的愤怒，这能使他人了解你对事情或他人言行的反应程度，从而引导他人改变其不恰当的言行，有利于问题的解决。但要注意，表达愤怒时应注意分寸及方式、方法：言论对事不对人；不翻旧账，只对眼前；不要涉及他人的家庭、种族、社会地位、外貌；不要限制别人发脾气，当你发脾气时对方有回敬的权力；敢于为自己过火的言行向对方道歉；发脾气前，要找到对方过错的确凿证据；让别人知道你为什么生气；不要把事情做绝，在冷静下来之后，可以重新考虑，做出让步；给对方留点面子和台阶，要给对方留一条退路，不要得理不饶人。

④ 谅解

谅解是平息愤怒的最佳灭火剂。谅解并不意味着宽恕。谅解意味着做一个清醒的决定，释放你的怨恨与复仇欲望，净化自己的心境。但谅解只有在对方愤怒程度减轻时，才能奏效。

（二）焦虑

经典案例

王亮的考试焦虑

王亮，大学一年级学生。他在中学时学习成绩一直名列前茅，上大学后发现强中更有强中手。当期末考试即将来临，他怎么也不能集中精力来安心学习，担心考试成绩不如他人。虽然人坐在教室里，书捧在手里，却心神不定，一个字也读不进去，回到宿舍，也是坐立不安，想睡却又睡不着……

这是一个典型的考前焦虑的案例。

——笔者心理咨询案例

1. 焦虑的概念

焦虑是人在面临可能造成心理冲突或挫折的某种事物或情况时的一种不安情绪，并往往伴有忧虑、烦恼、害怕、紧张等情绪体验。无谓或过分的担忧是焦虑的实质。

对大学生而言，适度的焦虑，如考试前适度紧张，对提高效率、发挥潜能有一定的积极作用。而过度的焦虑是有害的，严重的焦虑会导致心理疾病，发展成为焦虑症。在大学生中比较常见的是考试焦虑、对身体健康状况的焦虑、适应困难焦虑和人际交往焦虑等。

2. 摆脱焦虑的途径

焦虑情绪的产生与个人素质、身体健康状况、认知水平、经验技能和环境因素等有关。大学生摆脱焦虑的烦恼，应从以下3个方面入手：

（1）科学地认知

认知评价能力，对个体的焦虑水平影响很大。就考试焦虑来说，一个人如果对某一次考试非常重视，就会十分在意，焦虑水平就会提高。每个大学生在自己的一生中都经受过或轻或重的考试焦虑。适度的焦虑有利于考试，但若焦虑过度则适得其反。

（2）学会放松

焦虑往往伴随着紧张，紧张又增加了焦虑。因此，学会放松，对减轻焦虑很有帮助。

情绪放松有以下几个标准：心率平缓而有节奏，呼吸慢而均匀，肌肉松而不散，四肢舒软且有暖融融的感觉，心境平和而舒畅，感觉精力充沛、思维敏捷，动作灵活、自然、无拘无束，身体能从疲劳中得到恢复，工作和学习效率高。

放松的方法很多，比如转移注意力、定期进行体育锻炼、向他人倾诉、听音乐缓解等方法。

（3）增强自信心

大学生的考试焦虑、人际关系引起的焦虑等往往是自信心不足造成的。因此，要消除焦虑就必须增强自信心，相信自己的能力和水平。当然，这种自信必须建立在一定的学识、能力基础上。就考试焦虑来讲，如果大学生平时能认真掌握好所学知识，就不会害怕考试，从而消除焦虑心理。

（三）嫉妒

经典案例

落选的学生会主席

某男生在竞选学生会主席连任时落选了，心中很不是滋味，觉得新任学生会主席没有什么了不起，许多地方还不如自己，于是不仅不参加学生会组织的活动，还四处讲学生会主席的坏话，导致同学关系紧张，内心也非常痛苦，最后不得不寻求老师的帮助。

该学生的痛苦是被嫉妒情绪折磨的结果。

——笔者心理咨询案例

1. 嫉妒的概念

嫉妒是一种混杂着悲愤与恐惧的复合情绪，其表现是不能容忍别人的进步与优点，通过诋毁对方达到心理上的暂时平衡。

嫉妒的实质是自信心或能力缺乏的表现。黑格尔说："嫉妒乃平庸的情调对卓越才能的反感。"嫉妒产生的原因是：人们往往通过与他人的比较来确定自身的价值，如果别人的价值增加，便会觉得自己的价值下降，产生痛苦的体验，尤其是比较对象原来与自己不分上下甚至不如自己，更觉得难以忍受。这种情绪很容易转化成为对所比较的对象的不满和怨恨，进而产生种种不良行为，或寻找对方的不足将其贬低，或散布谣言诋毁对方荣誉，甚至采取极端手段毁物伤人。有的人即使控制自己不表现出过激行为，但出于防御心理的需要，往往在对方面前表现出一种傲慢、难以接近的面孔，用以维护"自尊"，其实自己内心非常自卑。

轻微的嫉妒会使人意识到压力的存在，促使人拼搏奋进，产生赶上被嫉妒者的动力。严重的嫉妒所导致的更多是焦虑和敌意，不是努力进取、奋起直追而是不相信自己的能力，不是反省自己而是觉得别人使自己难堪。

2. 克服嫉妒情绪的途径

在日常生活中，因嫉妒引起人际关系紧张和冲突并造成不良后果的事件不胜枚举。即使是一些卓有才能的人，也常常难以避免。例如，牛顿嫉妒晚辈，阻止斯蒂芬·格雷的电学论文发表；卓别林嫉妒有才华的导演，焚毁了唯一的一部《海的女儿》的电影拷贝；英国科学家戴维发现并培养了法拉第，但当法拉第在学术上有所建树时，戴维产生了嫉妒心理，一反常态地阻挠法拉第加入伦敦皇家自然知识促进学会。

有些大学生在某种情况下也往往会对班级、宿舍中的同学产生嫉妒之心，伤害同学之间的情谊。嫉妒心重的人，从不去赞美别人，有的只是怨恨与傲慢，很难让人接近，人际关系往往紧张，自己也非常痛苦，既不利己又伤害他人。

大学生克服嫉妒情绪要从以下两个方面入手：

（1）增强自信，提高能力

一个人如果有充足的自信就不会产生嫉妒。自信来源于自己的能力，而增强自信的关键是努力学习，不断充实自己的学识，提高各方面的能力，相信自己有能力赶超别人，这样就可以减轻或避免由于失去自信而带来的嫉妒情绪。

（2）调整自我价值的确认方式

嫉妒的产生往往是自我价值的确认与社会标准比较的结果。一个人不顾自身条件，盲目与他人相比，就容易产生嫉妒；而一个人能够倾向于内在标准，即以自己的内在准则作为参照，就能减少嫉妒。心理健康水平高的人，大都以内在标准为主，即自我定向。因为一个人不可能十全十美，每个人都有其优势和劣势，如果拿自己的劣势与别人的优势相比，只能徒增烦恼。不要总是看到别人的拥有而忘记他们曾经付出的不懈追求、百般艰辛。每个人都有自己的人生道路，要专注自己的事情，不要浪费宝贵的时间和精力在妒忌别人上。

在人际交往中，不但要减少自己的嫉妒心，还应学会理解别人的嫉妒心。在他人面前，尤其是在不如意或嫉妒心强的人面前，要采取谦逊的态度，有时也可以故意暴露一下自己的不足和苦恼，这样不仅能减少对他人的刺激，还能发展与他人的友谊。

（四）抑郁

经典案例

抑郁的小英

小英高中成绩优异，高考却失利，进入某专科学校，心情久久不能调适好，郁郁寡欢，既不喜欢自己的专业，也无法处理好与同学的人际关系，甚至出现失眠、情绪低沉，感到非常痛苦。

该学生被抑郁情绪所困扰。

——笔者心理咨询案例

1. 抑郁的概念

抑郁是一种感到无力应付外在压力而产生的消极情绪，常伴有厌恶、痛苦、羞愧、自卑等情绪体验。

人人都可能有过抑郁体验。对大多数人来说，抑郁只是偶尔出现，为时短暂，时过境迁，很快会消失。也有少数人长期处于抑郁状态，甚至导致抑郁症。一般来说，这种情绪多发生在性格内向，孤僻、敏感多疑、依赖性强、不爱交际，生活遭遇挫折，长期努力得不到收获的大学生身上。那些不喜欢所学专业，或人际关系处理不当、失恋等的大学生也会产生抑郁情绪。

抑郁症状不单指各种感觉，还指情绪、认知与行为特征。抑郁最明显的症状是压抑的心情，表现为仿佛掉入了一个无底洞或黑洞之中，正被淹没或窒息。其他感觉包括容易发火，感到愤怒或负罪。抑郁常常伴随着焦虑，对所有活动失去信心，渴望一个人独居。抑郁也伴随着个体思维方式的转变，这些认知改变可以是一般性的，如注意力不集中、记忆力衰退或者很难做出决定。在思考中可能有更多的心境转变，消极地看待世界、自我和未来，因此抑郁的人很难有美好的往事，不适当地责备自己，认为他人更消极地看待自己，对未来感到悲观。与此同时，还常常伴随身体症状，如乏力，起床变得困难，更严重时睡眠方式都将改变，睡得太多或者醒得太早。也可能出现饮食紊乱，吃得过多或过少，随之而来的体重激增或剧减。抑郁是一种持续时间较长的低落、消沉的情绪体验，它常常与苦闷、不满、烦恼、困惑等情绪交织在一起。

2. 走出抑郁阴影的途径

一个人如果长期处于抑郁状态，不仅对身体不利，还会导致学习、工作效率下降，引发抑郁症。那么，如何摆脱抑郁状态呢？

（1）参加各种活动

如果说愤怒是很难控制的，那么抑郁就是很难摆脱的。处于抑郁状态中的人一般都过分关注自己的内心体验，而缺少对外界事物和他人的关心，无所事事便会把精力专注于自己的忧思之中。摆脱抑郁的最好办法是转移注意力，让自己忙起来、运动起来，如跳舞、跑步、做操等。运动之所以能改善心情，是因为它能改善与心情息息相关的生理状态。例如，沮丧时，生理处于低活动状态，而运动可以提升身体的活动量。同理，焦虑是高活动状态，放松身体有助于摆脱紧张。

（2）改善认知。当抑郁的程度较轻时，可采用以下方法改善思考问题的方式：

第一，质疑忧虑的内容是否有根据，努力朝着有建设性的积极方向思索。

第二，可以安排较愉快的事情以转移注意力。中医理论认为，情绪是可以相生相克的，要想改变一个人的情绪，可以采取“以情胜情”法，如“喜胜悲”。一个人愉快的情绪会压倒悲伤的情绪，但一定要将注意力转移到真正乐观的事情上，避免无意间从事使情绪变得更低沉的活动，如观看悲剧等。

（3）善待自己，热爱生活。享受生活也是一种摆脱抑郁的良方，如泡热水澡、吃顿美食、听音乐、逛街、旅游等。女性通常通过大采购或吃东西来治疗悲伤。研究表明，在大学生中，女生利用吃东西排解忧郁的比例是男生的3倍，男生诉诸饮酒的比例则是女生的5倍。暴饮暴食、酗酒对人有很大的伤害，前者会令人懊恼不已，后者则有抑制中枢神经的作用，只会使人更加沮丧。

（4）学会幽默。幽默能使生活充满情趣，哪里有幽默哪里就有活跃的气氛。谁都喜欢与谈吐不俗、机智风趣的人交往，而不喜欢跟郁郁寡欢、孤僻离群的人接近。

幽默轻松，表现了人类征服忧愁的能力；布笑施欢，令人如沐春风，神清气爽，困顿全消。在人类的精神世界里，幽默的确不失为治疗忧郁的良药。

生活是美好的，大学生只要走出自我的小天地，积极投身于社会生活中，保持清醒的认识，就一定能走出忧郁的阴影，迎接光明的未来。

（五）恐惧

经典案例

害羞的小元

小元，大三女生。她性格内向，从不多与人讲话，一说话就脸红；从来不敢直视别人的眼睛，低头看脚尖，心跳加速，肌肉紧张；不愿意与同学接触，觉得别人讨厌自己，久而久之，别人也都不愿跟她交流了。

该学生的痛苦源自社交恐惧。

——笔者心理咨询案例

1. 恐惧的概念

恐惧是对某种特定的事物、情景或人产生过度害怕的一种情绪，例如害怕当众发言、害怕与人交往、害怕黑暗、害怕登高等。恐惧是由于缺乏处理或摆脱可怕的情景

（事物）的力量和能力所造成的。恐惧比其他情绪更具感染力。在大学生中常见的是丧失恐惧和社交恐惧。

2. 克服丧失恐惧心理的途径

丧失恐惧主要表现为害怕失去健康、爱情和学业等。要克服丧失恐惧，应做到以下两点：

一方面，应强化信心。人生的机遇很多，丧失了眼前的还会有将来的，只要充满信心，努力追求，一定会有收获的一天。

另一方面，应认识到许多事物是不能强求的。珍惜人间的宝贵东西，如健康、青春、友谊、爱情、荣誉等是应该的，为保留这些美好的东西付出努力也是应该的，但有时失去也是不可避免的，应认识到得失的辩证关系。

3. 克服社交恐惧心理的方法

社交恐惧的主要表现是害怕见人，尤其是在人多的场合和有异性在场的情况下，往往显得紧张、焦虑，并伴有出汗、脸红、心跳，说不出话或说话僵硬、断断续续，形成令人尴尬的场面。社交恐惧对人的正常生活有很大影响，对大学生的身心伤害较大。

对于严重的社交恐怖症，应采用心理咨询和心理治疗相结合的方法。下面是两种心理治疗的方法：

（1）满灌疗法：顾名思义，就是把患者害怕的刺激突然而又强烈地暴露在患者的面前，使之无法躲避，将刺激“灌满”。采取这种治疗方法，一是要患者勇敢接受，二是要有一名患者信任的人在场做支持者。治疗时，患者在开始时必然极端恐惧，但在支持者的安慰、劝说和鼓励下，惧怕情绪会渐渐减弱，直到平静下来不再害怕。患社交恐惧的人多害怕熟悉的人，尤其害怕对自己有看法的人。如果能做好安排，邀请患者怕见面的一些人突然闯进患者屋中，与患者主动交谈，并和患者欢乐地玩一段时间，患者的社交恐怖症就会慢慢好转。

（2）系统脱敏疗法：就是通过两种条件反射相互抑制，逐步解除病人的某种恐怖反应。

第一步，请患者列出引起社交恐惧反应的具体刺激情景，如害怕见家人、害怕与陌生人相见、害怕与异性相见等。

第二步，将刺激情景按照从弱到强的顺序，排成恐惧等级清单。

第三步，通过放松训练让患者形成松弛反应。让患者坐在一个舒服的座位上，全身肌肉放松，闭上眼睛，慢慢而有规律地做深呼吸。进入松弛状态后，让患者想恐惧等级清单，若有不安和紧张就停止，再放松。如此反复，直到他从心理上不再紧张、害怕为止。

第四步，让患者从恐惧等级清单最弱的那一项开始，从行动上适应这种刺激，次序如下：

① 先走出房门，与家人正常交往。开始时患者可能还会感到紧张不安，治疗者要鼓励患者并帮助患者做放松练习，方法同上。直到患者不再恐惧、紧张。

② 走出家门，和熟悉的邻居交往。

③ 走到公众场合与陌生人交往。如参加一次宴会或舞会，主动和陌生人认识，向陌生人做自我介绍。如果害怕失败，可以事先打好腹稿，背下来。患者成功地把自己介绍给别人，别人也会友好地把自己介绍给患者，患者的恐惧不安就会得到释放，接下来的交往就会很顺利。

④ 再与最害怕的人打交道。当完成上述步骤后，说明系统脱敏疗法对患者已经生效。为巩固疗效，可以让患者对自己每天的进步进行评分，并用升降线在图表上显示出自己的成绩，这样效果更好。

用系统脱敏疗法要循序渐进，一开始患者可以由客人或心理医生陪着与人交往，等病情基本缓解后，可以让患者单独与人交往。治疗过程中，要多用激励的方法，只要患者有进步就要给予鼓励和奖励。

（六）悲伤

经典案例

悲伤的小倩

小倩，大二女生。其父亲因病去世，小倩十分痛苦，郁郁寡欢，不愿与人交往，似乎对什么也提不起兴趣，同时悔恨自己没有好好照顾父亲，经常想起父亲在世时的情景，想哭，没有食欲，失眠，整天无精打采，学习不能集中注意力。

小倩正经历着丧父悲伤情绪的折磨。

——笔者心理咨询案例

1. 悲伤的概念

悲伤是在失去了某些东西后产生的消极情绪，常伴有痛苦、难过、悔恨、惭愧、失望、消极等情绪体验。悲伤使人丧失活动的愿望，因此无法面对生活。人生不如意者十之八九，拥有的东西可能会失去，如亲爱的人、有价值的物品、社会地位甚至人生的价值和目标。每个人都有过悲伤的体验，根据对失去东西的喜爱程度，悲伤的程度和持续时间也可能有不同，如失去心爱的手机可能悲伤几天，而失去最亲爱的人可能悲伤一生。

2. 悲伤的影响

悲伤具有以下3个方面的影响：

（1）悲伤本身教会我们避免悲伤。就像疼痛一样，人们只有尽力避免才能保护自己。如注意尊重好朋友，维护友情，才能避免失去好朋友感到的悲伤。人们感到不舒服时，就会尽力避免能构成不愉快的一举一动。

（2）悲伤能使人们从错误中觉醒并反思。悲伤使人变得理智，了解自己为什么失败。如研究生考试落榜后的悲伤，可促使其对自我进行深思，再做出明确的决定。

（3）悲伤能引来注意和善意。悲伤很容易被他人觉察，使他人产生同情和善意，悲伤者可得到别人情感或物质上的支持。

第三节　大学生情绪与情感的培养

经典案例

霍金：让思想在宇宙的最深处飞扬

一个瘦得出奇、全身瘫痪的天才，他的身体无力地蜷缩在轮椅里，思想却在宇宙的最深处飞扬，穿越时间与空间，追寻宇宙的尽头，探索黑洞的隐秘——这就是霍金，被称为“当今爱因斯坦”的思想家、物理学家。

没有哪一位科学家的著作能像《时间简史》那样成为发行量上千万、全世界平均每500个人就拥有一册的畅销书。在西方，没有读过《时间简史》的甚至会被认为是没有受过教育的。它的作者，就是这位从21岁起身患卢伽雷氏症，除了思想，只能支配3根手指、必须依靠机器才能与人交流的科学巨人。

霍金具有钢一般的意志、超凡的智慧、卓越的学识、多蹇的命运、高尚的情趣，以病残之躯激扬文字，具有指点宇宙的非凡经历。他于1985年、2002年两次访华，先后在中国科技大学、北京师范大学、浙江大学发表演讲。他酷爱生活，喜欢音乐，摇着轮椅跳舞，熟悉帕伦克的《格罗里亚》、布拉姆斯的小提琴协奏曲、贝多芬的弦乐四重奏、披头士的《请你让我快乐》、中国的《图兰朵》等。他说：“我宁愿死在长城，而不愿死在剑桥！”

斯蒂芬·霍金是当代青年学习的楷模。

（资料来源：http://www.people.com.cn/GB/keji/1058/2685624.html）

一、大学生情绪健康的标准

情绪是观察一个人内心世界的窗口，健康的情绪是心理健康的必备素质，成熟的情绪是成熟人格的必要条件之一。情绪在人们生活中起着重要的作用，健康的情绪有利于人际关系和个人发展，有利于身心健康。一般认为健康的情绪表现为4个方面：

（一）积极情绪多于消极情绪

人生难免有不如意的事，遇到不如意的事会出现不高兴、难过等情绪，失去生活中某些重要的东西会出现悲伤、痛苦等，做错了事会出现后悔、自责等，受到伤害会出现愤怒、发怒等，见到别人比自己幸运、比自己优秀，除羡慕外会嫉妒。这些都是消极情绪。永远的快乐、乐观、积极的情绪状态是不存在的，痛苦也是生命的一部分，这也正是生命五彩缤纷所在。情绪健康并不是没有不愉快、痛苦、害怕、悲伤、愤怒等消极情绪，而是指一个人能经常保持心情愉快和快乐的情绪。积极情绪多于不愉快的消极情绪，表示人的身心活动处于和谐状态。

（二）情绪反应协调

情绪是对客观事物或现实态度的体验，是需要能否得到满足的反映，任何情绪的产生和发展都有明确的原因，情绪反应的性质与客观事物相协调。例如，获得奖学金会引起愉快的情绪，竞选学生会干部失利会引起不愉快的情绪，失去亲人会引起痛苦的情绪等。学习生活中遇到挫折，会引起沮丧、自卑等情绪体验。如果一个人面对挫折、不幸反而高兴，受到尊重反而愤怒，遇到喜事反而伤心，或者无缘无故地喜怒哀乐、莫名其妙地悲伤恐惧等，都是情绪反应不协调和失常、存在精神障碍的表现。

（三）情绪反应适度

一般来说，情绪反应的强弱与引起情绪反应的刺激强度呈正相关，刺激强度大则情绪反应强烈，刺激强度小则情绪反应弱。健康的情绪是适度的，而且情绪表达应注意场合。如果一个人因为一件微不足道的小事而暴跳如雷，或欣喜若狂，或反过来对重大事件却无动于衷，或不顾场合乱发脾气等，都是情绪反应不适度的表现，不是健康的情绪。

（四）情绪稳定

情绪是受中枢神经系统控制的，情绪活动是可以自我调节的，根据外在客观环境的变化适时适度地调节自己的情绪反应，并善于将消极情绪转化为积极情绪，使情绪经常处于稳定状态，这是情绪健康的表现。情绪稳定反映了中枢神经系统活动的协调和平衡，如果情绪反应大起大落，波动大，变幻莫测，或消极情绪长期存在并左右自己的行为，说明个体情绪成熟度较差。

二、大学生积极情绪情感的培养

（一）保持乐观积极的心态

1. 树立科学进步的人生观、价值观、道德观

科学进步的人生观、价值观、道德观是良好情绪和情感的基础，在人的一生中处于核心地位，对人的发展起着定向作用。凡是具有科学进步的人生观、价值观和道德观的人，必然胸怀宽广、目标远大、不计较个人得失，在任何艰难困苦的条件下都有极大的热情和忘我的献身精神，一时受阻也会迂回超越；反之，必然会谋求私利，目光短浅，一旦遭受挫折就会牢骚满腹，心情沉闷，一蹶不振。

2. 正确对待不幸和挫折

人生不如意者十之八九。巴尔扎克说过："世上的事永远不是绝对的，结果会因人而异。苦难对于天才是一块垫脚石，对于能干的人是一笔财富，对于弱者是一个万丈深渊。"大学生在受挫或处境尴尬时可以用幽默的方式化解困境，在失败时把英雄、楷模作为榜样去激励自己。

3. 充分投入生活

生活是丰富多彩的，宇宙间有各种美好的事物，例如山光水影、鸟语花香、优秀图书、尖端科技、艺术作品、同学互助、亲人关怀、健康身体、孩子那明亮的眼睛……热

爱生活的人，都能感受到这一切的美好。

（二）走出观念的误区

我们被负面情绪困扰时，不妨试试情绪ABC理论。ABC理论是由美国心理学家埃利斯创建的。该理论认为激发事件A（activating event）只是引发情绪和行为后果C（consequence）的间接原因，而引起C的直接原因则是个体对激发事件A的认知和评价而产生的信念B（belief），即人的消极情绪和行为障碍结果C不是由某一激发事件A直接引发的，而是由于经受这一事件的个体对它不正确的认知和评价所产生的错误信念B所直接引起的。错误信念也称为非理性信念。

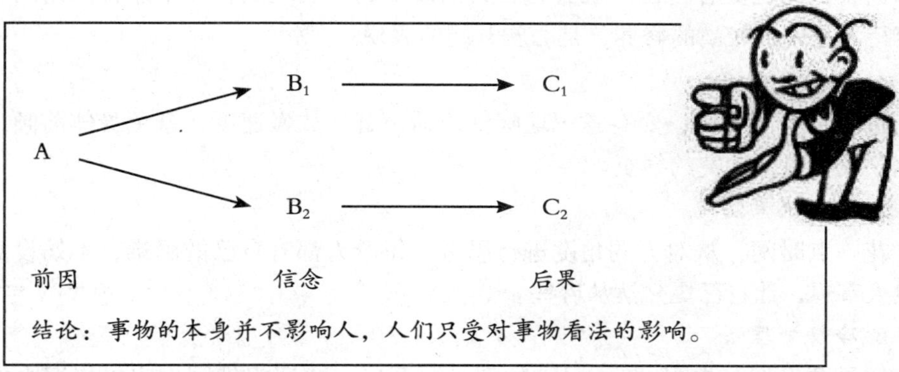

图中，A指事情的前因，C指事情的后果，有前因必有后果，但是同样的前因A产生了不一样的后果C_1和C_2，这是因为从前因到结果之间一定会透过一座桥梁B，这座桥梁就是信念和我们对情境的评价与解释。同一情境之下（A），不同的人的理念以及评价与解释不同（B_1和B_2），所以会得到不同结果（C_1和C_2）。因此，事情发生的一切根源缘于我们的信念、评价与解释。

情绪ABC理论的创始者埃利斯认为：正是人们常有的一些不合理的信念才使人们产生情绪困扰。如果这些不合理的信念持续时间过长，还会引起情绪障碍。通常人们会认为诱发事件A直接导致了人的情绪和行为结果C，发生了什么事就引起什么情绪体验。然而，你有没有发现，同样一件事，对不同的人会引起不同的情绪体验。于是不同的B带来的C大相径庭。例如，同样是竞选班干部落选，有的人痛苦、失望、烦躁易怒，有的人心态平静；同样是考试得了60分，有的学生十分满意、高兴，有的则伤心不已。片面的认知方式和错误的观念，是大学生产生焦虑、抑郁、自卑、恐惧、痛苦等不良情绪的根本原因。例如，有的大学生绝对化，凡事以自己的意愿为出发点，认为“一定会……”“一定不会……”，所以有时会听到“我必须……”“他应该……”的观点；还有概括化，这是以偏概全的片面认知方式；再有夸大化，认为某事一旦发生，就“全完了”“糟糕极了”等。

因此，在日常生活和工作中，若遭遇各种失败和挫折，要想避免情绪失调，就应多反思一下自己的思路，看是否存在一些不合理的想法，如有就要有意识地用合理观念取而代之，用积极阳光的理念B带来积极的结果C。

（三）在实践中培养良好情绪和情感

多参加社会实践，如参观、调查、游览等；多参加学习和科技活动，这些活动能够令人产生学习兴趣和求知欲；多参加审美活动，这是发现美、欣赏美和创造美的活动，如书法、摄影、绘画，参加学生社团，开展书评、影评、书画展、文艺表演等活动；还有其他实践，如在体育比赛中可以培养大学生团结、协作、奋进、拼搏的集体荣誉感，在帮困活动中可以培养助人为乐的情感和集体友谊感等。

（四）懂得宽容待人、忍让克制

这包括两个方面：一是宽容自己，二是宽容别人。宽容自己，不是宽容自己的缺点和错误，而是宽容自己主观努力也无法改变的客观现实；在不违背原则的基础上，宽容待人是一种较高的修养，是心胸开阔的表现。

1. 平心静气法

将要发生冲突时，要有意识地降低说话声音、放慢速度，避免身体前倾，就可以淡化、缓和紧张冲突的气氛。

2. 换位思考法

花一点时间，从对方的角度进行思考。每个人都有自己的困难，不妨设身处地，为他人着想，让自己更豁达从容些。

3. 冷静处理法

如果要发怒，先深呼吸，从1数到10再开口，或回想俄国作家屠格涅夫的忠告，将舌头在口腔内转上10圈，加强自我克制。

4. 移情换境法

当感到控制不住愤怒时，可以迅速离开现场，避开双方的“气头”，待回来以后往往就风平浪静了；当烦恼、忧愁时，可以做些自己喜欢做的事，如读书、练字、看电视、打球、散步、跳舞、唱歌等。

（五）合理疏泄，消除压抑

1. 倾诉

在内心充满烦恼和忧虑时，可以向知心朋友倾诉心声，或写信倾诉不快（不一定寄出，把它撕毁或付之一炬都可以），或写日记。培根曾说：“如果你把快乐告诉一个朋友，你将得到两个快乐，而你把忧愁向另一个朋友倾诉，将分掉一半忧愁。”

2. 哭泣

悲伤的时候，无论男女都不必强忍眼泪，尽情地痛哭一场，会感到轻松和平静。众所周知，世界上各国女性的平均寿命均高于男性。究其原因：有来自生理上的，如女子的染色体比男子多一对；有来自习惯的，如男子的不良嗜好较多，有抽烟、喝酒等；还有来自生理上的压力，如男子的生活负担较重，事业上的压力较大。但更多的人认为女性长寿的主要原因，在于她们更善于调节和宣泄不良情绪。例如，女子在不满、受挫折时，爱唠叨、爱找别人倾诉、爱哭泣，眼泪冲刷了心中的不快和怒气，宣泄了心中的郁闷。而男子在遇到挫折时，为了维护男子汉的尊严，或缄默不语，或借酒消愁，或吸烟解闷，其结果是“借酒消愁愁更愁”，非但不能减轻压力，反而有害于身体健康。因此，男子遇到挫折时，不妨也采用哭泣的方法宣泄一下自己的情绪。

3. 运动

一方面，较大运动量的体育活动、激烈的快节奏喊叫等，有助于释放紧张的情绪，消除烦闷和抑郁。另一方面，好的身体素质，又有助于增强自信，改善精神状态。

4. 音乐调节

优美的乐曲可以使人血压正常、肌肉松弛、脉搏放慢，使人感到心情宁静、轻松愉快。在国外，音乐治疗法已经广泛应用到外科手术及精神病、抑郁症、焦虑症等病症的治疗上。音乐可以抚慰心灵的创伤，改变人的心境。例如，忧郁烦恼时，可以听《蓝色多瑙河》《卡门》《渔舟唱晚》《步步高》等意境开阔、充满活力、轻松愉快的音乐，失眠时可以听优雅宁静的《摇篮曲》《仲夏夜之梦》等轻乐曲，情绪低落时可以听贝多芬高亢激昂的《命运交响曲》，通过不同的音乐来调节不同的心境。

（六）学会自我放松

在充满压力和挑战的现代生活中，人们的生活像闹钟上紧发条，头脑从未平静过。每个人都会有紧张、焦虑、害怕、愤怒等情绪，这些情绪扰乱正常的理性思维，做出不适当的反应。自我放松技术可帮助人们的精神和躯体都从意识要求中解脱出来，变得不再紧张、焦虑，恢复理性思维，建立美好人生。

1. 放松程序之躯体放松

选择一间安静的屋子和一段不受人打扰的时间，宽衣解带。先使你的右脚和右踝的肌肉紧张，扭动脚趾，感觉一下。收紧肌肉，再放松，反复做几次，注意收紧和放松时感觉的不同，记住它们。左脚和左踝重复同样的动作。收紧小腿肌肉，先右后左，重复几遍收紧和放松，注意两种状态的不同感觉，记住它。接下来是大腿肌肉，也进行同样的练习，注意大腿的紧张是如何影响膝盖和膝关节的。再移到臀部和肛门，再一次注意紧张和放松状态的不同感觉。向上轮流练习腹部、胸部、背部和肩膀的肌肉，练习二头肌、前臂和手，最后移到脖颈、下颌、脸部、前额和头皮。

2. 放松程序之头脑平静

选一个安静的地方和时间，平躺下来，闭上双眼，用意识掠过全身，放松每一块紧张的肌肉。想象一个你非常熟悉的景致，一个令人高兴并且具有快乐联想的地方，确定想象之后，仔细看着它，寻找它的细微之处，如想象花园，找出花丛、玫瑰、夜来香的确切位置，看着它们的颜色和形状，尽量准确地获取它们的一切。现在，放开想象，代之以一个幻想中的景象，选一个海滩，风平浪静，海水在阳光照耀下波光熠熠，沙滩平滑如镜；或选一个不同的但充满宁静、祥和、让你心旷神怡的景象。随着想象越来越清晰，幻想自己越来越年轻……直到飘飘悠悠离开躺着的地方，飘进了想象中的宁静景观，让它环抱着你，你置身其中，与它融为一体，再感觉你与它的联系，阳光暖洋洋地抚摸你的脸，清凉的水、温柔的风、软软的沙、绿绿的树叶拂着你的手，你已化作景象的一部分、宁静的一部分，没有地方要去、没有事要做、没有要求、没有压力、没有最后期限，只有周围的宁静、内心的祥和。任意选择在这种状态下停留的时间，然后慢慢回到现实中来。

培养一个新的习惯需要较长的时间，放松程序的训练贵在坚持，开始时可能达不到完全放松你的身体和思维的效果，但不要气馁，随着你坚持天天练习，就会感受到它的魔力。

（七）冥想训练

冥想是缓解压力的一种有效方法，冥想具有训练注意力、控制思维过程、提高处理情绪的能力和放松身体的作用。只要坚持练习、运用得当，冥想是应对压力、忧郁、烦恼及其他不良心理和情绪问题的最有效方法之一。

1. 冥想训练之一

首先，使大脑思维缓慢下来。想象自己的大脑是一个透明的大玻璃罐，你可以看到头脑中发生的任何事情。现在想象你的每一思想都是一个彩色的大理石，它们在玻璃罐子里滚动，里面有许多颜色，令你眼花缭乱。

慢慢地使这些大理石完全停止下来，它们一个个缓慢停下来，最后全部在罐子的底部，红的、橙色的、黄的、绿的、蓝的、紫的、白的、黑的，还有其他颜色。然后从罐子最上面开始，拿出来一个，又拿出来一个，罐子里的石头越来越少，最后一个也被拿出来了，罐子空了，看看旁边的篮子。

篮子里的大理石慢慢开始融合在一起。它们形成一弯非常美丽的彩虹，上面有各种各样的彩条，你把这些颜色混在一起。然后想象罐子旁边有一条小溪，你把这些颜料倒在这条小溪里，包围着彩虹的颜料消失了。

再看看这个罐子，罐子是空的，非常安宁，非常干净。

2. 冥想训练之二

首先，保证一个良好的姿势，可以用一个垫子坐在地上，也可以坐在椅子中，脚放在地上，背伸直、肩放松，头抬直、下颌向下倾，眼睛半闭轻轻看前方，双手轻轻放在大腿上。

开始深深地做腹式呼吸，注意腹部肌肉的起伏，安静地坐着，注意力集中在你的呼吸，吸气、呼气、吸气、呼气。当出现杂念时，慢慢把注意力转移到你的呼吸上，不要懊恼，也不要有意追求杂念。

有时数数可以帮助你集中注意力。吸第一口气时，数“1”，然后呼气时数“2”，吸气“3”，呼气“4”，依次下去，一直数到“10”。如果你漏数了或者出现了杂念，就从“1”重新数，让你的思想来去自由，就像白云不停改变形状在天空中移动，不要停留在你的思想上，让思想离去。然后回到你目前的状态，把注意力集中在呼吸上。

当你使大脑平静时，你的躯体也平静下来。冥想时尽量坐直，你可能感到因为坐直你躯体的肌肉开始疼痛。有两种办法可以应对这些不适：第一，仅仅注意这些疼痛，把注意力集中在你的呼吸上（疼痛可能消失）；第二，观察疼痛，把它呼吸进去，探究它。如果痛得难以忍受就慢慢改变一个较舒服的姿势。

一般开始时冥想一次20分钟，每天一次，如有可能可以每天两次。一般需要15～20分钟来控制大脑，所以最好每一次持续20～35分钟。尽量不要选择在劳累时进行冥想训练。

情绪调节的方法很多，可根据自己的实际情况选择。若情绪困扰严重影响了学习和生活，自己调节难以起效，出现严重的躯体症状如失眠、食欲减退、体重下降等，应到专业的心理咨询机构寻求帮助。

问题讨论

1. 情绪的概念是什么？其种类有哪些？
2. 情绪与心理健康的关系是什么？
3. 大学生情绪情感的特点有哪些？
4. 大学生应如何调适不良情绪？
5. 大学生情绪健康的标准有哪些？
6. 大学生如何培养积极的情绪情感？

自我测试

一、焦虑自评量表

下表有20种表现，请仔细阅读，把意思想明白。每种表现后有4个选项，根据你最近一个星期的实际感受，在适当的选项框画“√”。

焦虑自评量表

序号	题目	没有或很少有时间	小部分时间	相当多时间	绝大部分或全部时间
1	觉得比平常容易紧张和着急	1	2	3	4
2	无缘无故地感到害怕	1	2	3	4
3	容易心烦意乱	1	2	3	4
4	觉得可能将要发疯	1	2	3	4
5	觉得一切都很好，也不会发生什么不幸	4	3	2	1
6	手脚发抖打战	1	2	3	4
7	为头痛、颈痛和背痛而苦恼	1	2	3	4
8	感觉容易乏力和疲惫	1	2	3	4
9	觉得心平气和，并且容易安静地坐着	4	3	2	1
10	觉得心跳很快	1	2	3	4
11	为一阵阵头晕而苦恼	1	2	3	4

序号	题目	没有或很少有时间	小部分时间	相当多时间	绝大部分或全部时间
12	有晕倒发作，或觉得要晕倒	1	2	3	4
13	吸气、呼气都感到很轻松	4	3	2	1
14	手脚麻木和刺痛	1	2	3	4
15	为胃痛和消化不良而苦恼	1	2	3	4
16	尿频	1	2	3	4
17	手常常是干燥温暖的	4	3	2	1
18	脸红发热	1	2	3	4
19	容易入睡并且整夜睡得好	4	3	2	1
20	做噩梦	1	2	3	4

解析：

评定采用1～4分制记分，评定时限为过去一周内，主要统计指标为总分。把20道题的得分相加为初步得分，把初步得分乘以1.25，四舍五入取整数，即得到标准分。焦虑评定的分界值是50分，分值越高，焦虑倾向越明显。

二、抑郁自评量表

阅读表中每一道题，把意思想明白。每一道题后有4个选项，根据你最近一个星期内的实际情况，在适当的选项框里画“√”。

抑郁自评量表

序号	题目	没有或很少有时间	小部分时间	相当多时间	绝大部分或全部时间
1	觉得闷闷不乐，情绪低沉	1	2	3	4
2	觉得一天之中早晨最好	4	3	2	1
3	一阵阵地哭出来或觉得想哭	4	3	2	1
4	晚上睡眠不好	1	2	3	4
5	吃得跟平常一样多	1	2	3	4
6	与异性密切接触时和以往一样感到愉快	1	2	3	4
7	发觉体重在下降	1	2	3	4
8	有便秘的苦恼	1	2	3	4

续表

序号	题目	没有或很少有时间	小部分时间	相当多时间	绝大部分或全部时间
9	心跳比平时快	1	2	3	4
10	无缘无故地感到疲乏	1	2	3	4
11	头脑跟平常一样清醒	4	3	2	1
12	觉得经常做的事情并没有困难	4	3	2	1
13	觉得不安而平静不下来	1	2	3	4
14	对未来抱有希望	4	3	2	1
15	比平常容易生气激动	1	2	3	4
16	觉得做出决定是容易的	4	3	2	1
17	觉得自己是有用的人，有人需要自己	4	3	2	1
18	觉得生活过得很有意思	4	3	2	1
19	认为如果自己死了别人会生活得好一些	1	2	3	4
20	平常感兴趣的事依然感兴趣	4	3	2	1

解析：

把20道题的得分相加为总分，把总分乘以1.25，四舍五入取整数，即得到标准分。以55分为界，超过55分为异常，说明情绪处于抑郁状态。

一个人要潇洒地度过自己的人生，就必须拥有健全的人格。人格伴随着人的一生不断地成长着，人格的发展受到个体的遗传素质、家庭教养、学校教育、社会文化、自我意识等因素的影响，所以不同的人拥有不同的人格特征，即所谓“人有千面，各有不同”。虽然人格千姿百态，但是理想人格一定是以心灵和谐为标志的。

第七章 健全人格篇——心灵和谐，潇洒人生

第一节 人格概述

经典案例

人格的较量

一名老教授昔日培养的三个得意门生事业有成：一个在官场上春风得意；一个在商场上捷报频传；一个埋头做学问，如今也苦尽甘来，成了学术专家。于是有人问老教授："你认为三人中哪个会更有出息？"老教授说："现在还看不出来。人生的较量有三个层次，最低层次是技巧的较量，其次是智慧的较量，他们现在正处于这一层次，而最高层次的较量则是人格的较量。"

这个故事生动地说明，在人的素质结构中，人格起着近乎决定性作用。人格素质是大学生综合素质的重要组成部分，综合素质的发展和提高包含着人格素质的发展和提高，而人格素质的发展和提高对综合素质的发展和提高有着重要的促进作用。因此，寻找通向健全人格之路、塑造健全的人格是大学生心理健康教育的重要目标之一。

（资料来源：http：//www.docin.com/p-436341129.html）

一、人格的概念

（一）人格的来源

要解释人格的概念，需从人格一词的来源说起。人格即personality一词，最初源于古希腊词语persona，原意是希腊戏剧中演员所带的各种面具。面具随角色的不同而变换，使观众更准确地了解戏剧中人物的特点和身份。例如，我国京剧中有花脸等各种脸谱，生动地表现了不同人物的性格。心理学沿用面具的含义，转义为人格，其包括了两层意思：一是个人在生活中所表现出的种种言行，这是外在的特点或公开的自我；二是一个人由于各种原因不愿展现而藏在面具后的真实的自我。

（二）人格的含义

人格是我们日常生活中经常使用的词汇，包含了多重含义。例如，说某人人格高

尚、某人人格卑劣、某人缺少人格等，突出的是其伦理道德的含义。在某种情境下有人气愤地说“这是对我人格的污辱”，在这里的人格又属于法律范畴，说明有人侵犯了他的尊严和人权。国外有的广告会说这种产品能增进你的人格，其意是对人的衣着、发型、装饰等有所改进，令你的外表更加美观，即容貌、仪表给人的印象。

在心理学概念中，人格是一个有着颇多歧义、颇多解说的概念。由于心理学家各自的研究领域取向不同，对人格的理解有很大差异，因而所下的定义也各不相同。

美国心理学家奥尔波特是人格特质理论的创始人，最早对人格的含义做了综述，在考察了50个定义后，做了以下分类：

（1）罗列式的：“人格是一切生物的先天倾向、冲动、趋向、欲求和本能，以及由经验获得的倾向和趋势的总和。”（莫顿·普林斯）

（2）整合式的：“人格是多种模式（兴趣）的整合，这种整合使有机体的行为具有一种特殊的个人倾向。”（J. T. 麦考迪）

（3）层次化的：“人格是：① 物质的自我，包括身体、财富、家庭和朋友；② 社会的自我，即在交往中人们对于他的承认；③ 精神的自我，将不协调趋向统一；④ 纯粹的自我，哲学。”（威廉·詹姆斯）

（4）适应性的：“人格是人对环境进行独特适应中所具有的习惯系统的总和。”（肯普夫）

（5）区别性的：“在说话、记忆、思考或喜爱中所表现出的不同方式。”（吴伟士）

奥尔波特认为，人格是个人身上的心理物理系统的动态结构，是一个人内部决定对环境顺应独特性的身心系统的动力组织。

奥尔波特之后，又有许多心理学家综述或分析过人格的定义。美国心理学家赫根汉曾经在其《人格心理学》一书中这样论述：“几乎所有的人格理论家都赞同这个观点，即人格可以根据一个人的惯常行为模式加以描述。在种种不同的情况下，人们反应定势的差异形成了每个人不同的个性特征。正是这些惯常行为模式才有可能使我们对人们的未来行为作出具有一定准确性的预测。我们看到自以为熟悉的某某人做出一些反常行为，就会无比惊讶地说：‘这不像是他干的。’若人们不再以过去的方式对某种情景作出反应，那么，我们说他们的人格已经发生了变化。”

我国心理学界对人格的解释有“人格是构成一个人思想、情感及行为的特有模式，这个独特模式包含了一个人区别于其他人的稳定而统一的心理品质”（彭聃龄），“人格是个体在行为上的内部倾向，表现为个体在适应环境时在能力、情绪、需要、动机、兴趣、态度、价值观、气质、性格、体质等方面的整合，是具有动力一致性和连续性的自我，是个体在社会化过程中形成的给人以特色的身心组织”（黄希庭）等。

可见，人格是复杂的，是一个具有丰富内涵的概念，反映了人的多种本质特征。如果把人格心理学家对人格概念的界定综合起来考察，其中也有不少的共识。把这些共同的认识概括起来，可以对人格的概念大致定义如下：人格是具有一定倾向性的各种心理特性的总和，也是各种心理特性的一个相对稳定的组织结构。它反映一个人区别于他人的整体精神面貌。这里所说的人格，是相对于认知、情绪、意志等而言的一种心理现象，亦称个性，它是在长期的社会生活实践中形成、发展起来的。

二、人格的基本特点

从人格的定义中可以看出，人格有如下特性：

（一）人格的稳定性

人格的稳定性是指人格特征的表现具有跨时间的一贯性和跨情境的一致性，即在不同的时期和不同的场合，一个人总是表现出相同的人格特点，那些偶然的、一时的特征表现不能被称为人格。例如，一个人处事总是很谨慎稳重、循规蹈矩，但偶尔也会表现出轻率马虎，这里的谨慎稳重是其人格特征，而不能说轻率马虎是其人格特征。当然，人格的稳定性是相对的，无论是怎样稳定的人格，在一定的社会影响下都会发生变化，都具有不同程度的可塑性，只是青少年时期表现得比较明显。

（二）人格的独特性

人格是极端个别化的，每个人的人格从结构和内容看都具有独特性。这是因为一个人人格的形成，不仅受到社会环境和教育的影响，同时每个人的自身素质又有所不同，自然会形成不同的人格。更重要的是，人格并不是环境消极的产物，而是个人与环境相互作用的结果。人在适应环境和接受环境影响的过程中，个体就在这种积极活动中形成了自己的人格特征。例如，“固执性”这一人格特征，不同人赋予了它不同的含义。作为娇生惯养、过度溺爱的结果，这种固执性带有“撒娇”的含义；而在冷淡疏离、艰难困苦的环境下形成的固执性，则带有“反抗”的含义。这种独特性说明了人格的千差万别。

当然，每个人在具有独特人格的同时，又具有一定的共性，即具有与他人相同的、一致的心理因素。同一民族或地域的人群，共同的地理条件、文化传统以及风俗习惯决定了其人格包含了民族特征和地域特征；同一年龄阶段的群体，由于共同的生理变化和环境影响，其人格具有一定的年龄特征。

（三）人格的整体性

人格的各个成分或特征，如能力、气质、性格、价值观、需要等，不是孤立存在的，而是一个有机的整体，具有内在的一致性，受自我意识的调控，协调一致地朝着一定的目标，以一个整体而运作。它虽然不能直接观察到，但表现在行为中。

（四）人格的社会制约性

马克思认为：“人的本质并不是单个人所固有的抽象物，实际上，它是一切社会关系的总和。”从这种意义上说，人格的本质就是人的社会性。人若脱离了社会，不与他人交往，也就谈不上人格。人格乃是个体社会化的结果，是人际关系的结晶。因此，人格乃是具有不同素质基础的人，在不尽相同的社会环境中所形成的意识倾向性和比较稳定的心理特征的总和。当然，人格除了受制于社会历史条件，同样也要受到自然环境和自身因素的影响，但起决定作用的是社会环境。由此可见，人格是社会化的产物，从本质上说，人格是社会的，不是自然的。

（五）人格的功能性

不同的人有不同的活法，不仅因为个人现在的处境不同，还在于个人有不同的人格；不同人格的人在相同的环境中，会对生活做出完全不同的反应。人格在一定程度上会影响一个人的生活方式，甚至会决定某些人的命运，因而是人生成败的根源之一。例如，当面对挫折和失败时，坚强者能拼搏发奋，懦弱者会一蹶不振，这就是人格功能的表现。

三、人格的结构

人格是由不同成分构成的一个结构系统，不同成分从不同侧面反映出个体的差异。人格结构系统包括认知、动机、气质、性格、自我调控等成分。气质与性格是人格的重要方面。

（一）气质

气质指个体表现在心理活动的强度、速度、灵活性与指向性的一种稳定的心理特征。这种特征既决定了个体心理活动的动力特征，又给每个人的心理活动蒙上了一层独特的色彩。在现实生活中，有的人性情暴躁，容易发火；有的人遇事沉着，不动声色；有的人活泼好动，能说会道；有的人则多愁善感，胆小怕事。这些都是气质特征的表现。这近似于我们平时所说的脾气和秉性。

气质特点在人身上的不同组合，构成了不同的气质类型。在心理学上，大部分心理学家对气质类型都沿用了古老的“四分法”，即多血质、胆汁质、黏液质和抑郁质。这4种气质类型的人各自的主要特征如下：

1. 胆汁质——夏天里的一团火

胆汁质的人精力旺盛，直率、热情，行动敏捷，情绪易于激动，心境变换剧烈。这类大学生有理想、有抱负，有独立见解，反应迅速，行为果断，表里如一；不愿受人指挥，而喜欢指挥别人；一旦认准目标，就希望尽快实现，遇到困难也不屈不挠，能以极大的热情和旺盛的精力投入学习和工作，一旦精力消耗殆尽便会失去信心，情绪顿时转为沮丧而心灰意冷。

2. 多血质——喜形于色

多血质的人喜怒都易表现出来，可塑性强，具有活泼好动、反应迅速、情绪发生快而多变、兴趣容易转移等特征。这类大学生易于适应环境的变化，性情活泼、热情，善于交际，在群体中精神愉快，相处自然，常能机智地摆脱困境；他们在学习和工作上肯动脑、主意多，不安于机械、刻板、循规蹈矩，常表现出较强的工作能力和办事效率；对外界事物兴趣广泛，但容易失于浮躁，见异思迁。

3. 黏液质——冰冷耐寒

黏液质的人安静、稳重，反应缓慢，沉默寡言，情绪不易外露，注意力稳定、难于转移，善于忍耐。这类大学生反应较为迟缓，但无论环境如何变化，都能基本保持心理平衡；凡事深思熟虑，力求稳妥，一般不做无把握的事情，无论在何种情况下都表现出较强的自我克制能力；外柔内刚，沉静多思，不愿流露内心的真情实感；与人交往时，态度适度，不卑不亢，不爱抛头露面和做空泛的清谈；学习、工作有板有眼，踏实肯干，恪守既定的生活秩序和制度。但过于拘谨，不善于随机应变，固定性有余而灵活性不足，有墨守成规、因循守旧的表现。

4. 抑郁质——秋风落叶

抑郁质的人孤僻，行动迟缓，情感体验深刻，善于觉察别人不易觉察到的细小事物。这类大学生在生理上难以忍受或大或小的神经紧张，厌恶那些强烈的刺激；感情细腻而脆弱，常为区区小事引起情绪波动；自己心里有话，宁愿自己品味，不愿向别人倾诉；喜欢独处，与人交往时显得腼腆、忸怩，善于领会别人的意图，在团结友爱的集体中很可能是一个容易相处的人；遇事三思而行，求稳不求快，对力所能及的工作能认真负责地完成。在学习、工作一段时间后，常比别人更感疲倦；在困难面前常怯懦、自卑和优柔寡断。

事实上只有少数人是某种气质类型的典型代表，多数人是介于两种类型之间的中间类型或综合类型。一项关于我国大学生气质类型的调查表明，大学生中复合型气质占65.93%，单一型气质占34.07%，总的趋势是多血质类型的人数最多，共占56.32%，其次为黏液质占24.18%，再次为胆汁质占13.73%，抑郁质最少，占5.77%。文理科学生比较，理科学生中黏液质多，文科胆汁质、多血质、抑郁质较多。男生中属于胆汁质、多血质的多，女生中黏液质多。

气质本身无优劣之分，任何一种气质都有其积极和消极的方面，气质也不能决定一个人活动的社会价值和成就的高低。但气质在人的实践活动中仍具有一定的影响，应予以重视。大学生要正确对待自己的气质类型，经常有意识地控制自己气质的消极品质，发扬积极品质，以有利于形成良好的个性。

（二）性格

性格是一种与社会联系最密切的人格特征，是一个人对现实稳定的态度和与之相适应的习惯化了的行为方式的总和。

由于一个人在对待事物的态度和行为方式中总是表现出某种稳定的倾向，那么人们便能预见他在某种情况下会做什么和怎样做。教师若了解和掌握了学生的性格后，就能针对他性格上的特点，采取相应的措施，取得良好的教育效果。

性格有多种多样的特征，它们的组合形成了复杂的结构特征，性格主要由以下4个方面组成：

（1）性格的态度特征，表现在对人、对事、对己三个方面的态度。例如，正直、诚实，或自私、虚伪、狡诈等；勤劳或懒惰，认真或马虎，负责或敷衍，细心或粗心，富于创造或墨守成规；谦逊或自卑，自尊、自信或自负，开朗大方或狭隘羞怯以及自我批判精神等。

（2）性格的意志特征。例如，独立性或易受暗示性，有目的性或盲目性，组织性、纪律性或放纵不羁、散漫性；主动性或被动性，自制力强或缺乏自制力、任性、冲动性；镇定、果断、勇敢、顽强，或惊慌、优柔寡断、胆怯软弱；有恒心、坚忍不拔，或动摇、见异思迁、半途而废等。

（3）性格的情绪特征。例如，有的人情绪高涨、鲜明，富于热情，精神旺盛；有的人情绪安宁、平和、冷漠。有的人时而平静、时而激动，有的人则情绪波动幅度小。有的人心境总是振奋、愉快，有人总是抑郁、沉闷等。

（4）性格的理智特征。人们在感知、记忆、想象和思维等认识过程中表现出来的态度和活动方式中的个别差异，如主动观察型和被动观察型，严谨型和草率型，主动记忆型和被动记忆型，信心记忆型和无信心记忆型，独创型和守旧型，深思型和粗浅型，灵活型和呆板型等。

一个人的性格并不是上述特征的简单堆积，而是有机的结合，其结构具有动力性。性格的各个特征是相互联系、彼此制约的，人们可以依据某人的某些性格特征来推测其他方面的特征，如急躁一般与冲动、粗心、好激动等特征有关。

性格与气质都是构成人格的重要因素，二者相互渗透、相互影响、彼此制约。二者所不同的是：性格是人格中涉及社会评价的内容，更多地受到环境的影响，具有较大的可塑性，性格具有社会评价的意义，反映了社会文化的内涵，有好坏之分；而气质更多地受生理上和心理上的特点制约，虽然在后天的环境影响下也有所改变，但与性格相比，它更具有稳定性，变化比较缓慢。

四、人格的主要类型

人格类型是按照某些标准或特性，将人划分成几种不同的类型，每种类型的人有相似的人格特征，不同人格类型的人是有差异的。人格类型有多种，较为著名的理论有以下4种：

（一）荣格的向性类型学说

瑞士著名人格心理学家荣格依据“心理倾向”来划分人格类型，最先提出了内—外向人格类型学说。荣格认为人生命中的“力必多”（“无意识的生命力”）的活动是一切行为变化的基础。他按“力必多”的活动倾向于外部环境还是倾向于自己，把人区分为外倾和内倾两种。外倾型的人的“力必多”活动倾向于外部，经常对外部事物表示关心和兴趣，开朗活泼，特别善于交际。具体表现为容易流露自己的感情，待人接物决断快，但比较轻率，独立性强，缺乏自我分析和自我批评，不拘泥于一般小事。内倾型的人的“力必多”活动倾向于内部，一般表现为沉静，反应缓慢，适应困难，比较孤僻。具体特征为感情比较深沉，待人接物比较小心谨慎，经常反复思考，常因过分担心而缺乏决断力，但对事物总是锲而不舍，能主动自我分析和自我批评。后来，荣格在测验中发现，除上述内倾与外倾两大类型之外，还有许多人属于两种类型特点的中间型。

向性类型学说是荣格著名的人格类型学说，虽过于简单，但切合实际，通俗易懂，所以流传广泛，影响较大。

（二）威特金的人格类型论

美国心理学家威特金等人根据场的理论，将人格分为场依存性和场独立性两种类型。威特金指出，这两种人是按照两种对立的加工模式工作的。场依存性的人，倾向于外在参照作为信息加工的依据；场独立性的人，倾向于更多地利用内在参照。场依存性的人的行为是以社会定向的，社会敏感性强，易受他人的影响和注意他人提供的线索，爱好社交活动，对他人有兴趣，注意参与人际关系等。场独立性的人是非社会定向的，社会敏感性差，自尊、自信心强，不太注意他人提供的社会线索，关心抽象的概念理论，不善社交，喜欢独处等。许多实验研究表明，个人在场依存性和场独立性连续维度上的位置是相对稳定的。

（三）霍兰德的人格类型论

美国心理学家霍兰德根据人格特征与职业选择的关系，也把人格划分为6个类型。不同的人格在职业选择上具有明显的差异。

人格类型及其匹配的职业

人格类型	人格特征	相匹配的职业
社会型	喜欢社会活动和社会交往，关心社会问题，对教育活动感兴趣	社会学家、社会工作者、护士、教师等
理智型	喜欢智力活动和抽象的工作	数学、物理、化学、生物等自然科学工作者，电子工作者，计算机程序编制等
现实型	喜欢有规律的具体劳动和需要基本技能的工作	制图员、修理工、机械工、电工、农民等
文艺型	喜欢文学和艺术，善于用艺术作品来表现自己，感情丰富、喜爱想象、富有创造性	作家、艺术家、雕刻家、音乐家、管弦乐队指挥、编辑、评论家等
贸易型	富有冒险精神，性格外向，喜欢担任领导工作，具有说服、支配、使用语言等能力	董事长、经理、营业部主任、推销员等
传统型	喜欢有条理和有系统的工作，具有友好、务实、善于控制和保守等特点	办事员、办公室人员、打字员、档案工作人员、记账员、会计、出纳、秘书、接待员等

霍兰德还研究了各种人格之间的关系。他指出，每一种人格类型都有两种与之相近的人格类型，即一个人也能适应这两种相似类型的工作；每一种人格类型又都有两种与之保持中性关系的人格类型；另外，每一种人格类型都有一种与之相斥的人格类型。

霍兰德的人格类型关系

关系 人格类型	相近	中性	相斥
社会型	文艺型、贸易型	传统型、理智型	现实型
理智型	文艺型、现实型	传统型、社会型	贸易型
现实型	理智型、传统型	文艺型、贸易型	社会型
文艺型	理智型、社会型	贸易型、现实型	传统型
贸易型	社会型、传统型	现实型、文艺型	理智型
传统型	现实型、贸易型	社会型、理智型	文艺型

根据霍兰德的人格类型分类及其与职业类型匹配的理论，可以预测一个人的职业爱好和职业适应能力，因而对正确指导职业选择具有重要的实践意义。

（四）斯普兰格的人格类型理论

德国心理学家斯普兰格（1928）依据人类社会文化生活的6种形态，将人划分为6种性格类型。不同的性格类型具有不同的价值观成分。

（1）经济型。这种人注重实效，其生活目的是追求利润和获得财富，如实业家等。

（2）理论型。这种人表现出具有探究世界的兴趣，能客观而冷静地观察事物，力图把握事物的本质，尊重事物的合理性，重视科学探索，以追求真理为人生的目的，如思想家、科学家等。

（3）审美型。这种人对现实生活不太关注，富于想象力，追求美感，以感受事物的美作为人生的价值，如艺术家等。

（4）权力型。这种人倾向于权力意识和权力享受，支配性强，其全部的生活价值和最高的人生目标就在于满足自己的权力欲望，得到某种权力和地位。

（5）社会型。这种人能关心他人，献身社会，助人为乐，以奉献社会为人生追求的最高目标。

（6）宗教型。这种人信奉宗教，相信神的存在，把信仰视为人生的最高价值。

斯普兰格相信，纯粹属于某种类型的人是没有的，多数人是各种类型的混合，称为混合型。

第二节　健全人格的特点与形成

经典案例

张良拾履

历史上流传着一个“张良拾履”的故事。张良在一座桥上遇到了一位老者。这位老者上下打量了张良之后，好像不经意间把鞋掉下桥，对张良说：“孩子，请把鞋帮我拾起来。”张良看了看老者，心中微有不快，但觉得帮老人是应该的，就下桥帮老者拾鞋。老者又说“帮我穿上”，张良就蹲下给老者穿好鞋子。那老者坦然接受了张良的服侍，然后大笑而去。老者走了一会儿又转回来对张良说：“孺子可教，五日后早上到这里来见我。”张良很恭敬地答应了他。五日后的早晨，张良到桥上来见老者，老者已经在了：“你怎么能迟到呢？五日后再见！”然后扬长而去。再隔了五天，刚刚鸡叫，张良就到了，结果老者又早到了：“你怎么又来晚了？五天后再见！”五天后，张良半夜就跑到桥上等待。不一会儿，那位老者就到了。老者很高兴，然后给了张良一本书，说道："认真研读这本书，日后助你成就大事。"说罢，老者就消失了。张良看看手中的书，原来是《太公兵法》，于是刻苦攻读，后来成为汉朝的宰相。

（资料来源：http：//www.doc88.com/p-015708662487.html）

一、健全人格的含义与特点

大学生需要培养、完善并展示自己健康的个性、健全的人格，这不仅关系到大学生自身的健康与成才，也关系到社会的发展与进步，还关系到现代化的进程与质量。

现代心理学非常重视对健全人格的研究，人格心理学家也在积极刻画健全人格的心理结构。一般认为，健全人格指各种良好人格特征在个体身上的集中体现。从总体上看，人格健全的人应该是在推动社会进步的实践中充分发挥自己的才干，为人类、为社会作出自己的贡献，同时使自己的人格在各个方面得到充分、协调发展的人。具有健全人格的人是心理健康者，能有意识地控制自己的生活，掌握自己的命运；能意识到自己的优点和弱点、善与恶，并且容忍和认可它们；他们不是生活在往事之中，而是坚定地立足于现在，并注意到未来的目标和任务。摆脱心理疾病的人格，仅仅是迈向健全人格的第一步，而绝非全部。健全人格显然高于正常人格，它是一种在结构上和动力上向崇高人性发展的特征。健全人格表现出人格的完整性、统一性、稳定性等特点，是人格特征的完备结合。

我国著名人格人理学家高玉祥教授曾根据国内外的研究，从3个方面概括了健全人格的特点。

（一）内部心理和谐发展

人格健全的人，他们的需要和动机、兴趣和爱好、智慧和才能、人生观和价值观、理想和信念、性格和气质都向健康的方向发展。他们的内心协调一致，言行统一，能正确认识和评价自己的所作所为是否符合客观需求，是否符合社会道德准则，能及时调整个体与外部世界的关系。一个人如果失去他的人格统一性，就会出现认识扭曲、情绪变态、行为失控等问题。

（二）能正确处理人际关系，发展友谊

人格健全的人，在人际交往中显示出自尊和他尊、理解和信任、同情和人道等优良品质。友谊使人开朗、热情和坦诚，而缺乏友谊的人，在情绪上往往有很大困扰，轻则产生恐惧、焦虑、孤独的感觉，重则产生多疑、嫉妒、敌对、攻击的心态和行为。

（三）能把自己的智慧和能力有效地运用到能获得成功的工作和事业上

人格健全的人，在学习、工作中能被强烈的创造动机和热情所推动，并能和他们的能力有机地结合起来，从而使他们勇于创造、勇于开拓。他们的成功，往往又为他们带来满足和愉悦，并形成新的兴趣和动机，使他们的生活内容更充实。

黄希庭教授通过调查研究，也提出了"健全人格者的特征"：能以正面的眼光看待他人，有良好的人际关系和团队精神；以正面的态度看待自己，能自知、自尊、自我悦纳；以正面的态度看待现在和未来，追求现实而高尚的生活目标；以正面的态度

对待顺境和逆境，能调控情绪，心境良好。总之，人格健全的人能以辩证的态度对待世界、他人、自己，过去、现在和未来，顺境和逆境，是一个自立、自信、自尊、自强、幸福的进取者。

人格的品质不是天生就有的，而是通过后天环境的影响和教育熏陶、自我教育逐渐形成的。其中，家庭对一个人的人格的形成和发展具有重要和深远的影响。家庭是儿童的最初环境，社会和时代的要求往往是通过家庭在儿童心灵上打下烙印的。父母的教养态度和教养方法，家庭成员的关系及家庭气氛，儿童在家庭中的地位，家长本人的人格特点等，对儿童健全人格的形成与发展有非常大的影响。家庭教育的观点正确、方法得当，可引导儿童身心向健康方向发展；反之，则有可能产生误导。

学校是一种有目的、有计划地向学生施加影响的教育场所。教师、班集体、同学与同伴等都是学校教育的元素。学校对人格形成与发展的影响是不可忽视的，学校是人格社会化的主要场所。教师对学生人格发展具有导向作用，同伴群体对人格发展具有“弃恶扬善”的作用。影响人格形成的另一重要因素是现存的社会意识。社会思潮是社会意识的晴雨表，而社会思潮又是通过社会风气表现出来的，社会风气对个体人格的形成和发展的影响是十分深刻和积极的。以正确的道德价值为导向的社会思潮和社会风气，就会促进人格的发展和健全；反之，就会使人格走向分裂。

二、健全人格的意义

（一）健全人格有利于认知活动的开展

认知过程是受人格控制和影响的。健康人格有利于认知活动的开展，不良人格会阻碍认知活动的开展。例如，学生对知识的获得或应用，开始于感觉和知觉，获得什么知识，应用什么知识，往往与他所具有的人格特征有着密切的联系。有着健康人格的学生以积极认真的态度对待所学的专业和开设的课程，进行积极的记忆、想象和思维，刻苦学习和钻研，与教师密切配合，课余时间广泛阅读相关书籍，拓展自己的知识面，改善自己的知识结构，这样的学生学习成绩必然优秀。而那些人格不健康的学生，由于有着心理障碍，在认知的过程中，以消极的、被动的态度对待所学专业和所开设的课程，缺乏学习的动力，其结果必然是对知识的获得或应用处于应付状态或者是认知活动不健全，学习效果也不可能好。

（二）健全人格对学生的情绪和意志具有调节作用

健康人格可以使人产生积极的情感，胜不骄，败不馁。“知之深，爱之切”，深厚、真挚的情感来源于对人和事的真切、深刻的了解。积极的情感能激发人认识的积极性，使人锐意进取，克服学习中遇到的困难；相反，消极情感会使人消沉、沮丧，制约认识与创造的热情，使人在困难面前一筹莫展。

心理学把自觉地确定目的，并为实现目的而自觉支配和调节行为的心理过程，称为意志。意志与认知、情感有密切关系。人对自己行为的自觉调节和控制，是根据自己的认识和情感来实现的。而人的意志的坚强或懦弱又反过来对人的认识和情感产生巨大的影响。只有建立在健康人格基础上的意志，才能构成人的稳定的、不懈的力量源泉。

（三）健全人格有利于增强学生的能力

人格制约着能力的形成和发展。一方面，良好的人格特征，如认真、勤奋、热忱、坚定、严于律己、责任感、事业心等，能促进能力的形成与发展。同时，优良的人格特征也能补偿某种能力的相对弱点，俗话说的“勤能补拙”“笨鸟先飞”就说明了这个道理。另一方面，不良的人格特征，如马虎懒惰、对事业淡漠、狂妄自大等，足以成为能力形成和发展的障碍，甚至使已形成的能力水平衰退、下降。

良好的人格特征与能力结合，是获得事业成功的必要条件。从某种意义上讲，人格在人的发展中更为重要。在能力相等的条件下，一个勤奋自信、有首创精神、坚强毅力的人一定会获得较大的进步和成功，而一个懒惰、自卑、墨守成规的人将会失败。爱因斯坦说过，卓越人物的道德品质，对于青年一代和历史的整个进程来说，可能比单纯智力上的成就具有更大的意义。智力上的成就，在很大程度上依赖于人格的伟大。这一点往往超出人们通常的认识。

（四）人格影响身心健康

医学研究发现，许多身心疾病都有相应的人格特征模式，这种人格特征在疾病的发生、发展过程中起到了生成、促进、催化的作用。例如，哮喘患者多有过分依赖、幼稚、暗示性的人格特征，偏头痛患者多表现出刻板、好竞争、好嫉妒、追求完美的人格特征，而具有矛盾、强迫、抑郁特征的人容易得结肠炎、胃溃疡等疾病。健全人格不仅仅是为了避免疾病，更重要的是要发挥积极人格的作用，增进人的社会适应能力，促进人的健康和完善，进而促进社会的文明和发展。在现实生活中，一个性情开朗、热情、善于交际、为人诚恳的人，往往较容易得到群体和他人的接纳、欢迎、帮助，容易创造出一个和谐的环境，从而有利于自己心情愉快、施展才华。大学新生入学后的适应状况以及大学毕业走上社会后的适应状况，往往是一个人人格素质的反映。

事实证明，一个人选择什么样的人格模式，将决定他的命运。选择了正确的人格模式，必将走向成功。在文化多元化和社会变革的今天，大学生面临人格模式的选择，只有选择了适应时代需要的人格模式，才能有美好的现在和光明的未来。

三、健全人格的几种模式

严格地说，什么样的人格才算是健全的，并没有一个统一的标准。自20世纪50年代以来，对人的潜能研究的重视，为心理学领域带来了一次变革。人们对健康人格、健康心理方面的研究越来越多地给予关注。一些心理学家根据其临床经验，运用心理测验、会晤等方法，对被认为具有高健康水平的人进行研究，提出了许多健全人格模式。下面介绍4种较有参考价值并有代表性的健全人格的模式。

（一）奥尔波特的“成熟健全人”模式

美国著名人格心理学家奥尔波特在哈佛大学长期研究高心理健康水平的人，并把他们称作“成熟者”。他从他们身上归纳出以下6个特征：

1. 自我广延的能力

健康成人参加活动的范围极广，他们有许多朋友、许多爱好，并且在政治、社会活动方面也颇为积极。

2. 与他人热情交往的能力

健康成人与别人的关系是亲密的，但没有占有欲，无嫉妒心，富于同情心。他们能容忍自己与别人在价值与信念上的不一致。

3. 情绪上有安全感和自我认可

这一特征又称为情绪上有安全感和自我承认。健康成人能忍受生活中不可避免的冲突和挫折，经得起一切不幸遭遇。他们对自己也具有积极的意象。

4. 具有现实性知觉

健康成人看待事物是根据事物的实在情况，而不是根据自己希望的那样来看待事物。这种人看待情境及顺应情境都是“明白人”，而不是“糊涂人”。

5. 具有自我客体化的表现

健康成人对自己的所有和所缺都十分清楚和准确。他们理解真正的自我与理想的自我之间的差别，也知道自己看待自己与别人看待自己之间的差别。

6. 有一致的人生哲学

健康成人需要有一种一致的定向，为一定的目的而生活，有一种主要的愿望。意识形态、哲学、生活的预感或前景都能对人的一切行动产生创造性的推动力。

（二）罗杰斯的“机能健全人”模式

美国人本主义心理学家罗杰斯认为具有健康人格的人所表现的是真实的自我，认为幸福并不在于全都满足，而在于积极参与和持续的奋斗。“机能健全人”具备下列特征：

1. 能接受一切经验

机能健全人对任何经验都是开放的，与心理疾病患者不同，他们认为一切经验都不可怕。他们不拒绝失败的经验，一切经验将被正确地符号化而达到意识，因而他们的人格更广泛、更充实、更灵活。

2. 自我与经验和谐一致

机能健全人的自我结构与经验相协调，并且能够不断地变化，以便同化新经验。机体在评定事物的价值时，总是以自己的机体经验为根据，不太容易受外界力量的左右。

3. 个性因素都发挥作用

机能健全人较多地依赖对情境的感受，不怎么依赖智力因素。他们常常根据直觉来行动，使行动带有自发性。他们的行为既受理性因素引导，也受无意识的情绪因素制约，所有的人格因素都在起作用。

4. 有自由感

机能健全人能够接受一切经验，他们的生活充实并且信任自己，因而有很大的行动自由。他们相信自己能够掌握自己的命运，在自己的生活中有很多选择余地，感到自己所希望的一切都有能力达到。

5. 具有高创造性

机能健全人所做的一切事情，都表现出创造性。他们的自我实现伴随着独创性和发明性，自我实现强调个体创造性的活动。

6. 与他人和睦相处

机能健全的人乐于给人以无条件的关怀，他们的生活与其他人高度协调，同情他人，受到他人的欢迎。

（三）马斯洛的“自我实现人”模式

美国心理学家马斯洛认为，具有健康人格的人是自我实现的人。所谓“自我实现”，就是个人的潜能得以实现，所有的能力得到了运用。马斯洛从“自我实现人”身上归纳出15种特点：

良好的现实知觉，对人、对己、对大自然表现出最大的认可，自发、单纯和自然，以问题为中心而不是以自我为中心，有独处和自立的需要，不受环境和文化的支配，对生活经验，有永不衰退的欣赏力，关心社会，有深刻的人际关系，深厚的民主性格，明确的伦理道德标准，富有哲理的幽默感，富有创造性，不受现存文化规范的束缚。

（四）现代健全人格模式

美国学者英格尔斯就现代人应具备品质的特征提出了自己的观点，这些特征也可以认为是现代人格的基本特征。

（1）现代人乐于接受新的思想观念、新的行为方式。这是现代人特征的首要方面。相比之下，传统人则不太愿意接受新的事物和新的思想。

（2）现代人乐于接受社会的改革和变化。现代人能够欣然接受周围发生的社会的改革和进步变化过程，乐于面对改变的现实，不太固守传统。

（3）现代人思路广阔，头脑开放，愿意考虑并接受各方面的不同意见，不仅对自己直接所处的环境持有自己的意见，而且对外部和国家事务也能有自己的看法。传统的人则只是对与个人有切身利害的少数事情感兴趣。

（4）现代人注重现在与未来，守时、惜时，有很强的时间观念，乐于着眼于现在和未来，不愿拘泥于传统和过去。现代人能更好地继承传统中优良遗产，又能从传统中旧的东西中解放出来。

（5）现代人有强烈的个人效能感，对人和社会充满信心，办事讲效率，相信人能控制环境，能解决自身的问题，反对办事拖沓或采取敷衍的态度对待工作。

（6）现代人有计划性，在公共生活和个人生活中趋向于制订长期的计划。

（7）现代人富有知识，对周围世界有自己的看法或意见，不固执己见，不轻信臆断和妄想，倾向于热心探索未知的领域。在现代人中间，充满着尊重知识的风气。

（8）现代人具有可依赖性和信任感，依赖人类的理性力量和理性支配下的社会，注重竞争中的合作性。

（9）现代人注重相互了解、尊重和自尊，对弱者和地位较低者的自尊和权利能给予更多的保护。

现代人的人格特征是与西方现代文化相适应的，不能认为是唯一模式或标准模式。另外，现代人格特征不是一个凝固的人格模式，而是动态变化的。

这些阐述都是人格健全者的标志，在生活中很多人达不到这些标准，但为人们健全人格的培养提供了一种范式。

第三节　大学生人格障碍

经典案例

名牌大学高才生的自杀

北京某名牌大学一名大四的高才生赵某，在即将走向社会、大施才干之际跳楼自杀了，在北京各高校引起了强烈反响。他为何如此决然地走向绝路？

21岁的赵某出生在鄂西山区一个屠户人家。他是父辈五兄弟中唯一的男孩后代，全家族几十号人视他为掌上明珠，从小对他宠爱有加。

天资聪颖的他，从小学到高中，学习成绩一直名列前茅，尤其是物理成绩更是出类拔萃。高三下学期，北京某大学来学校特招一名学生，赵某心里很高兴，暗暗地想，这个名额非我莫属了。谁知在角逐保送生的考试中，平时与他不相上下的同学肖某考了第一，不期而来的打击深深地刺痛了他。当时的他，整个人都崩溃了，整天躺在床上不吃不喝，呆呆地流泪。父母怕他一时想不通，做出傻事，就请来亲朋好友给他做思想工作。谁知听多了，听烦了，赵某的脾气变得更坏，疯狂地对着喋喋不休的人大吼大叫，狂抓起东西乱扔。

半个月后，郁闷烦躁的赵某渐渐平静了，他不声不响地回到学校，学习比以前更刻苦了。经过努力，前阶段掉下的功课补上了，老师对他十分满意，父母也暗暗欢喜。高考填报志愿时，他孤注一掷地填了那所曾让他心仪又令他心疼的北京某大学。然而令老师和同学们不解的是，他没有填自己喜欢的物理系，而是填了化学系。老师找他谈话，希望他谨慎地选择，他却心高气傲地说："我喜欢物理，但就是填化学系，这是我的自由。"高考揭榜，赵某如愿考进了那所大学的化学系，乡亲们都纷纷前来道贺，但他只是撇了撇嘴，似乎并不是很高兴。

进入大学后，赵某比其他同学显得都忙，因为他在学习化学的同时，书包里塞满了物理书籍。他原来是喜欢物理的，只有物理才能充分激发他的学习灵感。坐在化学课堂，心里时刻惦记着物理，他的心备受煎熬。同学肖某来看他，赵某总是以"没空"冷冷地拒之于千里之外，不是他真的学习紧张，而是他不愿与这个昔日的"敌人"交往。同时，他暗暗发誓，一定要刻苦学习，让同学们知道赵某是谁，毕业后要考GRE去美国，总之一定要盖过肖某。渐渐地他变得越来越不合群，越来越孤单。

他果然没有食言，第二学期后，他的成绩就遥居全年级第二名了。然而好成绩并没有使赵某真正快活起来，相反，他一天比一天沉默，一天比一天孤僻了。因为在他看来，化学成绩一天天好起来，意味着他在一天天远离物理，于是他又偷偷摸摸地看起了物理书。一天，他照例夹着物理书慢吞吞地往宿舍走，迎面走来的两个女生突然说了一句“真傻”，说完便开心地笑了起来。这笑声，瞬间刺疼了赵某脆弱的心，他全身哆嗦，大声喊道：“我不傻，不傻，你们笑什么？”这两个女生被他的怪异吓坏了，大骂“神经病”后拔腿就朝宿舍跑去。赵某追到女生宿舍门口，对着大门又喊又叫：“我不傻！不傻！”顿时，女生宿舍围满了人，大家围着他评头论足：“神经病！”“傻帽！”……一句句嘲笑的话语像一把把刀子扎向赵某，他感到头疼欲裂、心率加快，抱着头没命地往宿舍跑。经初步判定，他患有精神分裂症，学校领导决定送他到精神病院治疗。

经过一段时间的药物治疗，赵某的情绪稳定了，虽然仍能坚持上学，但这以后，他的病情就开始时好时坏。1998年他被安排到一家工厂的车间实习。第二天上班时，几名女工不经意的笑声又刺激了他，赵某的脸顿时就憋得通红，跑出了车间，并马不停蹄地赶回老家。几天后，他趁家人不注意，偷偷地跑出去，在一个夜深人静的晚上，纵身从10层楼上跳了下来。

赵某在留给家人的遗书中写道：“我只是想当一名伟大的物理学家，而命运却跟我开了个致命的玩笑，我恨……”

（资料来源：http：//www.em-en.com/chuangye/2006168444.shtml）

一、人格障碍的概念

人格障碍指人格发展的内在不协调，即在没有认知障碍或智力障碍的情况下，个体出现的情绪反应、动机和行为活动的异常。其人格特征显著偏离正常状态，这种人格特征的偏离使得患者形成特有的行为模式，且对环境适应不良。

多数心理学家认同人格障碍区别于精神病，它是正常人格的一种变异，介于精神病与正常人之间。人格障碍者行为问题的程度不同，有的人在社会生活中与正常人一样生活，只有他的家人才能感觉到他的怪癖与难以相处；严重者表现为明显的社会适应障碍，不能正常地学习和生活。值得重视的是，人格障碍与精神病是相互转化的，严重的人格障碍如果得不到及时有效的矫正，会成为精神病的高发人群。

造成人格障碍的原因目前还不完全清楚，但各类人格障碍有一些共同的特征：有紊乱不定的心理特点和难与人相处的人际关系；把自己所遇到的困难都归咎于命运和别人的过错；认为自己对别人没有责任可言；用猜疑、仇视和固有的想法看待一切；其行为后果伤害了他人，而自己却泰然自若；对自己的不良行为缺乏认识，很少有求助的动机。

人格障碍常没有明确的起讫时间，发展缓慢。虽然在大学生人群中真正人格障碍的人并不多，存在不良人格倾向的人却不少，他们是人格障碍的易感人群，应该引起社会的关注。

二、人格障碍的类型

人格障碍的类型有很多，目前尚无统一公认的分类。参照美国《心理障碍的诊断与统计手册》（DSM-Ⅲ）中的分类，人格障碍分三大类群：第一类以行为怪僻、奇异为特点，包括偏执型、分裂型人格障碍；第二类以情感强烈、不稳定为特点，包括戏剧型、自恋型、反社会型、被动攻击型人格障碍；第三类以紧张、退缩为特点，包括回避型、依赖型、强迫型人格特征。

（一）偏执型人格

其主要表现：极其的感觉过敏，思想、行动固执死板，坚持毫无根据的怀疑；个体情感冷淡，孤僻独处；对自己过分关心，而又无端地夸大自己的重要性，有极强的自尊心和自卑感，对批评特别敏感；过多、过高地要求他人，又从来不相信他人的动机和意愿；过高地估计自己的能力，失败时常迁怒或归咎于他人；不停地责备和加罪于人；他们在家不能和睦，在外不能与朋友、同事友好相处，他人只好对他敬而远之。

（二）分裂型人格

其主要表现：行为怪僻而偏执，为人孤独而隐退；对人、对事缺乏基本的温和与柔肠；明显的社会化障碍，几乎没有朋友，没有社会往来，对他人的批评或鼓励毫无感觉；强烈的我向思维，但一般还能认知现实；繁多的幻想，但一般与实际不脱节；在表达攻击和仇恨上显得无力；在面对紧张和遇到灾难时，又是超然的、不在乎的。

（三）戏剧型人格

其主要表现：具有浓厚而夸大的情绪表现，如自吹自擂、装腔作势，过分热情地拥抱普通朋友，在轻微伤感的场合无法自制地啜泣等；过分关心自己身体的吸引力，表现为喜欢引起他人的注意和关心，爱虚荣，希望有兴奋性的事情发生；自己若不属于受注意的焦点，会产生不愉快；以自我为中心，其行为是为了获得立即满足，不能忍受延迟满足。

（四）自恋型人格

其主要表现：过分的自我关心、自我中心和自尊自夸，常幻想自己了不起、有才学、有美貌；不能接受别人的建议和批评，需要经常被注意或赞美；专注于充满成功、权利、成就、理想化的幻想中；注重权利的争取，不合理地期待特殊待遇、享受特权；缺乏同情心，不能体会、谅解他人的感受；专注于嫉妒他人的感觉。

（五）反社会型人格

其主要表现：时常做出不符合社会要求的行为；妨碍公众，不负责任；经常违法乱纪；行动冲动，缺乏羞耻心和自责感；犯错误后，没有后悔之意，也不能从中吸取经验教训，常把一些责任归咎于他人。这是文献报告中较多见的一种人格障碍类型。

（六）被动攻击型人格

其主要表现：以被动的方式表现其强烈的攻击倾向；表面上唯唯诺诺，背地里不予合作；如故意迟到，故意不回电话和回信，故意拆台使工作无法进行；顽固执拗，不听调动，拖延时间，暗地破坏和阻挠；仇视情感与攻击倾向十分强烈，但又不敢直接表露于外；虽然牢骚满腹，但心理又很依赖权威。

（七）回避型人格

其主要表现：心理自卑，行为退缩，面对挑战采取逃避态度或无能力应付；容易因为批评或不同意而受伤害；除非受到保证会给予友善接纳，否则不愿与人建立关系；避开或不接触重大的社交或职业活动；在社交场合保持沉默，因为害怕说话不适当或表现愚蠢，或无法回答别人的问题而受窘。

（八）依赖型人格

其主要表现：自己无法做决定，也无法工作或执行计划，必须依靠别人给予过多的指导或保证；不果断，缺乏判断能力；因害怕被拒绝，即使坚信别人是错误的仍同意对方的意见或建议，为博取他人的好感而愿意做自己不愉快或降低自己身份的事；经常担心自己会被抛弃；容易因为批评或不同意而受伤害。

（九）强迫型人格

其主要表现：做事要求完美，甚至因此而妨碍工作的完成；做事专注于细节、规则、次序、组织或时间表，反而失去工作重点；要求他人应完全遵照自己的方式做事，或不相信别人而拒绝别人；对有关伦理、道德或价值观的事物，表现得过于诚实、一丝不苟而毫无弹性。

以上是常见的典型人格障碍类型的特点。在实际生活中，可以见到混合和过渡的形式。

由于对人格的正常变异原因尚不清楚，所以也就难以解释人格障碍产生的原因。多数学者认为，和其他心理障碍的发生往往是多因素的一样，形成人格障碍的因素也不会是单一的，可能是由生物、心理和社会文化诸因素共同作用而形成的。例如，有的学者认为，儿童在早期被剥夺母爱可形成缺乏感情的性格，父母过于严厉或过于溺爱都会使儿童的人格发展不健全。行为主义学派则认为人格障碍是社会学习的结果，恶劣的社会环境和不合理的社会制度对儿童的心理发育有不良影响，显然也是形成人格障碍的一个重要因素。至于人格障碍发生的生物学因素（如遗传因素，脑电及生化的异常，内分泌、边缘系统功能失调或发育不健全等）尚需进一步研究证实。

2003年，在黄希庭教授的主持下，全国共有26名心理学专家参与了“中国大学生人格障碍的现状调查”的研究。本研究对全国21个城市26所高校的4811名学生进行测查。其结果：全体大学生样本12种人格障碍亚型的阳性检出率在1.2%～27.6%，最高为戏剧型（27.6%），最低为分裂样型（1.2%）；男生偏执型、分裂型、反社会型、自恋型、强迫型、被动攻击型的阳性率显著高于女性，依赖型阳性率显著低于女生；农村家庭学生、单亲家庭和寄养家庭学生、贫困家庭学生人格障碍阳性率较高；独生子与非独生子学生之间、自然科学与人文社科专业学生之间人格障碍阳性率互有高低。其结论：当前我国大学生存在较严重的人格异常和人格障碍问题，男生较女生更严重；家庭经济贫困、低社会阶层、父母离异、不适当的养育方式等可能与子女的不健全人格和人格障碍的形成有关。

三、大学生常见的人格发展缺陷及其表现

这里所说的人格发展缺陷是介于健康人格与病态人格（即人格障碍）之间的一种人格状态。大学生中的人格发展缺陷常常是人格发展不良或人格偏离，而非人格障碍或异常人格，是受个体心理素质发展的局限所致，大多表现为以自我为中心、不能很好地处理人际关系、与周围环境的协调性差等，严重的会影响到学习、工作及生活。

大学生中有相当一部分人存在着不同程度的人格发展缺陷，常见的有多疑与抑郁、懦弱与自卑、褊狭与虚荣、懒惰与拖拉等。

（一）自卑与懦弱

自卑是对自己不满、鄙视、否定的情感。自卑的人总是对自己缺乏客观而全面的认识，甚至夸大自己的弱点与不足，一遇到挫折就容易灰心丧气、自惭形秽。大学生中强手林立，能人才子很多，要想鹤立鸡群、出人头地不是容易的事情。当你在为学习中取得好成绩而感到高兴时，你可能又会因在某项活动中比他人稍逊一筹而叹息不已。人与人的比较是普遍存在的。在比较中认识自己，提高自己，这是有益的。但如果总拿自己的弱项比他人的强项，则容易对自己失去信心，产生自卑。

懦弱是自卑的一种表现。懦弱的人胆小拘谨，遇事总是退缩。在困难面前缺乏勇气和信心，不表明自己的态度，不敢承担责任，不敢冒险，不敢与坏人、坏事作斗争，回避困难，逃避责任等，这样的人常常抱怨自身的不幸，宁愿忍受痛苦也不主动追求。

（二）多疑与抑郁

多疑表现为过度的神经过敏，遇事敏感，主要表现在生活、人际交往中。一些大学生对他人不信任、不理解，非常在意他人的评价，对别人的一言一行、一举一动都十分敏感，担心别人评论自己、说自己的坏话。这种对人的敏感、不信任，实际上也是一种缺乏自信的表现，长此以往，容易造成人际矛盾冲突，使自己陷入生活的困境，甚至导致精神异常。

抑郁是一种感到无力应付外界压力而产生的消极情绪。抑郁的大学生常常自我评价过低，对前途、希望看得非常悲观，自卑和自责；情绪低落，心胸狭隘，多愁善感，常把学习、生活中的挫折过分夸大，过度悲伤而难以恢复；对人、对事缺乏兴趣，既不愿去主动接近别人，也不愿接受别人帮助；精神萎靡不振，行动迟缓无力，不思进取；还可能感到身体不适，如头疼、食欲不振、失眠，严重时会有轻生念头。大学生中有相当一部分人存在抑郁倾向，其学习、生活、工作都因此而备受影响。

（三）褊狭与虚荣

褊狭是人们常常说的“小心眼”，主要表现为心胸狭窄、耿耿于怀、挑剔、嫉妒。褊狭是一种有百害而无一利的人格特征。褊狭人格多出现于性格内向者。褊狭不是与生俱来的，而是后天习得的。

虚荣指过分看重荣誉、他人的赞美，自以为是。虚荣心强的人一般性格内向，情感脆弱，自尊敏感，虽然有些自卑，但又担心别人伤害自己的尊严，过分介意别人的评论与批评，与人交往时防御性强，往往把自己摆在不恰当的位置上，盲目地自高自大，有意无意地显示、夸大自己的优点。为了显示自己或引起他人的注意，常常会做出一些与自己的实际情况不相符合的事情，招致别人的反感。

（四）懒惰与拖拉

懒惰是不少大学生为之感到苦恼并难以克服的一种人格发展缺陷。主要表现：活力不足，不想做任何事，没有计划，随波逐流；无法将精力集中在学业上，无法从事自己喜欢的事，百无聊赖，心情不爽，情绪不佳，犹豫不决，顾此失彼，做事磨蹭。处于懒惰状态的大学生也常以此感到内疚、自责、后悔，但又觉得无力自拔，心有余而力不足，这主要是因为他们往往想得多而做得少，缺乏毅力。

懒惰可导致拖拉。拖拉是不少大学生的通病。拖拉的表现：可以完成的事而不及时完成，常为自己寻求合适的解释，做事一误再误，无休止地拖下去，虽下决心改正，但不能自拔，不接受教训；对任何事没有信心，没有欲望。

（五）自我中心

自我中心指考虑问题、处理事情都以自我为中心，将自我作为思考问题的出发点与归宿。自我中心的大学生表现为一切以自己为出发点，目中无人，甚至自私自利，遇到冲突时认为对的是自己而错的是他人。特别是那些自尊心强、优越感强、自信心高、不合群的大学生，比较容易陷入自我中心之中。若这种倾向与一些不健康的思想意识（如个人主义、自私自利）相结合，便会发展为自我膨胀。

第四节　大学生健全人格的塑造

经典案例

大学生危机事件的调查

近些年来，不断发生的大学生人格障碍、人格缺陷事件，已向全社会作出了警示，例如大学生“伤熊事件”、大学生行凶杀人的“马加爵事件”、大学生“自杀事件”等。上海交通大学就业中心对用人单位进行了调查分析，用人单位评价大学生的5项标准如下：专业知识位居第一，占32.5%；人格素质（理想、素质、道德、修养）位居第二，占22.8%；分析问题、解决问题能力位居第三，占16.7%；敬业精神位居第四，占9.1%；团队精神位居第五，占6.6%。

（资料来源：http://theory.people.com.cn/GB/40537/3408953.html）

一、大学生健全人格塑造的原则

如何引导大学生形成健全的人格呢？著名心理学研究家邵道生提出的健全人格的5个发展原则是很值得借鉴的。

（一）价值性原则

人格的价值指凝结在人格中的功效和作用，一个人活在世界上的意义，在很大程度上是由一个人的人格价值来决定的。过去，人们将人格的价值过于强调定位于社会，为此，社会付出了相当大的代价；而现在又把人格的价值定位于另一个极端，使个人主义严重泛滥，出现了以个人为中心的价值观的膨胀。必须将社会的价值和个人的价值很好地结合起来，在实现社会价值的同时，充分发展自己的人格力量，充分发挥自己的聪明才智和潜能，这样，既满足了社会，又张扬了个性，使得个人与社会的发展并行不悖、相得益彰。

（二）道德性原则

当代一些青年出现的道德低下、灵魂瘫痪的现实，违背了人格的道德性原则。人格就是要将人置身于一定的“格”之中，置于一定的规范之中，这就是人格的道德内涵。因此，青年一代的道德问题也就成为青年之所以有价值观困惑的一个很重要的因素。从本质上讲，青年道德滑坡是由于道德规范的意识的弱化、道德认知的不足、道德习惯的缺陷、道德认识与道德实践的脱节，也还存在着经济体制改革中的外来思想和外来文化的冲击。因此，加强青年人格发展中的道德性，将是引导一种科学价值观形成的重要因素，每一个青年都要认真对待，不能等闲视之。

（三）主动性原则

当代青年之所以会出现自我价值取向的弱化，无理想、无兴趣、无效用，消极地适应社会，都是由于没有把握住“主动”。当人失去主动时，人的行动就会失去方向，不知从何努力、从何奋斗、从何创造未来，取而代之的是觉得自己的生活变得乏味、无聊。因此，作为承担新世纪建设重任的青年，一定要注意个人发展中的主动性、进取性和创造性，只有有了这种精神，才会朝气蓬勃，祖国的发展才会前景无限。

（四）和谐性原则

不良价值倾向的指引下，会出现利己主义等不良心理特征，在行动中就会产生两种后果：一是外部环境的不和谐，与他人、群体、社会的文化关系不和谐，将会出现关系的紧张化，彼此之间将不会有温暖、友情，人与人之间缺乏同情心和关怀心，取而代之的是无休止的矛盾、冲突和斗争；二是个体内部环境的不和谐，使道德与行为失调、思想与行动脱节，这就会导致一个人发展的不健全。因此，要解决这对矛盾，一定要注意个体人格的和谐发展。

（五）美的原则

青年只有坚持发展人格的“美的原则”，才会在自身的行动中树立一个美的标准，从而使自己去克服行动中的粗俗、低级的行为。

二、大学生健全人格塑造的基本途径

大学生健全人格的塑造，需要全社会、学校、家庭和大学生自身的共同努力。从社会的角度而言，社会各界尤其媒体应多弘扬先进文化、提倡积极进取。家长在子女考入大学后，应继续关注子女的成长，及时观察子女的心理动向，及时进行帮助和关怀。从学校教育而言，则应重视做好以下4个方面的工作：

（一）进一步加强大学生的思想政治教育，使其形成正确的价值观

随着社会经济的发展，特别是涉及大学生切身利益的各项制度改革的逐步深入，大学生面临的社会环境、家庭环境、学校环境和人际环境日益复杂多变，来自学习、经济、就业和人际关系等方面的压力普遍增大，影响大学生人格的负面因素不断增加。当前，大学生的世界观、人生观和价值观取向日趋多元化。在这种情况下，必须以鲜活的内容和生动的方式加强对大学生的马克思主义理论教育，增强当代大学生对马克思主义的信仰、对社会主义的信念，提高他们对先进思想意识、先进文化、主流文化接受的积极性、主动性和自觉性。引导、指导、培养大学生确立积极的人生态度，高扬远大的理想风帆，形成奋发向上的人格风貌。要开创贴近生活、贴近实际、贴近学生的育人方式。要关心、理解大学生的合理需求和实际困难。要尽可能地帮助大学生、爱护大学生，多说通情达理、动情感人的真话，少讲空话、套话和没功效的虚话。把贫困生的经济问题、问题生的心理问题和毕业生的就业问题作为全社会的责任和义务。在满腔热情地为大学生做好事、办实事的过程中，不断引导他们健康人格意识的形成和行为的养成。

高校还要把健全大学生的人格作为学校教育的一项目标要求。可开设人格教育与辅导课程。在教学内容的选择上，应以人格心理学为基本内容，同时大胆、充分地借鉴人类创造的文明成果，以作为培养大学生人格成长的源泉。在教学方法上，力戒灌输式，而应倡导讨论、角色扮演、小组活动等新颖的教学形式，引导学生以各种人格理论为背景，以自身特点、生活目标、人生阅历为参照，对各种价值观和人格模式进行比较，在马克思主义基本观点的指导下使学生择善而从之。

（二）以科学的知识塑造大学生的人格

荣格有句名言：“文化的最后成果是人格。”培根也有句名言：“知识就是力量。”学习科学文化知识、增长智慧的过程也是优化人格整合的过程。学校在加强德育工作的同时，要把大学生的人格塑造渗透到学科教学中，因为各学科的全面发展是人格健全发展的知识智力基础。可以说，有了知识与智力基础，人格发展的速度与质量才有保证。对此，培根的论述很深刻：“读史使人明智，读诗使人灵秀，数学使人周密，科学使人深刻，伦理学使人庄重，逻辑修辞使人善辩，凡有所学，皆成性格。”受应试教育影响，许多理工科大学生缺乏人文知识，文科大学生缺乏科学精神，这对于人格的健全发展是不利的，因此加强对当代大学生科学与人文素质的教育刻不容缓。

（三）实施健康的校园文化建设，培育完善人格

人格的形成与环境有着十分密切的关系。人格心理学家阿尔波特认为：人格＝

遗传×环境。对于大学生的人格塑造而言，学校的教育环境给大学生以潜移默化的影响。学校的教育环境，包括校园、宿舍、设施等有形的硬件环境，也包括校风、学风、学校的传统等无形的软件环境。其中，校园的文化建设，就是对人格熏陶有十分重要作用的“软环境”建设。

高等院校校园文化建设是一项很重要的任务，就是营造一种高档次、高格调的文化氛围。当前，随着市场经济对文化市场的冲击，整个社会浸润在世俗文化的汪洋大海之中，网络、电影、电视、广播、报刊等大众传播媒介，都充斥着这种以宣泄人类基本情感为主要功能的俗文化作品。应该承认，这样一种文化现象，对于活跃、丰富广大群众的精神生活是有一定价值的，但是，如果这样一股俗文化的潮流也成为堂堂高等学府文化建设的主旋律，那就是令人悲哀的。高等院校是培养社会高级人才的场所，而高级人才的概念必然包含着高品质的人格内涵，这样一种人格素质必须有高层次文化的熏陶。因此，在考虑高校文化建设的时候，必须以高雅文化为基调。要加强正面宣传，为大学生多提供良好榜样，多组织丰富多彩的校园文化活动，为学生提供心灵和情感互相沟通的各种机会，使校园文化环境呈现和谐、民主和开放的氛围，使学生的人格向自尊、开拓、创造的发展方向前进。

（四）以心理咨询服务重建人格

高等院校的教育实践表明，传统教育教学和环境熏陶固然不可缺少，但它不能包揽解决大学生人格建设中各种个体化和深层次的问题，如人格偏离和心理障碍等。而开展心理咨询服务，对于疏导异常心理和人格重建能发挥特殊的作用。对于大学生的人格建设而言，心理咨询和治疗起着人格矫正、重建和保健的作用。从目前报道的有关资料来看，大学生中出现各种心理问题的比例有逐年上升的趋势。应该指出，大学生的心理问题虽然有许多环境的诱因，但从内因上说是由于人格发展不健全，可寄希望于心理咨询和心理治疗进行人格的矫正和重建。同时，对大学生进行心理咨询与门诊咨询有一个很重要的区别，就是它不仅有障碍性咨询的功能，而且有发展性咨询的功能，即对大学生进行认识自我、悦纳自我、挖掘潜能、完善人格、维护心理健康等方面的辅导，这就是人格建设的保健性作用。

三、大学生人格自我健全的方法

人格的形成、发展、完善是主体与客体相互作用的过程。随着大学生心智的成熟，大学生的人格塑造具有越来越强的主观能动性，表现为对外界影响具有自己一定的判断与选择性，大学生自身的理想与信念、对自身的认识、对完美人格的向往是大学生塑造健全人格、陶冶性情的强大动力。因此，大学生健全人格的塑造，需要充分发挥自身的主体作用。

（一）树立正确的价值观，确立合适的奋斗目标

有了正确的人生观、价值观和世界观，才能对社会、对人生抱有正确的认识和看法。当遇到困难或挫折时，能够站得高、看得远，正确地分析事物，采取适当的态度和行为，稳妥地处理事情，这样的大学生更容易形成心胸开阔、乐观开朗的人格品质，更有利于心理健康的保持，这就为人格健全打下良好的基础。否则，如果不思进取，就会陷入无聊的生命浑噩之中，甚至产生人格障碍。

一个人格健全的人能对自己的能力做出客观评价，从而确定出适合自己的恰当的追求目标，并在这个获得成功的过程中，个人需要得到满足，个人价值得到体现，使自己的信心得以巩固和增强，并能使自己的心理机能处于良好的竞技状态。相反，如果一个人不能客观地估计自己的能力范围，仅凭良好的愿望和热情盲目地制定宏伟目标，结果往往是希望落空，在心理上蒙受打击，产生挫折体验，这样一来，不仅白白浪费了精力和时光，也给自信和心境造成不良影响。

（二）认识自我，优化人格结构

为了有效地进行人格塑造，应深刻理解人格塑造的意义，充分了解自己的人格现状，明确人格塑造的目标、内容、途径、方法。大学生要培养、完善自己的人格，就应该对自己的人格素质中的长短处、优缺点有清醒的认识，这样才能明确目标，从实际出发，扬长补短，对自己的人格品质进行优化组合。要选择某些良好的人格品质作为自己努力的目标，如自信、开朗、热情、勤奋、坚毅、诚恳、善良、正直等人格特征，可作为人格塑造的依据。同时，针对自己人格上的缺点、弱点，如自卑、抑郁、胆小、冷漠、懒散、任性、粗心、急躁等，予以纠正。

（三）努力学习科学文化知识

前已述及，知识是现代人格塑造的必备条件。现代人是具有独立人格的人，而人格的独立离不开知识的支撑。应该说，每一个健全的人都应该有自己的思想，能进行独立思考。一个人要进行独立思考，就需要有广泛的知识，尤其是有关社会与人生方面的知识。因此，要健全自己的人格，必须以知识的学习为支撑，尤其要学好人文科学知识，加强科学素养，同时也要学好心理学，学会心理的自我调节。

（四）积极参加实践活动

实践是人格发展的必由之路。无论是知识的获取还是能力的形成，都离不开实践。例如，一个人的勤奋、坚韧、乐观、细致等人格特征都是长期实践锻炼的结果。大学生应积极参加各种有益于身心健康的实践活动，如近年来校园内兴起的青年志愿者活动对于大学生人格的发展与塑造就很有意义。

（五）学会合作，融入集体

人格发展、塑造的过程，是人社会化的过程，是人与他人、集体、社会互动的过程。人格在集体中形成，在集体中展现，正如马克思指出的："只有在集体中，个人才能获得全面发展其才能的手段，也就是说，只有集体中才可能有个人自由。"集体是人格塑造的土壤。

集体是一个人展现其人格的舞台，也是认识自己人格的一面镜子。通过与集体交往，自己的某些品质或受到赞扬、鼓励，或受到指责、限制，从而有助于调整自我，而且集体能伸出手来，帮助集体中的个人择优汰劣。因而，集体是锻炼人格品质的熔炉。

（六）养成健康的生活方式

要做到生活有规律，科学用脑，锻炼身体，合理饮食，不嗜烟酒，丰富自己的兴趣爱好和业余生活。

（七）求助于心理咨询

大学生要改变以前的错误认知，充分利用门诊咨询、团体辅导及心理热线等多种心理咨询渠道，以便更加有效地维护心理健康，优化心理素质，促进人格完善。

美国著名心理学家詹姆斯曾这样说："播下一种心态，收获一种思想；播下一种思想，收获一种行为；播下一种行为，收获一种习惯；播下一种习惯，收获一种性格；播下一种性格，收获一种命运。"大学生只要能对自己的身心发展抱有积极的态度和认真的精神，相信通过科学的方法和手段并经过自己的努力，就一定能够实现心理素质的改变和人格的健全。

问题讨论

1. 什么是人格？谈谈你对健全人格的理解。
2. 大学生人格发展中值得关注的问题有哪些？你认为应该如何完善自我人格？

自我测试

一、气质类型测试

下面60道题，可以帮助你大致确定自己的气质类型。请根据自己的实际情况，对每道题在"很符合""比较符合""介于符合与不符合之间""比较不符""完全不符合"5个答案中选择1个最适合自己的。选"很符合"计2分，选"比较符合"计1分，选"介于符合与不符合之间"计0分，选"比较不符合"计–1分，选"完全不符合"计–2分。

（1）做事力求稳妥，一般不做无把握的事。

（2）遇到令人生气的事就怒不可遏，把心里话全说出来才痛快。

（3）宁可一个人做事，也不愿很多人在一起。

（4）到一个新环境很快就能适应。

（5）厌恶那些强烈的刺激，如尖叫、噪音、危险镜头。

（6）和人争吵时总是先发制人，喜欢挑衅。

（7）喜欢安静的环境。

（8）善于和人交往。

（9）羡慕那种善于克制自己感情的人。

（10）生活有规律，很少违反作息制度。

（11）在多数情况下，情绪是乐观的。

（12）碰到陌生人觉得很拘束。
（13）遇到令人气愤的事，能很好地克制自我。
（14）做事总是有旺盛的精力。
（15）遇到问题总是举棋不定，优柔寡断。
（16）在人群中从不觉得过分拘束。
（17）情绪高昂时，觉得做什么都有趣；情绪低落时，又觉得做什么都没有意义。
（18）当注意力集中于某事物时，其他事情很难使我分心。
（19）理解问题总比别人快。
（20）碰到危险情境，常有一种极度恐怖感。
（21）对学习、工作、事业怀有很高的热情。
（22）能够长时间做枯燥、单调的工作。
（23）对符合兴趣的事情，做起来劲头十足，否则就不想做。
（24）一点儿小事就能引起情绪波动。
（25）讨厌做那种需要耐心、细心的工作。
（26）与人交往不卑不亢。
（27）喜欢参加热烈的活动。
（28）喜欢看感情细腻、描写人物内心活动的文学作品。
（29）工作、学习时间长了，常感到厌倦。
（30）不喜欢长时间谈论一个问题，愿意实际动手做事。
（31）宁愿侃侃而谈，也不愿窃窃私语。
（32）别人总是说我闷闷不乐。
（33）理解问题常比别人慢一些。
（34）疲倦时只要短暂地休息就能精神抖擞，重新投入工作。
（35）心里有话宁愿自己想，也不愿说出来。
（36）认准一个目标就希望尽快实现，不达目的誓不罢休。
（37）学习、工作一段时间后，常比别人更疲倦。
（38）做事有些莽撞，常常不考虑后果。
（39）老师讲授新知识时，总希望老师讲得慢些，多重复几遍。
（40）能够很快地忘记那些不愉快的事情。
（41）做作业或完成一件工作总比别人用的时间多。
（42）喜欢运动量大的剧烈体育运动或参加各种文艺活动。
（43）不能很快地把注意力从一件事转移到另一件事上去。
（44）接受一个任务后，就希望能够迅速完成。
（45）认为墨守成规比冒风险要好一些。
（46）能够同时注意几件事物。
（47）烦闷的时候，别人很难使我高兴起来。
（48）爱看情节起伏跌宕、激动人心的小说。
（49）对工作抱有认真严谨、始终如一的态度。

（50）和周围人的关系总是相处不好。
（51）喜欢复习学过的知识，重复做能熟练做的工作。
（52）希望做变化大、花样多的工作。
（53）小时候会背的诗歌，我似乎比别人记得清楚。
（54）别人说我“出语伤人”，可我并不觉得这样。
（55）在体育活动中，常因反应慢而落后。
（56）反应敏捷，头脑机智。
（57）喜欢有条理而不烦琐的工作。
（58）兴奋的事情常使我失眠。
（59）老师讲新概念，常常听不懂，但是弄懂了以后很难忘记。
（60）假如工作枯燥无味，马上就会情绪低落。

【计分】

胆汁质型得分：2、6、9、14、17、21、27、31、36、38、42、48、50、54、58的得分之和。

多血质型得分：4、8、11、16、19、23、25、29、34、40、44、46、52、56、60的得分之和。

黏液质型得分：1、7、10、13、18、22、26、30、33、39、43、45、49、55、57的得分之和。

抑郁质型得分：3、5、12、15、20、24、28、32、35、37、41、47、51、53、59的得分之和。

确定气质类型的标准：

（1）如果某类气质得分明显高出其他3种，均高出4分以上，则可定为该类气质。如果该类气质得分超过20分，则为典型；如果该类得分在10～20分，则为一般型。

（2）两种气质类型得分接近，其差异低于3分，又明显高于其他两种4分以上，则可定为这两种气质的混合型。

二、人格简易测验（自我实现）

对下面15道题的陈述，按以下标准选择你最符合的分数：1 = 不同意，2 = 比较不同意，3 = 比较同意，4 = 同意。

（1）我不为自己的情绪特征感到丢脸。
（2）我觉得我必须做别人期望我做的事情。
（3）我相信人的本质是善良、可信的。
（4）我觉得可以对我爱的人发脾气。
（5）别人应该赞赏我做的事情。
（6）我不能接受自己的弱点。
（7）我能够赞许、喜欢他人。
（8）我害怕失败。

(9) 我不愿意分析那些复杂问题并将其简化。

(10) 做一个自己想做的人比做一个从众的人更好。

(11) 在生活中，我没有明确的要为之献身的目标。

(12) 我由着自己的想法表达情绪，不管后果如何。

(13) 我没有帮助别人的责任。

(14) 我总是害怕自己不够完美。

(15) 我被别人爱是因为我对别人付出了爱。

【测验结果说明】

计分时，对2、5、6、8、11、13、14题反向计分（4=不同意，3=比较不同意，2=比较同意：1=同意），然后把15道题的得分相加。

这项测验是琼斯和克兰戴尔（1986）编制的一项关于自我实现的简短测试。可以把你的得分和下面大学生的常模进行比较。

男生：平均分45.02，标准差4.95；

女生：平均分46.07，标准差4.79。

你的得分：__________。分数越高，说明在你人生的某个阶段越有可能达到自我实现。

（参考资料：许燕. 人格心理学［M］. 北京：北京师范大学出版社，2009）

第八章 求职择业篇——我的未来不是梦

第一节 职业的选择与设计

经典案例

松下——不言放弃

日本松下电器公司总裁松下幸之助，年轻时家庭生活贫困，常为找份工作奔波。有一次，瘦弱矮小的他到一家电器工厂去谋职，负责人看到他衣着肮脏，觉得很不理想，但又不想直说，于是找了一个理由说："我们现在暂时不缺人，您一个月以后再来看看吧。"这本来是个托词，但没想到一个月后松下幸之助真的来了，那个负责人又推脱说此刻有事，过几天再说。隔了几天，松下幸之助又如此反复来了多次，那个负责人干脆说出了真正的理由："你这样脏兮兮的是进不了我们工厂的。"于是，松下幸之助回去借了一些钱，买了一套整齐的衣服穿上又返回来。负责人一看实在没有办法，便告诉他："关于电器方面的知识你知道得太少了，我们不能接受你。"两个月后，松下幸之助再次来到这家企业，说："我已经学了不少有关电器方面的知识，您看我哪方面还有差距，我一项项来弥补。"

这名人事主管盯着他看了半天才说："我干这一行几十年了，头一次遇到像你这样来找工作的，我真佩服你的耐心和韧性。"结果，松下幸之助的毅力打动了那名主管，终于答应让他进那家工厂上班。后来，松下幸之助以不懈的努力逐渐发展成为一个非凡的人物。

在成功者的眼里，失败不过是暂时的挫折，这说明自己还存在某种不足和欠缺，找到并补上这个缺口，自己就增长了一些经验、能力和智慧，也就会离成功越来越近。失败者之所以失败，最重要的原因就在于缺少一种韧性和勇气，遇到一点儿挫折，就打起了退堂鼓。在人生的道路上，真正的敌人不是失败而是自己。世界上真正的失败只有一种，那就是轻易放弃。

（资料来源：http：//zx.boairc.com/show_9607.html）

随着高等教育改革的深入，新世纪大学生如何在人才市场中选择适合自身发展需要的工作、拥有一份满意的职业，并在自己的职业生涯中拥有一个较高的起点，已越来越成为大学生们所关注的问题。大学毕业生要在人才市场中找到一份自己理想的工作，除了足够的知识储备外，还必须克服影响就业的不良心理，调适就业心态，客观地分析市场和自我，权衡利弊，扬长避短，以长远的眼光规划好自己的职业生涯，走好人生职业生涯的第一步。

一、扬长避短，进行自我职业定位

调查显示，大学毕业生最关心的问题是就业形势。大学毕业生对职业的选择是人生的最大选择之一，跨出校门的第一步即意味着从此踏上了社会。因此，就业对大学生来讲，不仅意味着职业的选择，更是对将来人生道路和生存方式的选择。

（一）自我思考与选择

大学毕业生要想获得理想的岗位，首先必须掌握职业的基本知识，准确地进行自我评价与定位，在此基础上积极寻觅适合自己的岗位。职业是劳动者能够稳定从事的有报酬的工作，是劳动者获得的劳动角色，是一种社会劳动岗位。从这个概念出发，职业对于个体来讲有三层含义：生存的需要；寻求施展个性和个人才能的领地；在从事职业的同时，也在承担社会义务、为他人提供服务。因此，大学毕业生在选择职业时，对职业的认识态度，对某一职业的社会价值和通过职业活动体现的个人价值的认识，会直接影响其职业选择。究竟是将职业只当成谋生的手段和个人家庭的经济来源，还是将职业作为个人才能充分发挥的舞台或者贡献社会、实现自我价值的途径等，都必须考虑清楚，二者有着明显的区别。对职业功能的不同期望，会影响一个人对职业的选择倾向，所以大学生在择业之初，要进行自我思考，拟定择业思路。

（二）自我评价与定位

选择职业，实际上是在选择一种双向适合的状态，即自己适合的职业和适合自己的职业。有的职业有许多人羡慕或有许多人适合，但并不一定完全适合自己。因此，在择业前有必要从多方面了解自己，对自己的个性、特长、能力、职业兴趣、价值观、角色兴趣等进行自我评价，然后从自我评价出发进行准确的自我职业定位。

1. 自我评价

择业的过程既是一个寻找与选择从未从事过的职业的过程，也是一个发现自我的过程。择业初始，应认真地审视自己，客观地评价自己，认清自己的优点、缺点以及长处、短处，只有如此，才能知道什么职业是适合自己的。客观地评价自己，首先应该分析一下自己的能力哪些是强项、哪些是弱项，如语言表达能力、动手能力、人际沟通与协调能力、推理决策能力、记忆能力、计算能力、忍耐能力等。其次是确认自己的职业兴趣。职业特性一般有领导型、科研型、艺术型、安全保卫型、机械型、服务型、营销型、生产型等，寻找自己感兴趣的职业，会使自己既能干又有激情。最后是角色兴趣。每一个行业都有多种不同的工作内容，使不同的人承担不同的角色，分析一下自己对哪些角色感兴趣。在了解职业兴趣的基础上再了解自己对工作角色的兴趣，这样就可以解决自己到底想干什么的问题。通过对自己的个性能力、职业兴趣、角色兴趣的清楚了解，就可以基本把握自己与职业相关的特性。

2. 自我定位

在了解了自己的个性特征后，大致可以对自己今后从事的职业有明确的目标范围，即自我定位。对职业的定位一定要符合本人的实际情况，同时也取决于当年的就业形势。定位太高就难以实现，定位太低则会后悔。职业定位反映了求职者对未来职业的理想，包括对职业的工作环境、工资福利、所受培训、个人发展等的期望。职业定位应综合职业的多种因素，最主要的是要做到人职匹配，即定位于适合自己、自己也适合的工作，切忌盲目地以工资收入高低、工作环境优劣等作为定位的标准。

二、统筹兼顾，注重远程效应

许多毕业生在择业时，常将择业条件中的工作地区条件放在首位，并且把这些条件局限在大城市和东部沿海开放地区。为了留在这些地区，一些毕业生不惜在单位的选择上放低标准，而对一些小城市和不发达地区的就业机会根本不加考虑，即使是一些很有前途的职业也常失之交臂。其实这种就业思想是不可取的。就业地区固然要考虑，但更要考虑职业是否符合自身的条件，是否有利于自身的发展。况且当前全国的经济形势发展很快，随着国家西部大开发战略的实施，广大中西部地区的发展急需各类人才。对各类学有专长的人才来讲，中西部地区在某种程度上有着比东部地区更多的机遇，更有利于人才的脱颖而出。因此，对广大毕业生来讲，不要将眼光仅仅局限在有限的东部发达地区和几个大城市，而应统筹兼顾，充分考虑各种因素，着眼于职业的发展前景，追求职业的远程效应。

三、返璞归真，选择平凡职业

有一首流行歌曲唱得好："曾经在幽幽暗暗反反复复中追问，才知道平平淡淡从从容容才是真。"这虽然是一种人生的抽象感悟，若用它来概括择业的感受也是有几分道理的。不得不承认，热门职业、外资职业的眼前利益是可以看得见、摸得着的，但若一窝蜂地拥上去，拼死拼活地比拼，也是得不偿失的，甚至会使自己失败。俗语说，"三百六十行，行行出状元""条条大路通罗马"，换个思路想问题，看似平凡的职业，同样可以做出不平凡的业绩来。

大学毕业生在择业过程中，易犯眼高手低的毛病，总想着一步到位，非外企就不去，恨不得一夜之间成为实力派。"心急吃不了热豆腐"，急躁心理不可取。很多外资企业非常看重大学生是否有实践经验，也就是说，外企要熟手而不想要新手。从这个意义上看，选择从平凡的岗位做起，积累经验，将书本知识转化成实战能力，不失为一种明智之举。正如专家建议的那样，紧追热门职业，不如瞄准潜力行业。暂时无门的人，一方面，要认识到就业形势的严峻，重新调整求职的心理定位，不要强求专业的对口和较高收入，先把握可能有的机会，待积累几年职业经验以后，再谋求新的发展机会；另一方面，不要停留在已有的知识和技能上，要趁年轻多学一点本事，为未来新的职业发展做好充分的准备。

因此，大学毕业生在择业过程中应当注意两个问题。一是心态务实。随着人才流动的加速，由市场配置人才的机制进一步完善，"一次选择"定终身的情况已成为历史。要学会以平常心去面对市场，择业时由更多地考虑“我想从事什么职业”转变为“我能干什么”，客观地审视自己，立足于实际情况来定位，把握择业期望，拓宽视野。二是完善自我。将合理设计自己接受再教育的计划和选择未来的职业结合起来，重新构建相关职业的知识结构，为寻求适合自己事业的发展奠定基础。另外，还要有不断创新的进取心，才能在市场化的时代赢得主动权。

综上所述，求职择业关乎大学生的前途命运，也是大学生在大学期间的最后一门功课。学校应该给大学生以悉心的心理指导，帮助他们消除不良心理，保持积极健康的心理，使他们在择业中稳操胜券。

第二节　大学生职业选择的心理准备

经典案例

宝贝放错了地方便是废物

在人才市场竞争越来越激烈的形势下，许多流连于招聘会的求职者开始认识到，一个理想的职业要既能发挥自己的能力，与自己的兴趣和长处相吻合，又能使自己在工作中得到培养和锻炼。

计算机专业的小邓被几家电脑公司看中，他们都愿出高薪聘请。有一家公司答应给他年薪4万元，很有诱惑力。他到该公司实地考察后，感觉工作环境的确不错，但老板只要求他做一般的文字和数据输入的轻松工作，他婉言谢绝了。他说：“我不愿接受他们的低职高聘，假如我一直被困在简单的操作中，进行有价值的软件开发就将成为泡影，长此以往，会销蚀自己的创造力，这不值得。”在小邓看来，能否施展才能才是择业时应考虑的首要问题。

赵女士是一家生产环保产品企业的经理。想当初她刚进入这个企业时，眼前四壁空空，每个月的薪水仅1000元，而当时其他行业的收入有的已达数千元。但赵女士没有动摇，她喜欢这种有挑战性的工作，更看准了环保产品的前景。那时她的生活费经常靠家人贴补。然而，两年之后，这个企业越来越红火，产品市场占有率越来越大，赵女士也凭借自身的才能一步步升迁，工资也跟着直线上升。她说，她最大的长处就是有耐力，喜欢具有挑战性、创造性的工作，而这家环保企业正好发挥了她的长处。

微软公司的总裁比尔·盖茨的最高文凭是高中，因为他没有读完哈佛大学就去经营自己的电脑公司了。盖茨是世界上及早发现自己长处的人，他会成为世界首富不足为奇。

（资料来源：孙智凭，等. 大学生心理健康概论［M］. 北京：北京工业大学出版社，2005：462）

命运并非命中注定。命运是大学生自我角逐的奋进，是心灵与世界撞击的火花，是人格与环境的抗争，是意志与毅力的展示。选择职业便是大学生把握自己命运的一次机会，命运就掌握在你们自己手里。大学生要牢牢把握住这一人生的历史机遇，做好择业心理准备，排除择业心理障碍，全力以赴，以积极的心态向自己理想的择业目标冲刺，成功在等待着你们。

临近毕业，高校毕业生分配制度的改革使大学生有了更大的择业自主权，大学生完全可以根据自己的意愿选择理想的职业和单位，但大学毕业生人数逐年增多，人才市场竞争日趋激烈，理想的职业并非易得。面对这种人才市场竞争的形势，大学生必须做好择业的心理准备。

一、了解人才市场，充满择业信心

高校毕业生分配制度的改革，是在我国由计划经济向市场经济转变的大背景下启动的。把高校推向社会，把学生推向经济建设的主战场，把市场竞争机制引入毕业生分配领域，已成为做好毕业生就业工作的主旋律。

市场为大学生提供了广阔的就业背景。对于大学生来说，择业便是一个现实的表演舞台。择业的过程，就是大学生从自身的职业预期出发，对社会的各种职业进行比较、评价、抉择的过程。要比较，要抉择，就要了解人才市场的新变化、新特点。知己知彼，方能百战百胜。只有了解市场，才能有的放矢地去寻找新的择业方向，才能对自己的择业进行合理和科学的定位，才能在激烈的竞争中增强择业信心，立于不败之地。

（一）了解用人市场的新动向

中国加入WTO（世界贸易组织）后，随着世界经济状况的不断变化，社会对人才需求的层次不断攀升，各类与国际接轨、懂得国际通行规则的专业人才都非常紧缺。例如市场对外语类、金融财会类、商品贸易类、旅游类、法律类以及经济管理类等专业毕业生逐渐走俏，国际经济贸易类和涉外专业毕业生的需求量大幅度上升。从目前的情况看，传统专业的毕业生就业形势严峻，这些专业有历史学、考古学、基础教育学、物理学、社会学等。就业的市场化为国内各大专院校的专业设置敲响了警钟，学校专业的设置不能脱离市场需求。现在用人单位对人才的基础标准也有了很大的变化，往年英语四级的标准变成了英语六级，计算机二级变成了国家二级。不少用人单位在招聘现场要求学生用英语填写简历，或进行英语对话。用人单位为什么抬高门槛呢？某知名企业的人事处负责人认为，英语成为对外交流的通用语言，计算机则是电子商务的基本手段，大学毕业生的这两项能力一定要过硬。所以，大学生既要清楚地认识到国际、国内大环境的变化，也要研究人才市场的新动向，把握人才市场的脉搏，以便在择业时有信心。

（二）确立择业竞争意识

大学生的竞争意识是市场经济体制下必然要求的思维理念。市场经济的核心内容是竞争，社会各个方面都存在着竞争，择业只是激烈竞争的一个方面。大学生应该从入校起就培养自己的竞争意识，争取成为竞争的强手，把竞争看作一种快乐，因为竞争是强者之间能力的比试。择业是双向选择，“我择业，业择我”。对此，每个大学生都要积极应对，参与竞争。

天才人物不是天生的强者，其竞争意识并非与生俱来，而是在后天的奋斗中逐渐形成的。他们具有常人所不具备的坚韧毅力，勇于拼搏，不断进取，真可谓“与天奋斗，其乐无穷；与地奋斗，其乐无穷；与人奋斗，其乐无穷”。有竞争意识的人往往敢于冒险，从而做出他人无法企及的事。

大学毕业生要树立竞争意识，有胆识，敢于竞争。不要轻易示弱和言败，不要因为弱小而不敢与人竞争。每个人都有自己的生存方式，“天生我才必有用”，勇敢面对困难，同样能培养出竞争意识，同样能成为生活的强者。世上没有弱者、失败者，只有胆怯者和懦弱者。

（三）增强择业的自信心

自信心是人格健全的人必定具备的心理素质。它意味着一个人对生活有信心，意味着一个人有事业心和成就感。自信心是前进的动力，是成功的保障和第一秘诀。无论才干大小、天资高低，成功首先取决于自己坚定的自信心。相信自己能做成的事，就一定能够成功；反之，自己都不相信能做成的事，怎么可能会成功！你面临职业选择而忧心忡忡，多半是因胆怯或缺少自信。请记住这样一句格言：世上只有没能获得成功的人，没有不能获得成功的人。

在择业时确保充满信心，要注意以下6个方面的问题：

（1）在心中要描绘出自己希望达到的成功蓝图，然后不断地强化这种印象，使它不致随着岁月的流逝而消退模糊。此外，切莫设想失败，亦不可怀疑此宏观蓝图实现的可能性，因为怀疑是成功的心理障碍。

（2）如果冒出怀疑自身力量的消极想法，要尽快驱除，必须设法发掘积极的想法，并将它具体列出来，同时强化这种积极的态度。

（3）不要受他人的威信影响，不要盲目仿效他人。他人的东西永远是生搬不来的，唯有自己方能真正拥有自己，任何人都不可能成为另一个自己。

（4）每天重复说10次这段强有力的话：“谁也无法阻挡我成功。我很棒，我能够成功！”用积极的心理暗示克服消极的心理障碍。

（5）寻找对你了如指掌且能对你给予忠告的朋友，帮你一起分析，使你了解自己的自卑感或焦虑感的根源所在，克服消极的情绪。

（6）正确估计自己的实力，对自己的定位要恰如其分，既不能过高也不能过低，这样有利于制订取得成功的就业计划。

二、调适情绪，克服择业自卑心理

大学生求职择业，不仅应具有良好的思想品德素质、科学文化素质和身体素质，也应有良好的心理素质。良好的心理素质，不仅能使大学生在择业期间保持良好的心态，适时调整自己的行为，促进顺利就业，而且可以在择业后顺利适应职业及环境，尽快成才。择业过程中，往往有一些大学生过度地低估自己，总是自惭形秽，看不起自己，缺乏信心和勇气，不敢竞争。这种自卑心理会使自己失去较多的就业机会，因此必须努力克服。

（一）保持良好的择业心境

有人说，择业的竞争也是心理素质的较量。良好的择业心境主要体现在能理智地看待择业问题，能冷静地分析择业形势，能泰然地面对择业竞争，能乐观地摆脱择业挫折。因此，大学生在平时就要有意识地培养自己良好的择业心境，消除可能出现的、易引起不良心境状态的消极因素，注意健康心理的养成，使自己在择业的关键时期能够乐观冷静、临场不慌。

面临毕业，大学生自然会考虑到社会给自己提供了哪些职位，有多少选择的机会与可能，同时也会想到如何认识自己、调整自己，使个人做出最佳选择并尽快适应职业需要。前者属于社会就业环境问题，在很大程度上不以个人意志为转移；后者则是心理问题，属于个人可掌握的部分。认识环境，把握自己，保持良好的心境，是择业必备的心理素质。

（二）确立合理的择业角色

大学生正值人生风华正茂的时期，经过十几年的学习实践对自己的知识水平和工作能力有了较强的自信心，同时对即将从事的专业工作也感觉“英雄终于有了用武之地”，表现出极强的成就欲望。另外，他们又难免存在着缺乏社会经验、理性认识少、所学的书本知识与实践相脱节的现象，因而对未来缺乏信心，有自卑感。还有的同学希望一到工作单位就受到重用，要干一番大事业，或以知识渊博、拥有文凭与学位自居，孤芳自赏。这些不良的心态，必然会影响其今后事业的发展。因此，大学毕业生要摆正自己择业角色位置，既不自高自大，也不自暴自弃。

择业中能否摆正自己的角色位置，往往取决于两个方面：一是对自己的认识要客观，二是对职业的选择要实际。一个合理的、客观的自我认识是择业的前提。不少同学在选择职业时，考虑更多的是“我想干什么”，很少能用“我能干什么”的眼光全面审视自己。应该认识到，每个人既有择业的优势，也有择业的劣势，应该从社会的角度、他人的角度、全局的角度来了解自己在择业中的客观角色，找到最合适的落脚点。择业时，要认真考虑自己愿意干什么，适合干什么，所学专业的培养和适用方向是什么，社会对毕业生的需求形势如何，国家有哪些政策规定等，这些问题在择业前都要做到心中有数，只有这样，才能找准自己和社会职业的结合点，才能在择业竞争中处于主动地位。

（三）调整择业的期望值

克服择业自卑心理的有效方法是调整择业的期望值。一般来说，每个人都希望获得一份能更好地满足自己物质和精神需求的工作。但是必须看到，要使这种需要变成现实并非易事，它受自身条件和客观因素的制约。如果这种期望值过高，就难免走入择业的误区。

把握择业的期望值，要注意两个问题。一是克服图虚荣、图享受、图安逸的思想倾向。由于虚荣心作怪，一些同学在选择职业前不顾主客观条件，一心想找一份“让人羡慕的工作”，其结果是要么因脱离现实而失败，要么工作后才能无法得到施展。有的同学只重金钱、图实惠，只要待遇高，干什么都行。这种只图一时享受，不考虑国家需要和个人发展的思想，不仅是不可取的，而且是不现实的，难免会碰壁。二是防止期望值过高。期望值过高容易使人陷入困境，或者是由于超出现实的可能而屡屡失败，即使侥幸获胜，但因自身能力不及，无法胜任工作而处于被动。要正确地分析自己，明确文凭不等于能力，要虚心学习周围人之长来补己之短，树立起“从基层干起，善于从小事磨炼自己”的正确成才观念。大学生一定要放下架子，要把远大理想落实在一步一个脚印的努力之中，否则将一事无成。

美国著名社会学家卡耐基有一句名言：“你若不能做一条大路，那就做一条小径；你若不能做太阳，那就做一颗星星。不要以大小决定你的输赢，但要做，就要做最好的你。”卡耐基的话是说唯有在合理的期望下正确地认识自我才能更好地保持心理平衡。对大学生来讲，生活与理想应切合实际，不能脱离的现实环境；只有充分了解自己，对自己的能力做出恰当的估计，才能寻找到适合自我发展的职业和岗位，为自己走向成功迈出第一步。

三、合理设计，发挥自我优势

（一）了解自己，随时准备推销自己

大学毕业生对自己应有一个正确全面的认识。例如，自己的兴趣爱好是什么，自己最擅长的工作是什么，自己的长处和弱点各是什么等。毕业生应根据自己的特点（生理和心理特点以及自己的知识能力结构），认真考虑自己想做什么工作、适合做什么工作、所学专业的培养和适用方向应是什么。然后，准备好个人的自荐材料、成绩登记表、学校的推荐表、在校期间发表的文章和各种获奖证书等。要了解学习有关心理学、公共关系学的基本知识，掌握推销自己的一系列技巧，如介绍自我的技巧、回答问题的技巧、表示诚意的技巧、赢得好感的技巧、与人交谈的技巧等，做好各方面的准备，随时把自己推销出去。

（二）注重择业的匹配性，发挥自身优势

不同的人有不同的职业适应范围，不同的职业对人有不同的要求，两方面的最佳结合就是择业者的个人特征与职业要求相匹配。从现实来看，随着时代的发展，社会分工越来越精细，职业对人的专业知识、专业技能的要求越来越严格。高校的一切教育、教学，从课程设置到专业训练，从思想教育到行为规范，都是围绕着这一目标展开的。如果大学生无视自身的条件，不懂得在个人对社会职业进行选择的同时，社会职业也要对个人进行选择的道理，一味沉浸在脱离个人实际的“自我设计”中，不仅在择业中很难做出明智的选择，在就业后也会因所学非所用、专业不对口而困惑、烦恼，直接影响到个人的发展前途。实践证明，大学生在择业中增强择业的匹配性，不但有利于缩短适应期，有利于实现个人特征与职业需要相匹配，从而实现人才资源的合理配置，而且有利于增强个人的自尊心和自信心。根据自己的优势选择职业，不仅

体现了人尽其才、才尽其用的原则，而且体现了对职业负责、对社会负责、对自己负责的精神品质。

（三）筛选就业信息，寻找实现目标的单位

寻找能够实现自己目标的单位，是择业成功的关键环节。择业的最终目的就是找到一个愿意接收自己、自己也愿意去工作的单位。但是，对于很多毕业生来讲，目标也许是抽象而模糊的，而选择对象往往是具体的，毕业生所注重的任何一个方面也许有许多单位同时能够满足，但这些单位的内在方面有很大差别，需要毕业生筛选。例如，一个愿意做学问的毕业生，可能会面临是继续攻读学位还是选择研究所、高校等单位就业，而同样能够提供做学问场所的研究所和高校，可能提供的其他条件不完全相同。再如，一个倾向于追求高薪的毕业生，可能发现许多单位提供的薪水都比较高，但这些单位的工作性质等内在方面却大相径庭，即使同行业、同规模的单位也可能由于企业文化、经营管理方式等方面的不同，给毕业生的发展前景带来完全不同的结果。要从众多的单位中找到自己的目标单位，首先是要尽可能获得足够的信息。没有足够的信息，一切分析判断都无从进行。

社会发展日新月异，就业热点层出不穷。知识经济时代，不仅热门职业在变，而且对人才的学历层次、知识结构的要求也在变。大学生如果只顾眼前利益，而放弃了自己的长远目标，也许很快就会发现自己在不知不觉中成了落伍者。如果立足于长远的考虑，在最能发挥自己优势的方面孜孜以求，即便暂时有所失，但几年之后在所擅长的领域做出成绩时，自己的所得将补偿乃至超过自己的所失。因此，大学生择业前要充分考虑，做好各方面的心理准备。

第三节　大学生择业心理偏差与调适

经典案例

杞人忧天的烦恼

李某来自四川农村，性格内向，不善言辞和交际。升入大四后不久，他就感到有一种莫名其妙的恐惧，担心自己能力差，不善于与人打交道，不能适应社会；担心自己没有好的社会关系，在竞争中容易吃亏；担心自己的知识结构不完善，难以胜任将来的工作岗位；想报考研究生，延缓几年再走向社会，但又担心考不上，况且即使考上了还会加重家里的经济负担。他越是告诫自己不去多想，安心学习、考试、做设计，越是不能静下心来，以致学习成绩大幅度下滑。临近毕业，他看到有的同学满心喜欢地找到满意的工作单位，心里既羡慕，为同学感到高兴，又为自己还没有着落而忧心忡忡，整天唉声叹气。他试着联系了一家单位，可又久久没有回音。于是他认为自己事事不如他人，

变得越来越自卑，越来越胆怯，以致茶饭不思，夜不能寐，神思恍惚。

（资料来源：孙智凭，等．大学生心理健康概论［M］．北京：北京工业大学出版社，2005：461）

大学毕业生经过4年的拼搏，开始进入择业阶段，这是决定自己前途命运的关键时刻。很多人不知究竟“路在何方”，心里难免忐忑不安，不同程度地表现出浮躁、焦虑和恐惧等心理障碍。大学毕业生应该正确对待择业中的各种问题，运用科学的方法，及时地化解自己的心理障碍，以使择业顺利进行。

一、择业急躁心理及调适

择业急躁是毕业生择业中的常见心理，在许多毕业生身上均有不同程度的反映。所谓择业急躁心理，指毕业前缺乏主见，缺乏思考，而又急于确定工作的不安心理。择业中急躁心理的主要表现为病急乱投医，心情常常被毕业后马上工作左右，不能冷静、客观地思考择业、去向问题；情绪总处于一种难以自制的躁动状态，行为上不加任何约束，感情用事，决策时不考虑后果、草率行事；对就业没有明确的目标，喜欢与人盲目攀比，心中常有不服气、不认输之感，但又担心自己找不到工作；学习心不在焉，生活无精打采；性格内向者，更是经常闷闷不乐，满腹心事，唉声叹气；性格外向者，时常唠叨，牢骚满腹，怪话连篇。

（一）大学生择业急躁心理产生的原因

1. 青年期固有的因素

从小学、中学到大学，通常需要十几年，等到大学毕业时年龄一般在23岁左右。处在这个时期的青年，接受新鲜事物快，容易产生幻想，处理问题好冲动，自我意识比较强烈。虽然其生理发育基本成熟，但相当一部分大学生心理发展还不成熟、不稳定，加上其知识结构不完善，每个人的生活体验千差万别，其个性心理特征也会有较大差异。虽然有差异，但在择业过程中都不同程度地表现出心理活动的浮躁、彷徨和不安等，感到对找工作无从下手、无从做起，既想尽快步入社会，又不知归宿在何处，表现出明显的急躁和盲从。

2. 毕业生对就业市场缺乏应有的了解

随着市场经济的建立和教育制度改革的不断深入，高校毕业生就业制度发生了很大变化，过去由国家包分配的就业制度被毕业后“双向选择”“自主择业”的就业制度所取代。很多大学毕业生都能够正确转变择业观念，主动迎接人才市场的挑战，积极投入自主择业的行列中去。然而，也有部分毕业生由于不了解市场的情况，对参与竞争既羡慕又恐惧，既向往又担心，忧心忡忡，形成了不应有的困惑。具有市场意识是当今社会对人才的必然要求，是大学生自身能够迎接挑战、跟上时代潮流的标志之一。只有树立了市场观念，才能了解市场、认识市场、适应市场；只有树立了市场观念，才能强化自身的竞争意识，做好参与竞争的思想准备。例如，近年来，社会上一直流传着毕业生就业难的观念。可是，究竟难到什么地步？哪些专业难？哪些行业难？哪些地区难？如果不能深入社会广泛收集信息、客观冷静地对就业形势做出评估，就可能心急如焚，为前途担忧，为就业奔波，从而容易出现过于急躁、盲目地选择工作单位的现象。

3. 就业期望值过高

大学生在毕业时都希望能找到一份充分施展自己才华和实现自己人生抱负的工作，这是人之常情，也是完全可以理解的。但是，如果就业期望值过高，脱离了实际，超过了现实的条件，就可能出现自寻烦恼、急躁盲从的现象。某媒体在全国范围内所做的一项大规模抽样调查显示：75%的毕业生想留在大城市工作，72.8%的毕业生希望在沿海地区工作，政府机关、外资企业、金融机构等是许多大学毕业生感觉最理想的单位。这一调查说明，大学毕业生普遍对择业的期望值过高，对社会的需求不了解，结果造成大城市、大机关、大公司去不了，小城市、小机关、小公司不愿去的局面。抱着期望值过高的心态去找工作，自然会产生择业急躁心理。

（二）择业急躁心理的调适

1. 加强自身修养，克服就业急躁心理

在就业问题上，不能凭感情用事，要善于控制自己的情绪，学会冷静、理智地处事。只有在冷静、理智状态下作出的决策才切合实际，从而避免行动的盲目性。

2. 正确把握毕业生就业市场的需求情况

近几年来，一些专业供过于求，导致了毕业生就业市场“人才过剩”的现象。其实，许多专业的社会需求量仍然很大，只不过是流向发生了变化。在择业时，主动地了解国家的就业方针，收集就业市场的用人信息，并根据市场的需要加快自我完善，就能克服盲目、急躁的心理和行为。

3. 及时、合理地调整自己的就业期望值

由于我国人口众多，生产力发展水平较低，接受高等教育的人才在逐年增加，而就业机会往往不能同步扩大，就业难仍是困扰各级政府的一大难题。加之国企改造，国家行政机关和事业单位压缩编制、裁减人员，下岗失业人员日益增多，就业形势更加严峻，而高校毕业生却在逐年增多。因此，面对以上情况，大学毕业生不能把就业期望值定得太高，即使热门专业的毕业生也同样要调整自己的就业期望值，使自己的理想更加切合实际、更加符合社会的需求，这样才能避免急躁、盲从行为的产生。

二、择业焦虑心理及调适

同学习焦虑、考试焦虑一样，大学生在择业时也会产生择业焦虑。所谓择业焦虑，指毕业生在落实工作单位之前表现出来的长期的焦虑不安。从心理上看，主要表现为“怕”字当头，向往就业，关心就业，可是一谈到找工作就业就茫然不知所措，有大难将至之感，心情烦躁，忧心忡忡；从生理上看，轻者长吁短叹，重者神情紧张，血压升高，整天闷闷不乐，疲惫不堪；在行动上，表现为择业时小心有余，果断不足，无所适从。择业焦虑在职业没有确定之前表现得尤为明显：有时恨时间过得太慢，度日如年；有时又恨时间过得太快，期限将至，单位无着落。

即将走出校门的大学生，由于缺乏社会经验，对选择职业这一人生课题产生焦虑是正常现象。一般来说，适度的择业焦虑可以唤起大学毕业生的警觉，集中注意力，增强其积极、主动参与市场就业竞争的意识，因此适度的择业焦虑是必要的。只有不适当的高焦虑才会影响择业的效果，高焦虑往往使人不能平静自如地应对择业中的种种挑战，在困难面前惊慌失措，在挫折面前一蹶不振。

（一）择业焦虑产生的原因

1. 等待盼望心理

在择业初期，一般招聘单位较多，选择职业的余地较大，一部分大学毕业生往往不愿与用人单位签订协议，总认为还会有好单位在后边，"这山望着那山高"，患得患失，等到众多机会丧失了，便产生焦虑、苦闷情绪。

2. 依赖心理

一些大学生在择业时，并不是自己积极地选择职业、参与竞争，而是依靠父母和亲朋好友找关系、托人情，一旦关系找不到、人情不好用，依赖无望，很容易产生焦虑心理。

3. 功利心理

有些同学在择业时，过分看重地位和实惠，一心只想进大城市、大机关，去沿海发达地区，到工资高、待遇好的单位，如果事与愿违，便会产生焦虑情绪。

4. 攀比心理

大学毕业生在择业过程中，不同的人，机遇也不会完全相同。一旦有部分同学抓住机遇，选择了比较理想的职业，另一部分没有找到理想职业的同学就容易产生焦虑情绪。

（二）择业焦虑心理的调适

大学毕业生择业的过程，是一个复杂的心理变化过程。面对严峻的就业形势和众多的竞争对手，要想获得择业的成功，没有充分的心理准备和良好的竞争状态是行不通的。因此，必须对焦虑心理进行调适。

1. 避免理想主义

大学毕业生的择业期望值普遍居高不下，已经对毕业生顺利就业产生了明显的影响。有些大学毕业生由于刻意追求最满意的结果，错过了许多好机会。尤其是有些各方面条件都比较好的大学毕业生，在择业过程中脚踩两只船，犹豫不决，以致失去就业机会。

2. 克服依赖心理

部分毕业生在择业过程中缺乏自信，把希望寄托在拉关系、走后门上，有的甚至由家长出面与用人单位洽谈，殊不知这样做恰恰让用人单位对毕业生产生一种不好的印象，认为其缺乏独立能力、没有开拓精神、工作能力差等。当今社会，挑战与机遇并存，失败与成功同在，只有在择业之初就树立强烈的自信心，敢于竞争，善于竞争，才能在众多的求职者中脱颖而出。

3. 消除从众心理

在择业大潮中，大学毕业生的期望水平会受到其他择业者的影响。虚荣心、饶幸心理会使其改变原有的自我期望，采取不切合实际的从众行为。学成从业、服务社会、实现自身价值，是每一个大学生的美好愿望。有些毕业生在择业过程中，不是从自身的特点、自身的能力、自身的优势和社会的需要出发，而是在同学中盲目攀比，好像找不到一个比别人更好的单位就丢了面子。到最后，只是为了求得一时的心理平衡，反而不利于自身价值的实现和长远发展。

4. 客观评价自己，保持良好心态

“尺有所短，寸有所长。”每个人都有自己的优点和长处，也都有自己的缺点和不足，所以每个毕业生对自身能力都应有客观和正确的认识，明确自己能干什么和不能干什么，这就是所谓的“知人者智，自知者明”。只有这样，毕业生才能树立良好的心态，在求职过程中抓住机遇，从而避免盲目性而减少失败。

三、择业恐惧心理及调适

大学毕业生分配制度的改革，使毕业生求职呈现多元化的趋势，拓宽了大学毕业生对职业的选择广度。但是职业选择的自由度越大，职业选择行为的责任越重，择业的心理恐惧感便越大。对择业的心理恐惧，使得大学生在求职过程中不能正常发挥自己的才能。例如，有的大学毕业生在面试场上表现得面红耳赤、语无伦次、支支吾吾、答非所问；有的辛辛苦苦准备了台词、腹稿，在情急之下，竟忘得一干二净；有的谨小慎微，害怕一句话说错、一个问题回答不好就会影响自己在用人单位的形象，以致不敢说话，该表达的表达不出来。大学生多是第一次经历这样的场面，由于缺乏经验，心理紧张可以理解，但如果过于紧张或异常恐惧，则会影响交谈水平的正常发挥。这对于大学生达到择业目的是非常不利的。

（一）大学生择业恐惧心理产生的原因

许多大学生面对用人单位严格的录用程序感到胆战心惊，如有的因为自己是女生而害怕求职时遭到性别歧视，有的因为自己学习成绩不佳而懊恼，有的因为自己能力较弱而紧张、恐惧，有的则害怕进入人才市场、害怕应聘失败等。这些都是择业恐惧心理的表现。引起择业恐惧心理的原因主要有以下3个方面：

1. 自卑心理的影响

有的学生大学4年顺利地走过来了，也具备了一定的实力和优势，但面对激烈的竞争，却觉得自己各方面都不如别人。自卑心理使得自己缺乏竞争勇气，缺乏自信心，走进人才市场就心里发怵，参加招聘面试则更加忐忑不安。也有一部分学生认为自己所学的专业在社会上竞争力不强，未必能在人才市场的竞争中占有优势，于是对自己的能力缺乏自信心，产生自卑心理，从而引起择业恐惧心理。

2. 信心不足的影响

许多大学毕业生在“双向选择，供需见面”的市场竞争中流露出信心不足的心理，惧怕竞争，缺乏足够的勇气，在求职过程中表现得过于怯懦。还有的大学生在“大学生择业难”的影响下会产生恐惧心理和示弱心态，如“我能竞争得过别人吗”，

“要是碰钉子多丢人”，“万一失败了怎么办”等。这种自己给自己设置的心理障碍，往往使大学生缺乏竞争的勇气和获胜的信心，在择业中将不可避免地产生恐惧心理。

3. 怕苦思想的影响

大学毕业生在求职过程中，普遍存在着“攀高心理”，理想职业的选择标准是“三高”，即起点高、薪水高、职位高。他们对所选择的工作要求名声好一点、牌子响一点、效益高一点、工作轻一点、离家近一点、管理松一点。这是典型的贪图享受而怕吃苦、怕受累思想的表现。在怕苦怕累的心理驱使下，大学生在择业中很容易产生恐惧心理。

（二）择业恐惧心理的调适

大学生要提高心理健康水平，保证求职择业的顺利进行，应及时调适择业期间出现的恐惧心理。调适择业恐惧心理的方法一般有以下3种：

1. 正视现实

现实是客观的，既有有利于自己的一面，也有不利于自己的一面。应该看到国家目前的生产力发展水平还比较落后，社会为大学毕业生提供的工作岗位不可能使人人满意，供需形势也很不平衡，边远地区、艰苦行业、基层和第一线急需人才。另外，我国毕业生就业市场还不规范，不公平竞争在一定程度上依然存在，这些都是客观现实。大学毕业生应该面对这些现实，正视现实，一切从实际出发，既不要心存幻想，也不能逃避现实。

2. 敢于竞争

大学毕业生就业制度的改革为大学毕业生和用人单位提供了“双向选择”的机会，大学生能够根据国家赋予自己的权利，结合自己的专业、爱好、性格、特长、愿望等挑选工作岗位，可以通过适当的途径和方式展示自己、推荐自己。大学毕业生应该珍惜这种机会，敢于竞争，不怕挫折，努力实现自己的抱负和人生理想。

3. 放眼未来

尽管社会为大学毕业生择业提供了“双向选择”的机会，多数大学生可以通过“双向选择”获得较满意的职业，但择业难的问题并没有从根本上得到解决。要看到，无论如何，择业都是自己生活的起点，一定要全身心地投入，才能使自己成长、发展、充实，从而实现人生的目标，实现服务于社会的目标。要认识到，基层是锻炼人的最好地方，为大学生施展才华提供了有利条件。大学生要想成才，没有捷径可走，只有立足基层才能有所作为，要克服怕苦怕累的心理，培养自己艰苦奋斗的思想作风。大学毕业生要在日常的工作和学习中，做好吃苦耐劳的思想准备，这不仅会对求职成功大有益处，而且对自己的一生都会产生积极的影响。

四、择业缺乏主见的心理及调适

大学毕业生择业时表现出来的长期犹豫不决、顾虑重重的心理就是择业缺乏主见。择业缺乏主见的明显表现：瞻前顾后，优柔寡断，犹豫不决，有时甚至以“抓阄”“抛硬币”决定取舍；即使作出一些决定也心有余悸、心绪不宁，他人一表示赞同就沾沾自喜，而不赞同就后悔不已。

择业过程不是一个简单的机械过程，而是一个复杂的心理过程，它受个体心理、群体心理和社会心理的制约，常常是多种心理矛盾交织在一起，难免令人顾虑重重，举棋不定。因此，择业中一时缺乏主见也是正常的，但是过于缺乏主见，一味地优柔寡断，则会影响择业的顺利进行。

（一）择业缺乏主见的原因

1. 较强的依赖性

大学毕业生长期受“培养高分低能人才”的学校教育和“溺爱式”家庭教育的影响，过多地囿于学校与书本，对学校、家庭、书本的依赖性强。此外，大学生在经济上尚不独立，客观上也迫使他们依赖于家庭，遇事明显缺乏主见。

2. 缺乏社会经验

我国大学生真正步入社会较晚，缺乏社会实践中的认识和解决问题的经验，特别是缺乏成功的社会活动的体验与经验，这些致使他们择业时缺乏主见。

3. 自卑心理的束缚

一些性格比较内向或受过挫折的同学，往往自我评价偏低，在择业时总是拿不定主意，过分谦虚，对自己不自信。这种自卑，往往会造成对自己能力的怀疑，从而在择业中很难有主见。

（二）择业缺乏主见的调适

1. 善于分析利弊

在择业过程中要树立正确的得失观，有所得必有所失，有所失必将有所得。利与弊往往是共生的，关键是看所作决策是利大还是弊大。要善于分析利弊，注意兴利除弊，变弊为利。面临职业抉择时，要考虑到国家政治和经济等方面的政策、工作单位的宗旨和前景、个人的能力和志向，毫不犹豫地下定决心，做出取舍。

2. 树立自信心，克服自卑感

首先，要相信自己，对自己有正确的评价，因为自卑主要来源于缺乏自信心。一个人的自信心并非与生俱来，而是在不断战胜困难中逐步培养起来的。任何人在生活中都不是一帆风顺的，都会遇到困难和挫折。其次，要经常对自己进行积极的心理暗示，如“别人能干好，我也能一定干好”，“我行，我一定能行”等。最后，克服惧怕心理。不要怕失败，因为失败并不表示自己不如别人，失败更不表示自己将一事无成，要相信失败乃成功之母。

3. 敢于决断

缺乏主见是一个人意志果断性发展不好的表现，因此日常生活中要善于培养自己处理事情的果断性。培养果断性过程中，凡是正确的，都以某种方式加以强化；决断错了的也不要失去信心，应把它看作“社会习题”中的一次失误，在总结教训的基础上，继续进行“演练”。

总之，在漫长的人生道路上，预想不到的困难和挫折是不可避免的。择业中遇到挫折是很正常的事情，大学毕业生千万不要大惊小怪，更不要因此而惶恐不安。择业中要客观地分析自我，努力克服择业中容易产生的急躁、焦虑、恐惧等心理障碍，以积极、健康的精神状态去应对变化多端的人才市场，始终掌握择业的主动权，以积极的心态、平稳的心境、出众的心智、顽强的心志、不紊的心绪和乐观的心理投入择业的过程中，为找到自己理想的职业而努力。

第四节　大学生择业技巧与指导

经典案例

我用真诚赢得工作

10日是武汉某大学水上专业的双选会，部分单位6日就来校物色毕业生。在中间3天的空闲时间中，他们来到我们寝室做宣传，同学们拿着自荐材料应聘。

我住在校外，知道消息时已是8日上午，于是晚上匆匆跑到招聘单位的位置。到了之后，发现那里已排着长长的队伍。晚上9时，我才走进一家远洋公司的房间，把自荐材料递给了对方。工作人员看了看，说要我的推荐表的原件。我心想，那个能随便给吗？也许对方认为我没有什么诚意吧，所以我只好“逃”走了。

马上我又转“战”到另一家单位——广州海运集团，仍有很多同学在那里。与招聘者交谈一阵后，对方要求我把成绩单拿过来就可以签约。当我打车往返，拿了成绩单赶到宾馆时，这里人已招满了。不过我觉得还算“幸运”，因为对班上两位英语过了六级的同学，对方并不“感冒”，而我连四级也没过，对方仍感兴趣，至少这也是一种鼓励吧，但毕竟错过了一次机会，一夜辗转。

9日早上8时，我又来到宾馆，仍有些单位陆续进驻，我守在门外。等到9时，又来到南京石油运输公司招聘处，对方条件不错，但“英语必须过四级”，仅这一条就足以让我望而却步。我还是不愿放弃，鼓起勇气和对方谈了很久，最后对方让我下午再详谈。

整个中午我都在门外守着，他们吃完饭回来后，我就跟进了房间。对方问我怎么这么早就来了，怎么不去试试其他单位。我就把自己非对方不“嫁”的想法陈述了一番。对方的表情告诉我，他们感动了！

是的，我已在那里等了不少于5小时。也许是我的诚意使然吧，我最终成了这家公司的一员。与其他同学相比，我签约的单位可能并非好单位，但这是我用自己一颗真诚的心换来的第一份工作！

（资料来源：张泽玲. 当代大学生心理素质教育与训练［M］. 北京：机械工业出版社，2004：152）

一、应试中的衣着技巧

服装是衬托一个人自然美的最重要的修饰手段，也是体现一个人文化修养的重要窗口。对于大学毕业生的求职衣着，见仁见智，不必求同，但大致要把握以下6点技巧：

（1）衣服要整洁、大方、得体。

（2）不要过分标新立异。应聘时，凡是令年长一辈的人觉得看不顺眼的服饰最好不穿，也不要全身挂满饰物，饰物过多会给人一种不稳重的感觉。

（3）不要过于随便。应聘时，短裤、运动装束、拖鞋、凉鞋、背囊之类的服装不太适宜。若申请白领职位，男生不宜穿牛仔裤，女生最好穿裙装。

（4）勿挑逗暴露。这主要是针对女生而言的。面试是严肃的场合，穿得过于暴露容易给人轻浮的感觉，因此不宜穿太短的裙子、低胸上衣或紧身衣裤，夏天不宜穿质地透明的裙子或衬衫，更不宜穿短裤或T恤衫贸然应试。

（5）发型以梳理整齐、大方美观为好，宜短不宜长，最好不要将头发染色。男士的头发不扫后衣领，不盖过脖子，不掩住耳朵；女士不宜梳长辫子。男士要剃净胡须，干净利索。

（6）无论什么季节，应聘面试时都以穿皮鞋为宜。鞋不一定要新，但须干净，颜色与衣服相匹配，黑色、棕色、偏深色是首选；鞋跟不宜钉铁钉，以免走动时咯咯作响。绝不可穿凉鞋和拖鞋，否则给人以不庄重、太过于随便的印象。男士不宜穿花袜子，女士穿裙子时宜同时穿上丝袜，颜色不宜太亮。

最后，摘录外国成功学专家摩根易在研究穿着如何使人求职成功中的一些建议，供求职者参考：

男士：如果能选择，穿着高雅为好；如果不知道如何穿着，守旧要比标新立异好；始终像你希望接受你观点的人那样穿着；不要穿绿色；不要戴太阳镜或变色镜，因为如果要人们信任你，就必须让他们看着你的眼睛；经常带一支好的钢笔和铅笔；如果可能，打一条较好的领带；除非必要，不要脱掉上装，否则会削弱你的权威；经常带一只好的公文包；不要穿戴任何使人感到是女性用的东西。

女士：使你的衣着适合你求职的工作和公司的要求；带一支应试专用的好笔；穿中上等的衣服；不要穿太时髦的衣服；如果能带一只公文包，就不要带一只提包；穿中性颜色的长袜；穿一件大衣，能盖住你的裙子；在屋里不要脱下你的短外衣。

二、应试中的礼仪技巧

礼仪是人类生活的润滑剂，也是彼此和平相处的共同语言。在择业应试中，学会运用公共礼仪，表现个人的修养素质，往往会招人喜欢。如果在求职中不懂得社交场合应遵循的一些规矩，逆其礼而行，就会被认为是失礼和可笑，当然就很难被用人单位录用。

（一）应试前的礼仪

1. 服饰要得体

你的打扮总是在无意中影响着他人对你的感觉。因此，服饰要整洁大方，以保守、庄重为好，不要追求时髦、乱穿乱戴，要与所谋求的职位相称，要体现出求职者对所求职业的重视和对主试者的尊重。

2. 准时赴约，单身前往

一般单位面试的时间都是计划好的，过早到达可能会影响用人单位组织者的工作计划，使对方不知所措，或得不到适当的接洽。迟到是万万不可取的，这会影响整个面试的进程。通常留给自己的时间要充足，必须提前10分钟左右到达面谈地点，以表示诚意，给对方信任感。但要记住，最好不要提早半个小时或更早进入考场，过早和迟到同样是不礼貌的行为，会给对方带来不必要的麻烦。另外，不可携恋人、朋友、同学等一同前往，否则会给人以缺乏独立性、无主见甚至不踏实的感觉，所以最好是单身前往。

（二）应试时的礼仪

1. 握手礼仪

应试主考官初次接洽你时，通过握手可以了解一些信息，因此你一定要不失身份地把手“握好”。握手时应注意下列事项：伸手动作要大方，态度要自然，要表现出真挚的热情；等对方先伸手时，再将右手伸出；握手时要面带微笑，眼睛注视着对方，并可根据不同场合和情况，边握手边向对方寒暄、致意；握手时切忌东张西望、漫不经心、不耐烦或勉强为之，否则会给人一种敷衍了事、缺乏诚意及傲慢之感；握手时要摘下手套，将其拿在左手上，不可随意一摔；要与对方的手确实相握，而不是将手轻轻接触一下；一般男士不主动握女士的手；握手的手心要保持干燥，握手时要热情有力，但不可用力过猛，否则会让人感到你是傲慢、自大的人。

2. 言谈礼仪

求职者在应试时要讲究文明礼貌，讲究言谈礼仪。在应试面谈中，要掌握好以下10个要点：

（1）与人说话态度要诚恳，不要心不在焉，眼睛要注视对方。

（2）要彬彬有礼，不要蛮不讲理，表情要自然，行动要得体。

（3）不要嘲讽、攻击、挖苦别人。

（4）不要口若悬河，滔滔不绝，长篇大论。

（5）不要满口脏话或在言语中带出脏字俗语。

（6）不要处处炫耀自己。

（7）要给别人说话的时间，不要垄断话题、夸夸其谈。

（8）认真聆听别人的谈话，适时回应对方。

（9）不要轻易打断别人的话题。

（10）切勿与人争执、抢占上风。

3. 听话礼仪

面试时要遵循听话礼节。面试离不开交流，成功的面试在于学会听话。听话时要做到“四心”，即用心、耐心、会心、虚心。用心即不要东张西望，要专心致志；耐心即不要随意插话，要尊重对方；会心即不要被动接受，要主动呼应；虚心即不要喧宾夺主，要谦虚婉转。

4. 行为礼仪

在求职应试过程中要始终讲究举止礼仪，行为文明。要用良好形象展现你的风度，用坦诚展现你的魅力，用赞许展现你的成熟，用微笑展现你的胸怀，用幽默展现你的情趣，用礼节展现你的修养。求职者在应试中的主要行为礼仪和规范有以下7个方面：

（1）坐姿：挺胸抬头，正视对方，手放膝上，不要跷二郎腿，不要抖腿，女士不要叉腿。

（2）立姿：挺胸抬头，双脚立定，不要倚门窗，不要一腿实一腿虚。手须自然垂直或放松，不要抓耳挠头或做其他不雅动作。

（3）行姿：行走稳健，快慢有度，目视前方，不要过急或过慢，不要东张西望。

（4）手势：在面试时可配以手势和肢体语言，但不要故作夸张、手舞足蹈。

（5）言语：声音不要太大或太小，以使对方听清为宜，尤忌高声喧哗或与人争执；语速不宜太快，以免给人性急的印象，也忌过慢或吞吞吐吐，有口吃的求职者要先向对方表示歉意；不要用方言，要用普通话，除面试有特殊规定外，宜用中文；在休息时为制造和谐气氛可适度幽默一下，但切忌过分，如果没有幽默天赋或掌握不了度，最好不要幽默；不要一味阿谀逢迎、毫无主见。

（6）表情：微笑永远是迷人的，但不要假作笑脸，要有发自内心的真诚微笑；不要作奸笑、冷笑、大笑状；笑以不露牙龈为宜，不要掩口窃笑。

（7）其他行为：不要吸烟，尤其不要在公众场合和女士面前随意吸烟。

（三）应试后的礼仪

应试结束时，求职者应礼貌道谢，及时退出考场，不可再补充几句，也不要再提什么问题。如果有必要，可事后写信说明、打电话或上门回访，不能在考试后拖泥带水，影响他人面试。

面试结束后，即使对方表示不予录用，也都要表示感谢，使自己的求职善始善终。

应试结束后应做好两手准备。参加面试往往是自己在被招聘单位挑选时，要么被录用，要么被淘汰，对这些都要有思想准备。面试结束后，短期内不宜出差或电话通知不到。如果有联系不便的情况，应事先向招聘单位说明，表示你的诚意。应试失败在所难免，应重整旗鼓，卷土重来，再试牛刀。

三、应试中的应变技巧

语言是一门艺术，学会应变是一门高深的策略和技巧。应聘者常常会遇到很多尴尬、棘手的局面，如何应变作答、化险为夷，在择业应试中是十分重要的。下面是一些应试技巧中的应变方法，以供大学毕业生求职时参考。

（一）具体实例法

为了向招聘者描述一个“与众不同”的自己，就必须避开一味地抽象概述或过多地使用空洞的形容词，以消除招聘者的单调、乏味之感。例如，用具体事例说明自己所具有的能力、素质、技能、信仰、优缺点、好恶，以及自己是如何解决问题的，如何胜任新的工作等。当被问及自己“喜欢什么样的人”时，也可用具体实例法，如用事实说明、举出相关事例、说出具体做法等。当然“具体实例法”要灵活运用，如在回答“你最不喜欢什么样的人”时，最好不用这种方法，可采用抽象概述——“我不喜欢那些只谈论自己的人，那些损人利己的人，那些口是心非的人，那些斤斤计较的人，那些不能控制自己的人。”这样回答既提纲挈领、简洁有力，又避免了画蛇添足、涉及个人或毁人声誉、使人不信任。

（二）突出个性法

个性鲜明的回答往往容易给人留下深刻的印象，真实的思想与坦率的语言就是“个性突出”的最佳体现。例如，当被问到“你喜欢出差吗”时，可以直率地回答：“坦率地说，我不喜欢，因为从一个地方到另一个地方去推销商品并不是一件惬意的事。但我知道，出差是商业活动中的一个重要部分，也是推销员的主要工作之一，所以说，我不会在意出差的艰辛，反而会以此为荣，因为我非常喜欢推销工作。我想这一点更重要。”

（三）审时度势法

在面谈中，必须审时度势，随机应变。要掌握好回答问题的时间，做到心中有数、有的放矢，既不要在有限的面谈时间里漫无边际、反复陈述、无限拖延，又要充分展示自我。要读懂对方，一个无奈的眼神，一个会意的微笑，一个下意识的动作，演绎出的都是招聘者的不同心态。应试者要学会破译对方的心理，迅速准确地调整对策，必要时，“投其所好”或“草草收场”都不失为一种应急之策。

（四）扬长避短法

某公司应聘部门经理的面谈中有这样一段对话。问：“你不认为自己做这项工作年轻了些吗？”答：“我快23岁了。事实上，下个月我就23周岁了。尽管我没有相关的工作经历，但我有整整两年的校学生会的工作经验。1998年初，我被推选为该年度的校学生会主席，之后又连任一年。您可以想象，管理组织3000余名学生，并非易事，没有一定的管理才能和领导艺术是无法胜任的。因此，我认为，年龄固然能说明一定的问题，但个人的素质和能力更为重要，因为这正是一个部门经理所不可缺少的。”这便是一种典型的扬长避短式回答。应试者极力宣扬个人长处，并把长处同应聘工作岗位结合起来，变不利为有利。当然，对于根本不能做到的事情，也要勇敢地承认：“我不会，如果给我机会，我会努力的！”

（五）补白运用法

对于用外语面谈，且提问在你意料之外，你的外语又并不十分出色时，你要善于运用“补白”，即用一个或一些没有实际意义但又必不可少的词、短语或句子，来继续你的回答。例如，用“噢”，“好”，“我相信”，“这个问题很有趣”，“这个问题本身就极富挑战性”等来应变。

（六）虚实并用法

应聘就如用兵，一定的谋略并不可少。其中，一个很重要的应变谋略就是虚实并用法。有效而适度地运用虚与实，常常有助于强化自身“资格”和取悦对方。当被问到“你的工作动力是什么”时，有这样一类以虚带实式的回答可供参考：“我的动力主要来自以下几个方面：首先是工作本身，即我是否对这项工作感兴趣，能否发挥自己的特长，能否胜任，能否学到新知识和技能，以及能否得到进一步的自我发展；其次是自我价值的承认问题，即我能否得到别人的信任与尊重，能否有进一步晋升的机会；最后是寻求结果，即我能否得到较高的工资和待遇等。”这种回答虚实相兼，恰到好处。当然虚要虚得合理，而且虚中要有实。乱用“虚”招反而会弄巧成拙。

（七）适度激将法

为了争取主动，应聘者在应试时还可采用适度激将法，即先入为主，“刺激”对方，给对方造成一定的“压力”，从而达到个人预期的目的。例如，当被问到“请谈谈你想要的月薪吧”时，可以回答：“我知道贵公司是一家赢利较多的大公司，一定会善待一名优秀的秘书，所以我想，我的最低月薪大概不会少于7800元人民币吧？”激将法必须适度，抓住对方的特点及客观条件，而且语气要委婉适中，适中才能中听。

（八）恰当提问法

在应试结束时，有些主试人会给你一些提问的时间。你不妨恰当地提些问题，有时会比回答问题效果还好。主试人会从提问的问题中来评价你的态度、你所关心的事物，以及你是否对其机构有真正的了解。但倘若提问不慎，则会前功尽弃，尤其是问及“企业秘密”或敏感性问题，或明显缺乏对公司了解的问题。对应试前没有准备好问题的应试者，最好说“我暂时没有问题”，不可随心所欲地提问。

大学毕业生择业，应视应变能力而各施所长，这种思维和能力的培养绝非一日之功。大学毕业生要努力实践，加强锻炼，加快自己的社会化进程，提高自己的心理素质，不断提高自己应试心理的稳定性、敏锐性、应变性，真正提高自己择业应试的应变能力和求职本领。

问题讨论

某校就业指导中心在校园网上发布了某单位要来本校大量招聘的信息，之后用电话通知了各有关系（部）。系（部）领导十分重视，立即将这一重要信息发布到毕业班级，同时积极帮助联系。有的系（部）领导亲自打电话与招聘单位联系，推荐符合条件的毕业生；有的主动邀请招聘单位来系（部）选拔人才。然而同学对此信息的反应不一：有的毕业生闻风而动，积极主动打电话，介绍自己的情况；有的登门自荐；有的用特快专递将自己的有关资料寄到招聘单位的人事部门审核；也有同学在那里消极等待，认为用人单位反正要来院面试，到时再投材料也不迟，结果用人单位已提前录满，那些消极等待的同学错失良机，后悔不已。

请你想一下：

消极等待的同学在择业时遇到了什么问题？面对这样的问题如何进行调适？

自我测试

职业兴趣自我评定量表

请你仔细阅读下面各组问题。对于每项活动，如果你的回答是肯定的，则在对应“是”的括号内画“√”；如果你的回答是否定的，则在对应“否”的括号内画“√”。最后把“是”的回答个数相加，填入每组后“总计次数”的括号内。

第一组 是 否

（1）你喜欢自己动手修理收音机、自行车、缝纫机、钟表或电线开关一类的器具吗？（ ）（ ）

（2）你对自己家里使用的电扇、电熨斗、缝纫机等器具的质量和性能了解吗？（ ）（ ）

（3）你喜欢动手做小型的模型（如滑翔机、汽车、轮船、建筑模型等）吗？（ ）（ ）

（4）你喜欢与数字、图表打交道一类的工作（如记账、制表、制图）吗？（ ）（ ）

（5）你喜欢制作工艺品、装饰品和衣服吗？（ ）（ ）

总计次数（ ）

第二组 是 否

（1）你喜欢给别人买东西当顾问吗？（ ）（ ）

（2）你热衷于参加集体活动吗？（ ）（ ）

（3）你喜欢接触不同类型的人吗？（ ）（ ）

（4）你喜欢拜访别人、爱与人讨论各种问题吗？（ ）（ ）

（5）你喜欢在会议上积极发言吗？（ ）（ ）

总计次数（ ）

第三组 是 否

（1）你喜欢没有干扰、有规则地从事日常工作吗？（ ）（ ）

（2）你喜欢对任何事情都预先做周密的安排吗？（ ）（ ）

（3）你善于查阅字典、词典和资料索引吗？（ ）（ ）

（4）你喜欢按固定的程序有条不紊地工作吗？（ ）（ ）

（5）你喜欢做把事物分类和归档的工作吗？ （ ）（ ）
总计次数 （ ）

第四组 是 否

（1）你喜欢倾听别人的难处并乐于帮助别人解决困难吗？ （ ）（ ）
（2）你愿意为残疾人服务吗？ （ ）（ ）
（3）在日常生活中，你愿意给人们提供帮助吗？ （ ）（ ）
（4）你喜欢向别人传授知识和经验吗？ （ ）（ ）
（5）你喜欢防治疾病和照顾病人的工作吗？ （ ）（ ）
总计次数 （ ）

第五组 是 否

（1）你喜欢主持班级的集体活动吗？ （ ）（ ）
（2）你喜欢接近领导和老师吗？ （ ）（ ）
（3）你喜欢在人多时当众发表自己的观点和意见吗？ （ ）（ ）
（4）如果老师不在，你能主动维持班里学习和生活的正常秩序吗？
（ ）（ ）
（5）你具有强烈的责任感和工作魄力吗？ （ ）（ ）
总计次数 （ ）

第六组 是 否

（1）你特别爱读文学著作中对人物内心世界的细致描写吗？ （ ）（ ）
（2）你喜欢听人们谈论他们的活动和想法吗？ （ ）（ ）
（3）你喜欢观察和研究人的心理和行为吗？ （ ）（ ）
（4）你喜欢阅读有关领导人物、政治家、科学家等名人的传记吗？
（ ）（ ）
（5）你很想了解世界各国的政治和经济制度吗？ （ ）（ ）
总计次数 （ ）

第七组 是 否

（1）你喜欢参观技术展览会或收听（收看）技术新消息的节目吗？
（ ）（ ）
（2）你喜欢阅读科技杂志（如《我们爱科学》《科学24小时》《科学动态》）吗？
（ ）（ ）
（3）你想了解生机勃勃的大自然的奥秘吗？ （ ）（ ）

(4) 你想了解使用科学精密仪器和电子仪器的工作吗？ ( ) ( )
(5) 你喜欢复杂的绘图和设计工作吗？ ( ) ( )
总计次数 ( )

第八组 是 否

(1) 你想设计一种新的发型或服装吗？ ( ) ( )
(2) 你喜欢作画吗？ ( ) ( )
(3) 你尝试着写小说或编剧吗？ ( ) ( )
(4) 你很想参加学校宣传队或演出小组吗？ ( ) ( )
(5) 你爱用新方法、新途径来解决问题吗？ ( ) ( )
总计次数 ( )

第九组 是 否

(1) 你喜欢操作机器吗？ ( ) ( )
(2) 你很羡慕机械类工程师的工作吗？ ( ) ( )
(3) 你想了解机器的构造和工作性能吗？ ( ) ( )
(4) 你喜欢交通驾驶一类的工作吗？ ( ) ( )
(5) 你喜欢参观和研究新的机器设备吗？ ( ) ( )
总计次数 ( )

第十组 是 否

(1) 你喜欢从事非常具体的工作吗？ ( ) ( )
(2) 你喜欢做很快就看到产品的工作吗？ ( ) ( )
(3) 你喜欢做让别人看到效果的工作吗？ ( ) ( )
(4) 你喜欢做那种时间短但可以做得很好的工作吗？ ( ) ( )
(5) 你喜欢做有形的事情（如编织、做饭等）而不喜欢抽象活动吗？
( ) ( )
总计次数 ( )

【统计方法】

根据对每组问题回答“是”的总次数，填写下表。

统计次数对照表

组别	回答“是”的总次数	相应的兴趣类型编号
第一组		兴趣类型1
第二组		兴趣类型2
第三组		兴趣类型3
第四组		兴趣类型4
第五组		兴趣类型5
第六组		兴趣类型6
第七组		兴趣类型7
第八组		兴趣类型8
第九组		兴趣类型9
第十组		兴趣类型10

各种兴趣类型的特点与相应的职业如下：

● 兴趣类型1——愿与事物打交道

这类人喜欢同事物（如工具、器具或数字）打交道，而不喜欢从事与人和动物打交道的职业。相应的职业有制图员、修理工、裁缝、木匠、建筑工、出纳员、记账员、会计等。

● 兴趣类型2——愿与人接触

这类人喜欢与他人接触的工作，喜欢销售、采访、传递信息一类的活动。相应的职业有记者、营业员、服务员、推销员等。

● 兴趣类型3——愿做有规律的工作

这类人喜欢常规的、有规律的活动，喜欢在预先安排的条件下做细致工作。相应的职业有邮件分拣员、图书馆管理员、办公室职员、档案整理员、打字员、统计员等。

● 兴趣类型4——愿从事社会福利和助人的工作

这类人乐意帮助别人，试图改善他人的状况，喜欢独自与人接触。相应的职业有医生、律师、护士、咨询人员等。

● 兴趣类型5——愿做领导和组织工作

这类人喜欢管理工作，爱好掌管一些事情，在企事业单位中起着重要的作用。相应的职业有辅导员、行政人员、管理人员等。

● 兴趣类型6——愿研究人的行为

这类人喜欢谈论涉及人的主题，爱研究人的行为举止和心理状态。相应的专业有心理学、政治学、人类学等。

● 兴趣类型7——愿从事科学技术事业

这类人喜欢分析的、推理的、测试的活动，长于理论分析，喜欢独立地解决问题，也喜欢通过实验获得新发现。相应的专业有生物学、化学、工程学、物理学等。

● 兴趣类型8——愿从事抽象和创造性的工作

这类人喜爱需要有想象力和创造力的工作，爱创造新的式样和概念。相应的职业有演员、创作人员、设计人员、画家等。

● 兴趣类型9——愿做操纵技术工作

这些人喜欢运用一定的技术操纵各种机械、制造产品或完成其他任务。相应的职业有机床工、驾驶员、飞行员等。

● 兴趣类型10——愿从事具体的工作

这类人喜欢制作能看得见、摸得着的产品，希望很快看到自己的劳动成果，从完成的产品中得到自我满足。相应的职业有厨师、园林工、理发师、美容师、室内装饰工、农民、工人等。

在答“是”的总次数一栏中，得分越高，相应的兴趣类型就越符合你的职业兴趣特点；得分越低，相应的兴趣类型越不符合你的职业兴趣特点。

至此，你对于如何给自己进行职业定位该有了大致的了解。一个理想的职业应是最符合自己的个性、最能发挥自己的潜力、最使自己感兴趣的职业，当然这三者并不总是一致的，那么，就应该尽量去寻找三者的切合点，在充分考虑这三种因素的前提下找到自己的最佳职业。

测验结果仅供参考。

第九章 心理健康篇——漫步阳光心灵

从古至今，人类一直在追求健康，拥有健康是每个人的期盼。随着科技的进步、社会的发展，人们对健康概念的认识也在逐步深化。同时，由于现代生活节奏的加快，社会竞争的加剧，以及多元文化和价值冲突的加深，人们承受的压力不断增大，不同程度的心理问题甚至心理疾病也随之而来。因此，现代生命观、现代健康观都对心理健康教育提出了更高的要求。近年来，大学校园心理危机事件时有报道，大学生的心理健康问题日益受到关注和重视。本章介绍健康的含义，心理健康的标准，大学生常见的心理问题、影响因素及解决办法，以此让大学生了解和掌握心理健康的常识，并学会自我保健。

第一节 大学生心理健康概述

经典案例

2013年，复旦大学上海医学院2010级硕士研究生黄洋中毒身亡，而涉嫌投毒的犯罪嫌疑人恰恰是被害人的舍友林森浩。4月25日，黄浦区检察院以涉嫌故意杀人罪对林森浩批准逮捕。11月27日，法庭开庭审理此案。林森浩称自己看不惯黄洋，决定在愚人节那天整整他。2014年2月18日，上海市第二中级人民法院依法公开一审宣判，被告人林森浩犯故意杀人罪被判处死刑，剥夺政治权利终身。25日上午，被告人林森浩委托辩护律师提起上诉。2015年1月8日，上海高等法院裁决，驳回上诉维持原判。

从披露的信息看，林森浩与被害人并无很深的矛盾，彼此也无利益冲突，为何要蓄意杀人呢?

宋晓明教授认为，林森浩投毒的愤怒与他嫉妒、自卑、敏感、脆弱的性格缺陷和处理人际关系及情绪调节能力低有关。具有这些不良因素的人在生活中容易遭遇挫折，而挫折往往使他产生愤怒、怨恨等消极情绪体验，并长时间难以排除。当积累到一定程度时，受到哪怕很小的一件小事的刺激也会情绪发作，导致行为失控。

宋晓明教授说：林森浩嫉妒黄洋的活泼、热情、人缘好，林森浩骨子里是自卑的，他家境不优越，父亲在一家服装厂打工，母亲是一名农村普通妇女。特别是与异性交往屡屡受挫。林森浩曾说："有谁会喜欢我这个人？丑男第一，手无缚鸡之力，木讷、迂腐、时代的落伍者。"

（资料来源：https://news.163.com/15/1212/07/BAKA101D00014Q4P.html）

一、健康与心理健康

（一）健康的内涵发展

随着社会生产力的提高和医学科学的发展，人们对健康概念的理解发生了质的变化。现代意义的健康不再局限于生理机能上的强壮，没疾病，又衍生出了能客观反映人类现实生活状态的另外一些含义。

1946年，联合国世界卫生组织（WHO）就提出了关于健康的新定义："健康是一种生理、心理和社会适应都处于完满的状态，而不仅仅是没有疾病或体格健壮的状态。"这一定义标志着人们对于健康的含义有了全新的理解，健康同时包含了生理健康和心理健康两个方面，也就是说，个体在生理、心理、社会适应上都臻于完满才算真正的健康。世界卫生组织具体规定了健康的10条标准：有充沛的精力，能从容不迫地担负日常生活和繁重的工作而不感到过分紧张和疲劳；处世乐观，态度积极，乐于承担责任，事无大小，不挑剔；精神饱满，情绪稳定，善于休息，睡眠良好；应变能力强，能适应外界环境中的各种变化；能抵抗一般疾病，如感冒、传染病；体重适当，身体匀称，站立时头与肩的位置协调；眼睛明亮，反应敏锐，眼睑不发炎；牙齿清洁，无龋齿，无痛感，牙龈颜色正常，无出血现象；头发有光泽，无头屑；肌肉丰满，皮肤富有弹性，走路感觉轻松。

1989年，联合国世界卫生组织又把健康的概念修改为"生理、心理、社会适应和道德品质的良好状态"，在原来的基础上又增加了道德健康。这是对健康较为全面、科学、完整、系统的概念界定，在世界范围内得到普遍认可。

健康是生理健康和心理健康的统一，生理健康是心理健康的基础，心理健康也能促进身体的健康，二者互为因果，相互依赖、相互促进。当人的生理产生疾病时，其心理也必然受到影响，会产生情绪低落、烦躁不安，容易发怒，从而导致心理不适；同样，长期心情抑郁、精神负担重、焦虑的人也容易产生身体不适。把社会适应良好和道德健康纳入健康范畴，也有科学依据。巴西医学家马丁斯在研究中发现，贪污犯易患癌症、脑出血、心脏病和神经过敏症。一般来说，道德健康、社会适应良好的人心地善良、心胸坦荡，有助于心理平衡、身体健康。

（二）心理健康的含义

1946年第三届国际心理卫生大会把心理健康定义为"在身体、智能以及情感上与他人的心理不相矛盾的范围内，将个人心境发展成最佳的状态"，还提出了心理健康的标准："身体、智力、情绪十分调和；适应环境，人际关系中能彼此谦让；有幸福感；在工作和职业中能充分发挥自己的能力，过有效率的生活。"

后来许多心理学家对心理健康的标准都有自己的表述。马斯洛和米特尔曼提出了心理健康的10个标准："有充分的自我安全感；充分了解自己，并对自己的能力做适当的评估；生活的目标能切合实际；不脱离现实的环境；能保持人格的完整与和谐；具有从经验中学习的能力；能保持良好的人际关系；能适当地宣泄和控制情绪；能做有限度的个性发挥；在不违背社会规范的情况下，对个人基本要求做适当满足。”就心理健康的标准，尽管说法各异，但基本思路是一致的，都包含知、情、意、行等方面的心理活动。因此，可以把心理健康的含义概括为：个体能够积极地适应环境，有正常的认知水平及稳定愉快的情绪，同客观现实保持积极平衡的意志行为、良好的个性特征状态和正常的自我调控能力。

（三）理解心理健康需要注意的问题

1. 一个心理健康的人并不意味着完全没有不健康的心理和行为

心理健康是较长一段时间内持续的心理状态。判断一个人的心理健康状况，不能简单地根据一时一事下结论。心理健康者并非毫无瑕疵，偶尔出现一些不健康的心理和行为，也并不意味着这个人就一定心理不健康。一般来说，“心理正常”和“心理异常”是表明有没有精神障碍的问题，而心理“健康”和“不健康”则是在“心理正常”的范围内讨论“心理正常”的水平高低和程度如何，心理不健康并非有病。

2. 心理健康是一个相对的概念

心理健康所描述的只是一定时期、一定社会环境下人们的心理表现状态或发展水平，并没有绝对的标准。而且人们对心理健康的认识也是与时俱进、因地制宜的。不同的时期、不同的社会环境应有不同的心理健康尺度。在同一时期，心理健康的标准会因社会文化标准不同而有所差异。特定的社会文化对心理健康的要求，取决于这种社会文化对心理健康的各种特征的价值观。

3. 心理健康是动态的，始终处于不断地变化之中

心理健康不是一种固定不变的状态，而是一个变化和发展的过程。根据心理健康的状态、水平不同，可以将其分为健康、亚健康、心理障碍、精神疾病等不同的状态，每个人的心理在一定时期必然处于其中的某一种状态，并且可以在这些状态之间转换。

二、大学生心理健康的标准

（一）鉴别心理健康的依据

1. 个人经验

根据被判别者的主观体验和判别者的主观经验进行判别。个人经验有两种含义：一是当事人的主观体验和感受。如当事人有痛苦、抑郁、焦虑等感觉，且难以控制和摆脱的，则视为不健康；自我感觉好，没有心理不适应的，即为健康。二是判别者的主观临床经验，即根据判别者以往的经验，结合当事人的心理和行为表现来加以判断。个人经验标准是最快捷、最直接的判断标准，但主观随意性较大。比如有些严重的精神病患者，精神十足、自觉愉快，坚决否认自己有“病”，但不能据此判定其心理正常。因而，个人经验往往只是作为鉴别心理健康问题的辅助依据。

2. 症状检查（心理测验）

心理测验是指依据心理学的理论，使用测验方法对人的心理特质进行描述与评

价。心理测验的对象是人的心理特质，人心理现象的复杂性和内隐性的特征决定了我们不可能像对重量、长度那样进行直接测量，而只能通过测量外显行为来推断心理特性，这就决定了心理测验只能是一种间接的测量。

当前，多数高校用来评定学生心理健康状况的工具，主要是心理健康评定量表和与心理健康有关的人格量表。前者主要以SCL–90（心理卫生自评量表）、SAS（焦虑自评量表）和SDS（抑郁自评量表）为代表，后者以MMPI（明尼苏达多相人格测验）、16PF（卡特尔16项人格因素问卷）和EPQ（艾森克的人格评定量表）等为代表。

3. 数理统计

数理统计标准是指依据心理特征偏离统计常模（即平均值）的程度作为判断心理是否异常的标准。心理异常是相对于心理正常来讲的。正常与异常的界限可根据对普通人心理特征进行测量而获得的统计数据来划定。对人们心理特征进行测量的结果通常呈常态分布，居中间的大多数人为正常，居两端者为异常。这一标准提供了心理特征的数量资料，虽然较为客观，但方法过于机械。

4. 社会适应

以社会规范为标准，行为符合公认的规范为健康、正常；反之，明显偏离社会行为规范则被视为异常。该标准主要考察其对人、对己的态度，对社会事件的反应和看法，人际关系的处理等，即了解被考察者在群体中的表现。但由于地域习俗的不同，社会文化标准具有差异性因此在不同的文化习俗背景下，往往要采用不同的鉴别标准。

以上鉴别心理健康的依据各有所长，而且把握的尺度和结论也就不尽相同。因此，鉴别一个人心理健康的程度，应该从多个方面共同评估，从整体上作出谨慎的判断，以得出比较科学的结论。

（二）大学生心理健康的标准

大学生的年龄一般在22岁左右，从心理学的观点来看，正处于青年中期。根据我国大学生的实际情况，评判大学生的心理健康水平应从以下8个标准给予着重考虑：

1. 智力正常

智力是人的观察力、注意力、记忆力、想象力、思维力、创造力及实践活动能力的综合，包括在经验中学习或理解的能力、获得和保持知识的能力、迅速而成功地对新情境做出反应的能力、运用推理有效地解决问题的能力等。因此，衡量大学生的智力是否正常，关键在于其是否正常、充分地发挥了自我效能，即有强烈的求知欲，乐于学习，能够积极参与学习活动。

2. 情绪健康

其标志是情绪稳定和心情愉快，即愉快情绪多于负性情绪，乐观开朗，富有朝气，对生活充满希望；善于控制与调节自己的情绪，既能克制又能合理宣泄自己的情绪；情绪表达既符合社会的要求又符合自身的需要；情绪反应与环境相适应，反应的强度与引起这种情绪的情境相符合。

3. 意志健全

意志是人在完成一种有目的的活动时进行的选择、决定与执行的心理过程。意志健全者在行动的自觉性、果断性、顽强性和自制性等方面都表现出较高的水平。意志健全的大学生具有自觉的目的性，能适时做出决定，并运用切实有准备的方式解决遇到的问题；在困难和挫折面前，能采取合理的方式，能够控制情绪，而不是行动盲目、畏惧困难、顽固执拗。

4. 人格完善

人格完善指有健全统一的人格，个人的所想、所说、所做都是协调一致的。人格是个体比较稳定的心理特征的总和。心理健康者，其行事动机高尚；兴趣丰富稳定而有中心；行为具有目的性，受理智支配；认识活动、情绪反应等心理活动的各方面协调统一；具有正确的自我意识，不产生自我同一性混乱；以积极进取的人生观作为人格的核心，并以此为中心把自己的需要、目标和行动统一起来，从而形成自己比较稳定、独特、完善的人格心理特征。

5. 自我评价正确

大学生在自我认知、自我体验和自我监控时，能做到恰如其分地认识自己，摆正自己的位置，既不自傲也不自卑，面对挫折与困难能够自我悦纳，自尊、自强、自制、自爱适度，正视现实，积极进取。

6. 人际关系和谐

良好而深厚的人际关系，是事业成功与生活幸福的前提。心理健康者乐于与人交往，不仅能接受自我，也能接受他人、悦纳他人，能认可他人存在的重要性和作用，同时也能为他人所理解，为他人和集体所接受，能与人相互沟通和交往。因此，心理健康者既有广泛而深厚的人际关系，又有知心朋友；在交往中保持独立而完整的人格，有自知之明，不卑不亢；能客观地评价别人和自己，宽以待人，乐于助人，积极的交往态度多于消极态度，交往动机端正。

7. 社会适应良好

个体应与客观现实环境保持良好秩序，既要客观观察已取得的正确认识，以有效的办法应付环境中的各种困难，不退缩，又要根据环境的特点和自我意识的情况努力进行协调，或改变环境适应个体需要，或改造自我适应环境。

8. 心理行为符合大学生的年龄特征

大学生是处于特定的年龄阶段的特殊群体，应具有与其年龄和角色相适应的心理行为特征，既不过分地“早熟”、老于世故，也不表现得总像“长不大的孩子”。

三、影响大学生心理健康的因素

人的心理健康是一个极为复杂的动态过程。影响心理健康的因素是多种多样的，既有个体自身的心理素质，也有外界环境因素。

（一）社会因素

伴随世界经济一体化进程和多元化的趋势，大学生会面对中西交汇的文化背景和多元价值观的冲突与选择。他们在茫然和疑虑中对社会现象形成不同的判断和适应，一些学生往往表现得标新立异而被人戏称为“愤青一族”，一些学生因物质诱惑而急功近利，社会价值取向出现偏差，出现媚俗化等倾向，这些都对求知欲强但辨别力弱、崇尚科学但欠缺辩证思维的大学生带来一定的负面影响。

随着我国高等教育体制的改革，人才培养和就业制度引入竞争机制。在自主择业、双向选择和社会机构改革等背景下，社会向大学生提出了日益苛刻的用人标准。面对竞争激烈的人才市场，部分学生感到难以适应。大学生职业成熟度不高，往往将职业理想化，缺乏求职技巧和获取职业消息的能力。劳动力市场发育尚不完善，人为的干扰因素太多，不能更好地体现优胜劣汰的公平原则。

（二）学校生活因素

学校既强调大学生的理论知识学习，也注重其动手能力的培养，还注重学生各科的学习成绩，大学生倍感学习任务繁重。学校往往偏重智力因素而忽视非智力因素，在学会做人、培养健康的人格和情感教育方面都有所欠缺，理想、价值教育相对滞后，没有把培养学生的心理素质作为一项必不可少的任务来抓。由于重智育，轻德、体、美、劳，学生的大学生活非常单调，缺乏足够的娱乐场所、活动器械、娱乐形式和活动技艺等。

相对于中学生，大学生的人际交往更为复杂、广泛，独立性更强，更具社会性。大学是人际关系走向社会化的一个重要转折期。从踏入大学校门起，大学生就会遇到各个方面的人际关系，包括师生之间、同学之间、同乡之间，以及个人与班级之间、学校之间的关系等。由于缺乏引导，许多学生不知道如何处理复杂的人际关系，经常为苦闷、烦恼的情绪所困扰。

（三）家庭教育的影响

大学生的心理健康水平与父母的教育观念、家庭教养方式之间存在着不同程度的正相关，家庭是影响大学生心理和行为发展的基础。

家庭中父母之间、亲子之间的言语及人际氛围直接影响着家庭中每一个成员的心理，这种长期的影响会对大学生的心理健康产生积累效应。父母经常吵架甚至相互敌视将导致家庭气氛紧张，往往会使子女形成冷漠、自卑、多疑等不良性格，这类家庭出身的学生在大学人际交往中会表现出自私和敌视之类的缺点。与父母关系较差或很少与父母联系的大学生，更容易产生忧虑。

家庭教育方式从不同方面直接或间接地影响子女的心理健康水平，否定的、消极的、拒绝的教养方式对子女心理健康起到很大的负面影响，而肯定的、积极的、接纳的教养方式对子女个性特征、社会交往、自我评价都会起到积极作用。简单、粗暴的教养方式，更容易使子女形成敏感多疑、自卑易怒、抑郁焦虑、偏执敌对等不健康的品质。

相当多的家长在子女考入大学后将更多的精力转移到提供经济支持上，而对子女的心理成长问题则关注不够。家庭教育是一个连续的过程，大学阶段的家庭教育是以往各阶段家庭教育的延续，但又有其特殊性，这主要体现在对大学生的家庭教育主要是非智力因素的教育，其内容是配合学校、社会进行综合素质培养。这就要求家长要不断学习新的教育观念，了解大学生的心理特点，做好其心理压力的调节和疏导工作。

（四）个体心理因素

大学生个体因素是影响和制约其心理健康的主要原因，主要表现为：

1. 角色转换与适应

大学生尽管已经是成人，但仍然处于全日制学习阶段，还得依靠父母的供养，社会合法地延缓了他们应该承担成人责任的时间。不过，进入大学后，每个成熟的大学生都明白自己对于家庭和社会的责任，开始对自我确认、自我发展的重大问题作出思考和选择，这就要经历角色转换与适应的过程。他们对自我同一性的追寻往往是和困惑甚至痛苦联系在一起的。如果大学生对自己的各种角色不适应，又得不到及时调整，便会产生失落、自卑、焦虑、抑郁等心理问题。因此，应该特别注重对新生入学后的心理调适，帮助他们成功地进行角色转换。

2. 应对方式

对于同样的环境和同样的挫折，不同的人有不同的应对方式。大学生的应对方式影响着应激反应的性质和强度，并继而调节着应激与应激结果之间的关系，这关系到大学生的个性心理特征问题。其自我防御机制决定他们面对压力和冲突时对摆脱烦恼、减轻不安、恢复情绪平衡的适应倾向，其心理调节机制决定他们面临压力情境是否能采取积极主动的心理调适行为，其外部疏导机制决定他们是否能借助于外部力量和手段减轻内心的焦虑。实证研究表明，大学生的心理问题往往与其消极应对方式显著相关。健全统一的人格是大学生心理健康的重要标准。

3. 自我概念

大学生的自我概念是大学生心理发展中具有突出特色的方面，是个性发展的最集中的表现之一，不仅影响大学生现实的行为方式和对过去经验的解释，而且影响大学生对未来的期望。大学生正处于自我探索的关键期，由于自身发展的不太成熟，其自我概念往往和现实有较大差异。研究证明，大学生的焦虑、自卑、抑郁、人际关系敏感等心理问题的根源往往与其偏倚、消极的自我概念有显著的相关性。

4. 归因方式

归因方式是大学生对他人或自己的行为过程所进行的因果解释和推论。我国正处在社会的转型时期，从传统社会向现代社会转化，从计划经济向市场经济转换。在社会的急剧变革中，传统文化体系开始衰落，人们所推崇的价值体系和行为规范受到冲击，而新的道德行为规范又尚未完全建立，人们普遍感到困惑焦虑、无所适从。大学生对社会的复杂性缺乏科学、全面、正确的认知，受社会消极面影响较多，从而产生悲观、失望、消沉、偏激等心理问题，这与他们在归因过程中的认知偏差密切关系。

5. 人际关系

人际关系是大学生必然碰到也必须面对的根本问题之一，人际交往问题又是他们最为关注也最感困惑的问题之一。人类心理的适应最主要的就是人际关系的适应，人类心理的病态也主要由人际关系的失调而来。人际关系的好坏往往影响到大学生的学习、生活、工作等各个方面，也影响到大学生对自我的正确认知，进而影响大学生的心理健康。大学生的人际关系最基本的是同学关系，而其中的同室关系更易出现障碍。此外，恋爱也是引发大学生心理问题的一个重要因素。

6. 社会比较

大学生将自己的个性品质、观点和行为等与他人进行比较，从而产生新的自我知觉、自身处境知觉以及生活质量知觉，这在很大程度上也决定了其自我概念、情绪状态和对未来的期望，从而对其心理健康产生影响。

第二节　大学生常见的心理问题

经典案例

大三学生王某，坐在教室里看书时，总担心有人坐在身后干扰自己，有强烈的不安全感，以致只能坐在角落或靠墙，否则无法安心看书；对同寝室一位同学听收音机非常反感，整个夜晚都处在浅睡眠状态，总担心那位同学拿出收音机听。即将毕业他心中一片茫然，担心找不到理想的工作；学习成绩中游，看到其他同学都在准备考研究生，自己也想考，但又不能把全部精力集中到学习上。家庭经济状况一般，觉得自己有责任担起家庭的重担，但又觉得力不从心。

——笔者心理咨询案例

大学生是同龄人中的幸运者和佼佼者，现阶段正处于我国经济转型和教育转轨时期，受剧变的社会环境、深入改革的高等教育的影响，必然在学习、生活中遇到种种矛盾、困难、挫折和烦恼。大学生在心理上还未成熟，认识问题、自我调节和自我控制能力还不强，在处理面临的矛盾和冲突时，往往会因为遇到挫折和障碍，而产生忧虑和烦恼，造成心理压抑和心理紧张，出现种种心理问题。

一、正常心理与异常心理的区分

正常心理和异常心理可以依照日常生活经验加以区分。尽管这种区分方式从专业角度来说不够科学严谨，但通俗易懂，易于理解和掌握，对于辨识正常心理和异常心理有一定参考价值。

1. 离奇怪异的言谈、思维和行为

言行是人的内心活动的外在表现，观察和评估一个人的言行可以初步判断其心理是否正常。如果言行怪异，有悖于常理，就常被认为是心理异常。比如，一个人对着电线杆眉飞色舞地说话，我们可能会把他的行为解释为不正常，因为大多数人不会跟电线杆讲话。

2. 过度的情绪体验和表现

人的情绪体验一般是波动的，在一个正常范围内呈现曲线变化，也会有一个自然回归的趋势。但波动过大，或者处于高峰和低谷的时间过长，往往被判断为心理异常。比如，一个大学生在情绪失控时，出现撞墙、割手腕等行为，弄得周围的人都敬而远之，影响到他在大学生活中正常的人际交往，可以看出这名大学生的行为出现了异常。

3. 自身社会功能不完整

人在社会上应该有一定的学习、工作、交往的能力，能适应社会并履行自己应尽的义务和责任。有少数大学生毕业后在很多岗位上都无法适应和胜任，一会儿觉得同事对自己不怀好意，一会儿觉得上司看不起自己，一会儿觉得工作枯燥无味、薪金太低，屡屡换岗，最后成为“啃老族”。

4. 严重影响他人的正常生活

个体的言行应该受社会规范的约束，正常的成人都有一定的自我约束能力。如果一个大学生在宿舍深夜不睡觉，放声歌唱，同学的提醒反而被他说成干涉其自由，可以判断其言行严重影响了别人的正常生活，属于精神异常。

二、大学生常见的心理问题

所谓心理问题，指各种心理及行为异常的情形。心理的“正常”和“异常”之间并没有明确和绝对的界限，一般认为，人的心理及行为是一个由“正常”逐渐向“异常”、由量变到质变，并且相互依存和转化的连续过程。因此，生活在现实社会中的每一个人都或多或少存在一定的心理问题，即人的心理问题是普遍存在的，只是程度不同而已。

根据严重程度，心理问题可分为心理困惑、心理障碍和精神疾病三个层级。

（一）心理困惑

1. 环境适应问题

这一问题在大学新生中较为常见。当代大学生为了在激烈的高考竞争中取胜，几乎全身心地投入学习，家长的过度保护、学校的应试教育使学生缺乏环境适应能力。从中学到大学，一旦离开了长期依赖的家长和老师，面对新的集体、新的生活方式、新的学习特点，一些学生就出现了独立与依赖的矛盾。有的学生来到新的环境，发现理想与现实的反差较大，会产生失意、压抑、焦虑甚至神经衰弱症等。

2. 自我意识问题

自我意识是大学生心理健康的重要因素，人的所有行为无不受意识左右。自我意识是大学生认识自我、发展自我、完善自我的重要条件，但自我意识的认识过程相对漫长，往往会使人出现意识偏差，甚至陷入认知矛盾的状态。例如，理想我和现实我的矛盾、满足感和空虚感的矛盾、独立性和依赖性的矛盾、理智和情感的矛盾等，这些矛盾解决不好往往会造成不良的心理反应，影响学生的心理状态。

3. 学习问题

大学生的主要任务是学习，而且是自主学习，但学什么、如何学、学到什么程度基本上是由自己决定的。学校和老师的要求只是辅助性的。这与以前各阶段的学习有着本质上的区别。学习上的适应问题和面临的困难与挫折，对大学生的影响是最为显著的。大量的事实表明，学习的不适应和学习成绩差是引起大学生焦虑的主要原因之一。很多学生存在学习问题，包括学习方法、学习态度、学习兴趣、考试焦虑等。

4. 人际关系问题

人际关系已成为当代大学生的一个敏感的问题，不少人常常处于矛盾之中。有些大学生不愿敞开心扉，自我封闭，又迫切希望社交，得到友谊，显示自己的力量。还有极少数学生缺乏社交的基本态度和技能经验，不成熟，导致人际关系紧张，从而陷入孤独的境地。

5. 恋爱与性心理困扰问题

传统的教育观念把早恋当作禁忌，在一定程度上忽略了青少年的生理发展需求，由此带来对性的压抑、畏惧和过度好奇的心理，给大学生的正常恋爱交往设置了很多障碍。大学生处于青年中后期，性发育成熟是最重要特征，恋爱与性问题是不可回避的。但是，他们接受青年期教育不够，不懂得两性交往的方法、艺术、技巧甚至原则和道德观念，对性发育成熟缺乏心理准备，对异性的神秘感、恐惧感和渴望交织在一起，由此会产生各种心理问题，严重的还会导致心理障碍。

6. 情绪情感问题

良好的情绪、情感状态是心理健康的重要保证。大学生应具有稳定、乐观的心态和一定的情绪调节控制能力。但由于大学生的情绪、情感具有两极性、矛盾性的特点，情绪好冲动、易起伏、自制力不强，一旦遇到挫折，容易产生抑郁、紧张、焦虑、嫉妒等不良情绪，影响大学生的心理健康。

7. 个性问题

性格问题是较为严重的心理问题，其形成与成长经历有关，原因也较为复杂，主要表现为自卑、怯懦、依赖、猜疑、神经质、偏执、敌对、孤独、抑郁等，有的甚至发展成为人格障碍。

8. 求职择业问题

随着高等教育分配制度改革的不断深入，用人市场带给大学生更多的择业机遇和更大的自由度，但也增加了择业难度，加重了大学生的行为责任和心理压力，而毕业生自身的素质、性别、专业以及社会关系等又制约着择业的自主权，对于少数大学生来说毕业就意味着失业。这一变化对受“进入大学门，就是国家人，就可以端铁饭碗吃皇粮”的传统观念影响、性格内向、心理承受力较差、心理适应力弱的大学毕业生来说，是难以解决的现实矛盾。恐惧、焦虑、烦躁打破了他们的心理平衡，心情抑郁使他们对生活缺乏信心，对前途失去希望，对处境无能为力，更有甚者觉得生存没有意义。

（二）心理障碍

心理障碍主要指神经症、人格障碍和性心理障碍等轻度心理失调。

1. 神经症

神经症又称为神经官能症，它是非器质性的大脑神经机能轻度失调的心理疾病。患者有强烈的心理冲突，并感到精神痛苦，力图摆脱却又无能为力。大学生常见的神经症有以下6类：

（1）神经衰弱

神经衰弱，指一种以脑和躯体功能为主的神经症。它以精神易兴奋却又易疲劳为特征，常有情绪烦恼、易激惹等情绪症状，以及肌肉紧张性疼痛和睡眠障碍等生理功能紊乱。例如，学业负担过重、长期过度用脑，就容易导致神经衰弱。神经衰弱的症状主要有情绪控制能力差、情绪反应强烈、注意力涣散、记忆力下降、工作效率低、睡眠困难、心悸、多汗、易疲劳等。

对于患神经衰弱的学生，应合理安排作息，积极参加娱乐活动和体育锻炼，并进行必要的心理治疗，一般可以收到较好的效果。

（2）焦虑症

又称为焦虑性神经症。心理学中将有明显对象的不安、担心和忧虑称为恐惧，而将没有明显对象的恐惧称为焦虑。在特定情境中产生的焦虑反应状态称为状态焦虑，而表现在人格中的焦虑是特质焦虑。

人在焦虑中常会紧张担心和烦恼。适度的焦虑使大脑皮层保持一定的紧张度，使得思维敏捷，有利于人的工作、学习和创造，不会对人构成大的影响和危害。但焦虑症则是经常性的无明显原因、无明确对象和固定内容的紧张不安、焦虑烦躁，机体常处于高度紧张警觉状态，伴有头晕、胸闷、心悸、口干、尿频、出汗、呼吸困难等。焦虑症在女性中的发病率比男性要高。流行病学研究表明，城市人口中有4.1%～6.6%的人在他们的一生中会得焦虑症。

对焦虑症患者的治疗，首先是心理治疗，可采用行为疗法、认知疗法，通过交谈、回忆等方法对其帮助和指导，找准其“致病”根源，然后“对症下药”，并使其保持自信、自我松弛。其次，配合适当的药物治疗。

焦虑的性质是一种心理反应，虽然焦虑时有各种身体症状，但不是身体产生了严重疾病，因此不要害怕。焦虑反应消退后不会留下任何严重后果。个性胆怯、自信不足的人容易产生焦虑，所以讲究心理卫生，提高自信，充分发挥自己的积极因素，敢于面对现实，在预防焦虑方面有重要意义。

（3）强迫症

又称为强迫性神经症。患者在主观上感到有某种不可抗拒和被迫无奈的观念、情绪、意向或行为的存在，为排除这种思想观念和行为的欲望，患者要做激烈的内心斗争，并伴有焦虑和恐惧。

强迫症主要表现为强迫思维和强迫行为。强迫思维指反复出现在患者脑海里的某些想法、冲动、情绪等，患者能认识到这些是没有现实意义、不必要的，很想摆脱，但又摆脱不了，因而十分苦恼。有的表现为强迫性穷思竭虑，如反复想1加1为什么会等于2，而不等于3；有的反复担心是否会说错话、做错事，因此反复地检查；有的想到、听到、看到一个词语时，会不由自主地想到另一个词语；有的脑海里反复不断地出现某一件事、某一句或某一段歌曲；有的出现违背自己意愿的冲动，如走到高处，有一种往下跳的内心冲动，抱着自己心爱的小孩，想往地上扔。患者为减轻强迫思维引起的焦虑，会做出强迫行为。例如，反复检查，不断地洗手；为了使自己放心，不断地向别人询问要求得到保证；做事要求按一定的顺序，如出门必须先迈左脚，否则就不吉利；看书时，需反复地看和写等。患者明知很可笑，但不做又担心，可是做了又耗费大量时间和精力，自己很累，别人也有意见，严重影响了学习、生活和工作，所以患者非常痛苦。

部分强迫症患者在个性上还有以下特点：胆小谨慎，循规蹈矩，做事一丝不苟，追求完美。另外，不是所有有强迫症状者都是强迫症，其他一些疾病也可以出现强迫症状。

强迫症患者通常无安全感、无完美感、无确定感。他们的行为与生活习惯刻板，墨守成规，享乐能力低下，活动能力差，工作与学习效率很低，性格上往往有缺陷，如缺乏自信、过于谨慎、保守、主动性差等。

强迫症的形成是患者的性格缺陷造成的，也与以往的生活经历、精神打击和幼年时期的遭遇有关。

（4）抑郁症

又称为心理感冒，是一种以持久的心境低落为主要特征的神经症。近年来，在高压力社会中，抑郁症几乎已成为最流行的精神文明病，世界卫生组织将其与癌症并列为21世纪最需要预防也最盛行的疾病之一。世界卫生组织等的研究表明，平均每100人中就有3人患有抑郁症。因为抑郁症带来身体疾病甚至自我毁灭的例子更是比比皆是。

抑郁症主要表现为悲伤、压抑、绝望、沮丧、孤独、自卑和自责等，并伴有焦虑、躯体不适感和睡眠障碍等。患此症状者，总是愁眉苦脸并容易哭泣，其表现可概括为以下4个“失去”：

① 失去兴趣：对任何事情都不感兴趣，包括以往的特长爱好。

② 失去希望：对前途悲观失望，感到生活无意义并且常有失望和无助感。

③ 失去精神：自觉精神不振，全身疲乏，思维迟钝，既不进行剧烈活动又不能持续思考，因而萎靡不振，力不从心。

④ 失去信心：自我评价过低，夸大缺点，妄自菲薄，不愿与人交往，见人退避三舍，遇事踌躇不前、常自责。引发抑郁症的原因十分复杂，遗传因素、生物化学因素（神经递质、神经内分泌因素）、生活事件、当事人的认知偏差及人际支持系统的缺失都有直接或间接的影响。

抑郁症一般都源于青少年时期，该病症的发生与个人性格和挫折有一定的关系。自尊心强的人在受挫后一般会因失望、自卑而诱发此症；性格内向、多愁善感、敏感性强、依赖性强的人，在精神因素的作用下，也容易导致抑郁症的发生。

抑郁症的治疗应以心理治疗为主，辅以抗抑郁药物治疗。在心理治疗中，劝慰、鼓励、支持是十分重要的。更重要的是，让患者发现并证实自身的才能与力量，增强他们的自信心，帮助患者增强社会意识、参与意识和竞争意识。

患有抑郁症的大学生应该学会宣泄情绪，以减轻心理压力，如倾诉、哭诉、写日记等；还要尝试从另一角度看待自己面临的问题，开阔视野；要有意识地参加一些活动，如体育锻炼、文娱活动等。

（5）恐怖症

对某些特定事物或环境产生强烈恐惧感，这种以恐惧感为特征的神经系统机能失调，即称为恐怖症。患者往往心里明知没有必要害怕紧张，但偏偏无法克制，伴随情绪焦虑不安，出现面红耳赤、心悸、出汗、头晕、心跳加剧等植物神经失调症状。患者明知其反应不合理，却难以控制而反复出现。

恐怖症的临床表现形式多种多样，最常见的有社交恐怖症、物体恐怖症、境遇恐怖症、旷野恐怖症、疾病恐怖症，不一而足，都以症状特点命名。恐怖症的形成往往有一定的心理因素，特别是第一次发生恐怖情景留下的印象。此症多见于个性刻板、敏感、多虑的人。恐惧心理和焦虑情绪是正常的心理现象，恐惧在某种情况下也是对个体的保护反应，若没有超越就不会致病。恐怖症者只是在情绪的量上比正常状态走过了头，是一种心理上的偏异，而发作时产生的许多症状都是由于恐惧情绪派生的。据国外报道，一般人的患病率为77‰。我国各地调查显示，患病率的平均值为2‰左右。

大学生中较常见的是社交恐怖症，指对某一特定社交场所和对象产生的恐惧心理。例如，有的大学生不敢与他人目光相对，眼睛总是游离于房顶或窗外，产生目光恐怖症；有的大学生不敢与异性说话或交往，一看到对方就脸红、心跳，形成社交恐怖；有的大学生不敢到人多的广场去，一到广场就紧张、盗汗、心跳过速，形成广场恐怖症；有的大学生见到特定的人就感到恐怖，形成恐人症。恐怖症对人际交往、生活、学习和工作都会产生一定的不良影响。

（6）疑病症

疑病症指患者在没有任何证据的情况下确信自己有病，并使自己处于对自己所想象出来的疾病的强烈恐惧之中。

2. 人格障碍

人格障碍，又称为病态人格，指明显偏离正常人格并与他人和社会相悖的一种持久和牢固的适应不良情绪和行为反应方式。大学生常见的人格障碍有偏执型人格、强迫型人格、冲动型人格、自恋型人格等。

3. 性心理障碍

性心理障碍又称为性行为变态，指与生殖活动没有直接关系，在寻求性满足的对象和方式上与常人不同，且违反社会习俗。常见的性心理障碍有恋物癖、裸露癖、窥视癖、异装癖和施虐癖等。

（三）精神疾病

精神疾病指人脑机能活动失调，丧失自知力，不能应付正常生活，不能与现实保持恰当接触的严重的心理障碍。精神疾病的种类很多，大学生常见的主要有精神分裂症、情感性精神病、偏执性精神病和反应性精神病等。在大学生群体中，精神疾病的发病率极少。

第三节　大学生心理健康的维护

经典案例

希望的作用

华罗庚因为交不起学费，只好从一个职业学校退学了，但他一直怀抱对数学的梦想和希望，期待自己有一天能在数学方面有所成就。随后，他用5年时间学完了高中和大学低年级的全部数学课程。然而，命运似乎总和他过意不去，1929年，他不幸染上了伤寒病，靠妻子的照料得以挽回性命，却落下了左腿残疾。但他仍然没有放弃，20岁时以一篇论文轰动数学界，被清华大学请去。从1931年起，华罗庚在清华大学边工作边学习，用一年时间学完了数学系全部课程。他还自学了英文、法文、德文，先后在国外杂志上发表了多篇论文。1936年夏，华罗庚被保送到英国剑桥大学进修，两年发表了十多篇论文，获得国际数学界的赞赏。1938年，华罗庚访英回国，写出了著名的《堆垒素数论》。

世上有许多名人身处逆境，但不放弃希望，最终获得成功。希望，在实现个人目标和价值中有着重大作用，对生活有着积极的影响。充满希望的人不容易受到各种生理、心理问题的困扰，患病后也比其他人恢复得更快；充满希望的人工作更加努力，为家庭和社会带来更多的收益和财富；充满希望的学生学习会更加努力，拥有更高的学业水平。总之，拥有希望的人更有目标、更坚韧，也更容易获得积极的情绪。

（资料来源：刘翔平. 积极心理学［M］. 北京：中国人民大学出版社，2018）

一、强化心理健康意识

（一）重视心理卫生教育

要在全校范围内开展心理卫生宣传普及活动，让学生了解心理卫生的基本知识，了解心理健康的标准及维护，以及增进健康的一些基本方法和途径，增强大学生的心理健康意识，掌握自我保健和自我调节的方法。可以通过广播、校报、墙报等进行心理卫生知识的宣传，举行心理卫生知识专题讲座，建立“心理科学兴趣组”，使校园环境呈现浓厚的心理科研氛围。

要开展形式多样的心理健康教育工作。心理咨询机构通过组织对学生心理健康状况的调查，全面了解学生的心理状况，及时发现和处理某些心理不良倾向，防微杜渐。建立学生心理档案，有针对性地进行心理辅导。开设心理咨询热线服务，帮助有心理问题困扰而又不愿到咨询室的学生摆脱烦恼。有条件的学校还要开设心理卫生课，定期对学生进行心理卫生讲座，系统地对学生进行心理卫生教育。

（二）形成良好的校园环境

大学校园是大学生生活、学习的最主要场所，校园文化、校园氛围对大学生心理健康有着重要影响。优美的校园环境，良好的学习气氛，丰富的业余文化生活，和谐的人际关系，这一切都会为大学生的生活平添许多情趣和色彩，有益于大学生的身心健康。相反，单调呆板的生活节奏，沉闷、压抑的校园环境，则不利于大学生健康心理的培养。

（三）增强家庭的心理保健功能

要提高大学生的心理健康水平，必须从根本上增强父母的心理健康意识，营造和睦宽松的家庭氛围，提倡科学民主的教养方式，为孩子的身心健康发展创造良好的第一环境。要在家庭中采取一些保持心理健康的措施、方法，父母要多给孩子一点关爱、理解、支持和鼓励，要实事求是、脚踏实地，不要不切实际地对孩子的期望太高而给孩子平添心理压力。增强家庭心理保健功能，借助家庭的力量来增强大学生的心理健康。

（四）主动寻求心理咨询帮助

大学生出现心理问题之后往往习惯于自我调节，自我调节可以解决症状轻微的心理问题。大学生心理压力很大、内心冲突激烈时，自我调节往往难以奏效，这时应主动、及时地寻求心理咨询帮助。

二、大学生心理健康的自我调适

（一）建立理性认知方式

正确的认知方式是人适应与发展的前提和基础。人对生活的不适应，大部分来源于人们对现实的不合理的认知方式，例如对自己、对别人的绝对化要求，对自己、对别人的以偏概全的过分概括化，对自己行为“糟糕至极”的悲观化预期等。因此，大学生要培养自己的辩证思维方式，改变自己对自我、对他人、对环境的不恰当的认识。

（二）适应角色要求

大学生来到新的环境中，面对多方面的变化，如何健康地适应环境、快乐地发展呢？要了解客观我的要求，只有使他人的“角色期望”和自己的“角色选择”一致，才有助于他人去控制或改变自己的态度和行为，以达到改善人际关系、提高工作或学习效率的目的，使现实我不断向理想我靠近。

（三）完善自我意识

大学生的自我意识需要可以从4个方面加以完善：树立正确的人生观，自觉地把自己和他人、个人和集体结合起来，走出自我封闭的小天地；确立合理的自我评价体系，找准自我评价标准；培养健康的人格品质，自信而不自负，谦虚而不自卑，乐观而不盲目，克己而不过分；保持自己的独立性，不人云亦云、随波逐流，要勇于创新。

（四）调节控制情绪，培养乐观精神

情绪和情感，不仅影响人的认知活动，而且对人的意志、行为和个性心理等起

着积极或消极的作用。心理学研究认为，情绪长期处于压抑失衡等不良状态，极易引起心理障碍。因此，要学会宣泄不良情绪，调节控制自己的情绪。大学生常见的情绪困扰有焦虑、抑郁、恐惧、嫉妒、冷漠等，这些不良情绪不仅使大学生的学习效率和生活质量下降，也会导致一些身心疾病，如胃溃疡、偏头疼、神经衰弱等。要培养良好的情绪，就应做到豁达开朗、宽容大度，保持乐观情绪，学会宣泄不良情绪，如倾诉、哭泣、运动、娱乐等。

（五）增强人际交往，建立广泛的社会支持系统

研究表明，大学生许多心理问题的产生都源于人际交往中的障碍或挫折，导致自卑、孤僻、恐惧、自傲、逆反、敌对等心理。其主要表现：遇事总感到自己不行，缺乏交往的勇气和信心；孤芳自赏，言行怪癖，使人无法靠近；爱打听和传播小道消息、个人隐私，引起人际关系矛盾和冲突；办事鲁莽、冲动、不能自控，“成事不足，败事有余”等。

要培养人际交往能力，应做到：调整认知结构，对人际关系要有积极、全面、客观的认识，不能戴着“有色眼镜”看人；完善个性品质，要培养热情、开朗、真诚、善良、乐于助人的优秀品质；掌握人际交往的原则与技巧，交往中的恐惧、嫉妒、焦虑、抑郁等不良情绪往往会成为交往的障碍，要掌握人际交往的原则与技巧，学会真诚地赞赏，学会倾听，学会主动交往，学会表达自己的感情。

良好的人际关系不仅是保持心理健康的重要条件，也是维护心理健康的有效方法，通过广泛而稳定的人际交往建立良好、深刻的人际关系，可以更好地相互沟通，联络感情，分享喜悦，倾诉与宣泄苦恼，有效减轻压力和缓解压抑的情绪；同时，在与朋友的交往中得到支持、理解、启发、疏导与帮助，当面临挫折与压力时，广泛宽厚的社会支持会帮助大学生走出沼泽地，走向开满鲜花的岁月。

（六）塑造健全人格

人格统一是大学生心理健康的重要标准。大学生健全人格包括以下4个方面：

（1）悦纳自我，接纳他人。人格健全的学生能够积极地开放自我，正确地认识自己，坦率地接受自己的局限并对生活保持乐观向上的态度。

（2）人际关系和谐。人格健全者心胸开阔，善解人意，宽容他人，尊重自己也尊重他人，对不同的人际交往对象表现出合适的态度，既不狂妄自大也不妄自菲薄，在人际关系中具有吸引力，深受大家的喜欢。

（3）独立自尊。人格健全者人生态度乐观向上，生活态度积极热情，有正确的人生观与价值观，能够用理性分析生活事件，头脑中的非理性观念较少，人格独立，自信自尊。

（4）能够发挥自己的潜能。人格健全的大学生具有自我发展、自我塑造与自我完善能力，能够充分开发自身的创造力，创造性地生活，发现生命的意义并选择有意义的生活。

（七）培养健康生活习惯

生活习惯对心理健康的影响已经被越来越多的人关注，生活没有规律、随心所欲、懒散放荡与过度学习等都是不健康的生活方式。为完成繁重的学习任务，提高身体素质，大学生一定要养成健康的生活方式，使自己身体强健，精力充沛，朝气蓬勃。这就要求大学生注意以下3点：

1. 生活规律，合理安排时间

大学生应该学会做时间的主人，安排好自己的生活和学习。一要合理安排时间。既不能荒废时间，也不能为了学习给自己施加不必要的压力、在学习上搞疲劳战术，应该科学用脑、劳逸结合。二要加强运动。生命在于运动。学习负担过重，持久读书，不仅有害于身体健康，也会使大脑神经失调，导致神经衰弱。坚持锻炼，可以提高中枢神经系统的反应能力，增强肌肉活动能力，增强体质，也能培养乐观开朗的性格，减轻精神压力。

2. 培养生活情趣，丰富业余生活

大学生活是丰富多彩的。大学生在校期间应积极培养自己的兴趣爱好，积极参加各种社团活动，培养生活情趣，调剂单调的学习生活。这样不仅能增长自己的知识，提高自己的能力，还能广交朋友，满足社交要求。此外，大学生还要注意在学习之余多参加娱乐休闲活动，以松弛紧张的情绪，达到劳逸结合、提高学习效率的目的。

3. 合理饮食，禁忌烟酒

饮食习惯也是生活方式的重要组成部分。合理的饮食包括三餐定时定量、不暴饮暴食或偏食、注意营养均衡。不少大学生忽视早餐甚至不吃早餐，这是一种不良习惯。早餐非常重要，大学生上午学习负担繁重，身体更需要营养。吸烟、酗酒等是不良习惯，有害于身体健康。医学研究证明，烟草多含有尼古丁，对人体尤其是对呼吸系统危害很大，长期吸烟会导致慢性支气管炎、肺炎、冠心病等疾病的发生。吸烟还会污染周围环境，危害他人。饮酒过量不仅容易导致酒精中毒、消化系统疾病，还会造成人际关系的紧张与冲突。因此，大学生应倡导健康文明的生活方式。

（八）掌握自我调适的方法

每个人都有自我调节的能力。如果你能怀着一颗感恩、开放的心迎接每一天的生活，悦纳自己，真诚待人，相信会拥有轻松愉快的好心情。

1. 心理宣泄法

心中有了烦恼和苦闷，不要闷在心里，而是向人倾吐出来。忧愁如冰块，搁在冰箱里越积越厚，放在阳光下则很快融化。培根说："你遇到挫折而感到苦闷、抑郁的时候，向知心挚友的一席倾诉，可以使你得到疏导，那沉重地压在心头的一切，通过友谊的肩头而被分担了。"负面情绪要择机表达出来，情绪性的眼泪可以有效地排除体内毒素，与其让那些毒素在体内滞留，不如大胆地在合适的场合、合适的人面前宣泄——想哭就哭。

2. 身体放松法

选择一个舒服的姿势坐着或者躺着，闭上眼睛，想想自己从头到脚每一块肌肉、每一根骨头逐渐地放松下来，从头部、眼睛、脸颊到下巴，再到脖子、胸部、腹部整个上半身，腿、脚都完全放松下来。有时候你需要多练习几次，直到自己的整个身体觉得自然、松弛。

3. 自我审视法

每个人都有一些莫名其妙的自动想法，比如“我觉得自己永远都考不好”，“我连这样的问题都回答不出来，真是太笨了”，等等。可以从下列角度看看这类想法是不是含有不合理的成分：非此即彼（只看事物好坏成败两个极端，不圆满就是失败），以偏概全（把某事件永远看成失败的象征），瞎猜想（轻率地下结论，也无心去证明），消极判断（预估消极结果，并相信预言是事实）。这样去审视自己的想法，会有新发现。

4. 音乐调节法

音乐对人的心情有潜移默化的调节作用。选择一个安静、不受人打扰的环境，放一些轻柔、舒缓的音乐，比如莫扎特的小夜曲，或者巴赫特的咏叹调，抑或贝多芬的《田园》和《风光》，仔细聆听，充分享受音乐带来的那种放松和宁静的感觉。

5. 镜子微笑法

改变我们的面部表情和身体姿势，能够改善我们的情绪状态。试着每天早晨对着镜子微笑，并告诉自己今天是生命中独一无二的一天，重要的不是发生什么，而是如何去应对。给自己一个积极的暗示，让自己带着美好、轻松的心情和愿望出门。

6. 呼吸调节法

你觉得有压力的时候，不妨深深地呼吸，在一呼一吸之间，仔细体会气流是如何流入你的鼻孔，稍微屏息几秒，再慢慢流出。随着每一次呼吸，想象那些折磨自己的负面情绪也都跟气流一块呼出体外，同时又吸入新鲜的氧气，为自己补充生命之能量。

7.发展兴趣法

最好的方法有时候需要你自己去尝试才能发现。有些人喜欢运动，有些人愿意养点花草，有些人喜欢读点书，有些人喜欢打打牌，有些人喜欢看看电影、听听相声，只要是健康的活动，只要能缓解自己的压力，只要能让自己愉快，就都是一种释放。从今天开始，去尝试一下适合自己的应对压力的办法吧。

三、高校心理咨询

心理咨询一般指咨询者运用心理学的专业知识和相应技巧，针对来访者的心理问题进行分析、建议、辅导，以维护和增进来访者的身心健康，促进其人格完善和潜能发挥的过程。心理咨询的工作重点在于进入来访者的内心世界并引起其心理感受或外显行为的变化，是一种包含大量心理干预性质的特殊专业服务。

（一）高校心理咨询特点及作用

1. 高校心理咨询的特点

高校心理咨询是心理咨询的一个组成部分。人们把心理咨询者运用一定的教育模式，以谈话为主要方式，帮助来访学生消除阻碍个体发展的各种因素称为学校心理咨询，它具有以下3个特点：

（1）学校心理咨询是教育模式，而非医学模式，其主要对象为心理正常或部分处在心理恢复期的学生，而不是有心理障碍的病人。

（2）学校心理咨询强调的是发展观，它帮助来访学生解除阻碍个体发展的各种因素。

（3）学校心理咨询工作的主要方式是谈话法。

2. 高校心理咨询的作用

（1）使大学生认识到自身的问题多数是由于内心冲突而不是外界原因造成的。只要解决了内心冲突，问题也就解决了，并且在心理上获得了成长。

（2）为大学生客观地认识自我和现实提供有利条件，使他们能够更清晰、客观、全面地认识自我和现实，从而积极有效地去适应现实。

（3）帮助大学生培养良好的心理素质，科学地从生物、社会的角度分析自我，实行有效调节，扬长避短，发挥优势，挖掘潜能，获得健康与完善的发展。

（4）帮助大学生重新正确地认识自我、评价自我，发现真实的自我，从而根据自己的状况决定自我行为，以获得愉悦的自我。

（5）心理咨询本身可以为大学生提供建立新型人际关系的机会。大学生在与咨询者的交流过程中获得新的感觉：彼此信任，充满安全感；平等参与，获得轻松感。学习与人建立和谐关系的新方法、新经验，从而纠正不适应行为。

（二）高校心理咨询的种类

高校心理咨询的任务是遵循个体心理发展规律，针对学生在不同发展阶段面临的任务、矛盾和个别差异，促使其心理矛盾得到妥善解决、心理潜能获得有效发展、个性得以和谐发展。要达成上述目标必须采取适当的心理咨询形式。根据心理健康程度来分，心理咨询一般有3种类型，即障碍性心理咨询、适应性心理咨询和发展性心理咨询。

1. 障碍性心理咨询

障碍性心理咨询是通过系统的心理咨询克服心理障碍，缓解症状，恢复心理平衡，重新获得心理愉悦。这类咨询的对象是有心理障碍，患有神经衰弱症、社交恐惧症、紧张焦虑症、抑郁症，或由于人际、情感、学习各种危机的交迫而产生轻生念头的大学生。

障碍性心理咨询，可以早发现，及时预防，以克服障碍，缓解症状，恢复心理平衡，因而它具有矫治功能。

2. 适应性心理咨询

许多学生心理基本健康，但在学习和生活中常被各种烦恼困扰，心理矛盾、冲突明显。这类的学生对象较多，只不过程度轻重不同而已。适应性心理咨询，可有预见性地帮助排解可能出现的心理困扰，例如因学习成绩不佳而心事重重，因人际关系困难而苦恼等。预防性心理咨询尤其注重心理危机的早期觉察和干预。

3. 发展性心理咨询

发展性心理咨询是帮助来访者客观地认识自己和社会，增强适应能力，充分开发潜能，提高人生质量，实现人的全面发展。

在学校中，大多数学生的心理比较健康，基本适应环境，无明显的心理冲突，这些学生宜采用发展性心理咨询。发展性心理咨询，可帮助大学生更好地认识自己，发挥个性特长，开发潜能，提高学习和生活质量，实现个体的可持续发展。发展性咨询强调用宏观和长远的目光来看待学生的发展。例如，学会怎样处理人际关系，学会学习，学会关心他人，学会自我发展和人生价值的实现等。

上述3种心理咨询类型中，后二者是高校心理咨询的重点，因为它的对象众多，涉及范围广泛，是大面积提高大学生心理健康水平和心理素质的基础，也是建立高校心理咨询机构的根本目的。对于障碍性心理咨询，其对象虽属少数，却是工作的难点。

（三）高校心理咨询的形式

1. 个体咨询

个体咨询是心理咨询最主要的形式。咨询者与来访者一对一地直接接触，便于对来访者的个性、精神状况、心理问题的类型和严重程度进行直接全面的观察和判断；来访者能够充分详尽地向咨询者倾诉自己内心的烦恼，并可以与咨询者进行充分的讨论、磋商和分析。咨询者与来访者之间容易建立信任关系，来访者能够体会到一种安全感，从而能有效地降低来访者的防御反应。个体咨询具有保密性和针对性强的特点。

2. 团体咨询

团体咨询是通过有组织的团体活动形式，解决一组学生共同具有的发展、适应、困惑、烦恼问题的咨询方式。团体咨询的特点是能在较短时间内由专业人员直接面对较多的来访者，便于观察、了解和指导，来访者之间可以相互交流和讨论，从而使他们相互产生影响和互相提供支持。

3. 电话咨询

电话咨询是来询者通过电话与咨询者进行交谈咨询的方式。咨询者利用电话通话的方式对当事人给予劝告、安慰或鼓励、指导。电话咨询具有方便性、快捷性，深受当事人的喜爱。这种形式在国外的主要功能是心理危机干预，故被称为“希望线”“生命线”。由于大学生对心理咨询还不能深入理解、公开接纳，电话咨询以其隐蔽性、保密性强的特点成为心理咨询的一种重要形式。

4. 信函咨询

信函咨询是求询者与咨询者之间通过书信进行交谈的一种咨询方式。当事人来信提出自己的问题，咨询者给予回信答复。其优点是不受居住条件限制，对那些不善于口头表达或较为拘谨的当事人是一种较为容易接受的方法。信函咨询效果会受当事人的书面表达能力、理解能力和个性的影响。

5. 网络咨询

网络咨询是通过互联网与咨询者交谈的咨询方式。网络以其极强的保密性、隐蔽性、快捷性及实时性，为心理咨询提供了无限发展的空间。通过网络，当事人能够真正毫无顾忌地倾诉自己的隐私，暴露自己的问题，从而使咨询者能够在尽可能短的时间内掌握当事人的基本情况，做出适时的分析判断，并可以通过实时交谈不断矫正求询者的分析判断，做出切合实际的引导及处理。随着网络技术的不断提高和互联网的迅速普及，网络咨询将具有十分广阔的前景。

（四）正确看待心理咨询

尽管高校都设有面向大学生的心理咨询机构，但大学生并不太注重利用这一资源，不少大学生对心理咨询仍有认识上的偏差，甚至抗拒与排斥。

1. 端正对心理咨询的认识

每个人在人生中或多或少都会遇到一些困惑，产生这样或那样的心理问题，如不及时排解或治疗，常常会使问题加剧。因此，被心理问题困扰时，及时寻求心理咨询的帮助是非常有必要的。一些不愿意去心理咨询的大学生错误地认为去心理咨询的都是有严重精神问题的，害怕别人认为自己不正常。实际上，心理问题和精神问题是两个不同的概念，心理咨询所遵循的是教育模式，所接待的来访者是正常人，而不是病人或患者，所进行的是疏解人们日常生活学习中的心理困扰。为了解决自己的苦恼，让自己的心理更加健康，去心理咨询是一种有效的方式。

2. 心理咨询具有保密性

很多不愿走进心理咨询的人担心心理咨询师将自身的心理问题告诉他人，别人说出去会给自己带来风险。对于来访者个人的隐私，心理咨询师是会保密的。保密原则是心理咨询的首要原则，是心理咨询从业者的基本职业素质之一。因此，不必担心心理咨询师将来访者的相关信息外泄，对于自己的问题不必有太多的顾虑，不要羞于开口或含糊其词。

3. 不要“急于求成”

有些人希望通过一两次心理咨询就能解决自己的心理困扰，甚至寄希望于立竿见影，或者希望心理咨询师能给出立即可行的方法建议。这其实是很不符合心理咨询的目的的。心理咨询过程能帮助澄清事实、疏导不良情绪、分析利弊、开阔和转变思路、树立正确的观念。

4. 心理咨询最终是自助

心理咨询是帮助来访者逐步学习面对人生困扰，学习面对自我，得到成长的过程，其目的从根本上讲是助人自助。我们面临一些问题，一时无法自己调整解决，就需要借助一定的外力，但并不是要咨询师替自己拿主意。来访者需要在咨询师的帮助下，依靠自己去面对实际问题，最终自己去解决问题。

问题讨论

1. 什么是心理健康？
2. 如何正确理解大学生心理健康的标准？
3. 大学生常见的心理问题有哪些？

4. 影响大学生心理健康的因素有哪些？

5. 如何增进大学生自身的心理健康？

6. 请阅读下文，并谈谈自己的感受。

悦纳自己，相信自己

一个自卑的人不可能经常地体验到快乐和幸福，正好相反，乐观而自信才是每个人持久快乐的重要基础。

如果一个人在内心里对自己持否定态度，认为自己不好，那他即使有金钱和地位也没有办法得到真正的快乐和幸福。这也就是某些有钱人觉得生活并不幸福的原因之一。相反，如果你肯定自己、相信自己，在任何情况下都不会对自己丧失信心，也不会对自己的生活不满意。

如果你习惯于贬低自己，这不仅会打击你做事的自信心，还会扼杀你的独立精神。如果你整天萎靡不振、躲躲闪闪，不敢正视生活，不管走到哪里都不敢面对别人的视线，总是觉得自己做得不好，那么你又怎么能够发现和享受生活的乐趣呢？

只有喜欢自己，相信自己，始终充分欣赏自己的生活，诚恳地面对生活，才能获得真正的幸福。

我们知道，人的性情具有稳定性。对于一个习惯于自我贬低的人来说，要改变自己的观念其实是一件很困难的事情。不过并非完全不可能，因为很多经验告诉我们，行为对态度有一定的支配作用。我们可以有效地利用这一原则。如果你想让自己变得自信、快乐，那么一个有效的方法就是假装你是一个自信、乐观的人，每天起床后，满怀信心和快乐地去做你喜欢的事情。

有个事例可以印证上面这个方法。你可能有过这样的经历：当你心情烦躁的时候，你的朋友打来电话，你不得不装出一副高兴的样子跟他聊天，当你挂掉电话后，你的烦躁心情好像没那么严重了。因此，我们可以试着先改变自己的行为，并用这样的行为引导着去改变自己的态度。

自我测试

身心症状自评量表

对大学生心理健康状况进行综合诊断，使用得比较多的量表主要是身心症状自评量表。

症状自评量表（self-reporting inventory，symptom check list 90）简称SCL-90，包括90个题目，分为5个评分等级，基本可用来衡量病人自觉症状的严重程度。这个量表具有容量大、反映症状丰富、更能准确反映病人的自觉症状及严重程度等优点，在分析上也相对复杂一些。

SCL-90的询问题目，内容涉及感觉、情绪、意识、行为、生活习惯、人际关系、饮食睡眠等方面，隐含着10个因子，如下：

（1）躯体化：包括1、4、12、27、40、42、48、49、52、53、56、58题，共12题。该因子主要反映主观的身体不适感，包括心血管、胃肠道、呼吸系统的不适，以及头痛、背痛、肌肉酸痛及焦虑等其他躯体症状表现。

（2）强迫：包括3、9、10、28、38、45、46、51、55、65题，共10题。它与临床上所谓强迫表现的症状定义基本相同，主要指那种明知没有必要但又无法摆脱的无意义的思想、冲动、行为等表现。还有一些比较一般的感知障碍（如"脑中一片空白""记忆力差"等）也在这一因子中有所反映。

（3）人际关系敏感：包括6、21、34、36、37、41、61、69、73题，共9题。它主要指某些人的不自在感与自卑感，尤其是在与其他人相比较时更为突出。自卑感、懊丧及人事关系方面明显处不好的人，往往是这一因子的高分对象，与人际交流有关的自我敏感及反向期望也是产生这方面征象的原因。

（4）抑郁：包括5、14、15、20、22、26、29、30、31、32、54、71、79题，共13题。它反映的是与临床上的忧郁症状联系广泛的概念，忧郁苦闷的感情和心境是代表性症状。它还以对生活的兴趣减退、缺乏活动愿望、丧失活动力等为特征，包括与失望、悲观和忧郁相联系的其他感知及躯体方面的问题。

（5）焦虑：包括2、17、23、33、39、57、72、78、80、86题，共10题。它包括一些通常在临床上明显与焦虑相联系的症状及体验，一般指那些无法静息、神经过敏、紧张及由此产生的躯体征象（如震颤）。那种游离不定的焦虑及惊恐发作是本因子的主要内容。它还包括一个反映"解体"的项目。

（6）敌意：包括11、24、63、67、74、81题，共6题。这里主要从3个方面来反映病人的敌对表现、思想、感情及行为。其项目包括从厌烦、争论、摔物直至争斗和不可抑制的冲动爆发等各个方面。

（7）恐惧：包括13、25、47、50、70、75、82题，共7题。它与传统的恐惧状态或广场恐怖所反映的内容基本一致。恐惧的内容包括出门旅行、空旷场地、人群、公共场合及交通工具，还有反映社交恐怖的项目。

（8）妄想：包括8、18、43、68、76、83题，共6题。所谓妄想，是一个十分复杂的概念，本因子包括一些基本内容，主要指想象、思维方面，如投射性思维、敌对、猜疑、虚构、被动体验和夸大等。

（9）精神病性：包括7、16、35、62、77、84、85、87、88、90题，共10题。本因子用于在门诊中迅速、扼要地了解病人的病情程度，以便做出进一步的治疗或住院等决定，故把一些明显、纯属精神病性的项目汇集到本因子中。有4个项目代表了一级症状——幻想的精神病表现，如精神分裂症状等项目。

（10）其他：包括反映睡眠的44、64、66题，反映饮食的19、60题，反映死亡观念的59题，反映自罪观念的89题，共7项。此因子的59、89题和第四个因子的15题3项综合起来可反映自杀倾向。

在评分规则方面，SCL-90采用5级评分制，有两种计分法。一种是1～5评分制，1分表示没有该情况，2分表示在频度和强度上较轻，3分表示中等，4分表示较重，5分表示严重。另一种是0～4评分制，0分表示无，1分表示较轻，依次类推。这里的“轻、中、重”主要靠自评者自己去体会，没有绝对的界限。

SCL-90评定的时间范围是“现在”或“最近一星期”。

【指导语】

表中列出了有些人可能会出现的问题，请仔细地阅读每一条，然后根据最近一个星期内的实际感受填写，在右边的5个级别中选择最符合的1个画“√”。

身心症状自评量表（SCL-90）

症状表现	没有（A）	轻度（B）	中度（C）	偏重（D）	严重（E）
1. 头痛					
2. 神经过敏，心中不踏实					
3. 头脑中有不必要的想法或字句盘旋					
4. 头昏或晕倒					
5. 对异性的兴趣减退					
6. 对旁人求全责备					
7. 感到他人能控制自己的思想					
8. 责怪他人制造麻烦					
9. 记忆力差					
10. 担心自己的衣饰不整齐及仪态不端庄					
11. 容易烦恼和激动					
12. 胸痛					
13. 害怕空旷的场所或街道					
14. 感到自己的精力下降，活动减慢					
15. 想结束自己的生命					
16. 听到旁人听不到的声音					
17. 发抖					
18. 感到大多数人都不可信任					
19. 胃口不好					
20. 容易哭泣					

续表

症状表现	没有（A）	轻度（B）	中度（C）	偏重（D）	严重（E）
21. 同异性相处时感到害羞、不自在					
22. 感到受骗、中了圈套或有人想抓住自己					
23. 无缘无故地突然感到害怕					
24. 自己不能控制地大发脾气					
25. 害怕单独出门					
26. 经常责怪自己					
27. 腰痛					
28. 感到难以完成任务					
29. 感到孤独					
30. 感到苦恼					
31. 过分担忧					
32. 对事物不感兴趣					
33. 感到害怕					
34. 感情容易受到伤害					
35. 感到他人知道自己的内心思想					
36. 感到他人不理解自己、不同情自己					
37. 感到他人对自己不好、不喜欢自己					
38. 为了保证精确，做事必须非常缓慢					
39. 心跳得很厉害					
40. 恶心或胃部不适					
41. 感到比不上别人					
42. 肌肉酸痛					
43. 感到周围的人注视或议论自己					
44. 难以入睡					
45. 做事必须反复检查					
46. 难以做出决定					
47. 害怕乘公共汽车、地铁或火车					
48. 呼吸困难					

续表

症状表现	没有（A）	轻度（B）	中度（C）	偏重（D）	严重（E）
49. 一阵阵地发冷或发热					
50. 因为感到害怕而避开某些东西、场合或活动					
51. 脑中一片空白					
52. 身体的某些部位发麻或刺痛					
53. 喉咙有梗塞感					
54. 感到前途无望					
55. 不能集中注意力					
56. 感到身体的某一部分软弱无力					
57. 感到紧张或易被激怒					
58. 感到手或脚发重					
59. 想到死亡的事					
60. 吃得太多					
61. 当他人看着自己或议论自己时感到不自在					
62. 头脑里存在着不是自己的想法					
63. 有想打人或伤害别人的冲动					
64. 醒得太早					
65. 必须反复洗手、清点数目或触摸某些东西					
66. 睡得不稳、不深					
67. 有想摔坏或破坏东西的冲动					
68. 有一些别人没有的想法或冲动					
69. 感到对别人神经过敏					
70. 在人多的地方（如商店、电影院）感到不自在					
71. 感到任何事情都困难					
72. 一阵阵地惊惶失措					
73. 感到在公共场合吃东西不舒服					
74. 经常与人争论					
75. 单独一人时神经紧张					
76. 担心别人对自己的成绩没有做出恰当的评价					

续表

症状表现	没有（A）	轻度（B）	中度（C）	偏重（D）	严重（E）
77. 即使和别人在一起也感到孤单					
78. 感到坐立不安、心神不定					
79. 感到自己没有什么价值					
80. 感到熟悉的东西变得陌生或不真实					
81. 大叫或摔东西					
82. 害怕会在公共场合晕倒					
83. 感到别人会占自己的便宜					
84. 为一些有关性的想法而很苦恼					
85. 感到自己有罪恶感而应受到惩罚					
86. 感到要赶快把事情做完					
87. 感到自己的身体有严重问题					
88. 对他人从来没有亲密感					
89. 感到自己有罪					
90. 感到自己的脑子有问题					

【评分规则】

若选A计1分，选B计2分，选C计3分，选D计4分，选E计5分。将因子F1（躯体化）、F2（强迫）、F3（人际关系敏感）、F4（抑郁）、F5（焦虑）、F6（敌意）、F7（恐惧）、F8（妄想）、F9（精神病性）、F10（其他）各自所包含的项目得分分别累计相加，即可得到各个因子的累计得分；将各个因子的累计得分除以其相应的项目数，即可得到各个因子的因子分数——T分数。

例如，若躯体化一项合计分为8，题目数为8，则因子分为1。将各个因子分数相加，即可得到总因子分数。将整个问卷的总项目数减去选A（即代表“没有”）的答案项，即可得到反映症状广度的阳性项目数。将上述得分都填入下表。

SCL-90测验答卷得分换算表

因子	所属因子的项目编号	累计得分（S）	T分数（S/项目数）
F1	1，4，12，27，40，42，48，49，52，53，56，58		/12
F2	3，9，10，28，38，45，46，51，55，65		/10

续表

因子	所属因子的项目编号	累计得分（S）	T分数（S/项目数）
F3	6，21，34，36，37，41，61，69，73		/9
F4	5，14，15，20，22，26，29，30，31，32，54，71，79		/13
F5	2，17，23，33，39，57，72，78，80，86		/10
F6	11，24，63，67，74，81		/6
F7	13，25，47，50，70，75，82		/7
F8	8，18，43，68，76，83		/6
F9	7，16，35，62，77，84，85，87，88，90		/10
F10	19，44，59，60，64，66，89		/7
阳性项目数（90—选A的项目数）：		总累计得分：	总因子分数：

【结果分析】

SCL-90测查结果的分析可以从许多角度进行，既可从整个量表（90个题目）中的阳性症状广度和总因子分数出发，宏观地评定被测心理障碍的大体情况，又可从统计原理出发，对被测的某一因子得分偏离常模团体均数的程度加以评价。

SCL-90在国内已有18～29岁正常成人的测验常模，如下表所示。该常模给出了各种因子的平均数（X）和标准差（SD），达到两个标准差即可认为是异常。在对大学生进行心理健康测评和心理咨询过程中，比较粗略、简便、直观的判断方法是看因子分数是否超过3分（1～5评分制），若超过3分即表明该因子的症状已达中等以上的严重程度。在0～4评分制中，若超过2分，即表明该因子的症状达中等以上的严重程度。此时，应对受测大学生采取必要的心理治疗措施。

正常人SCL-90的因子分布

项 目	X+SD	项 目	X+SD
躯体化	1.34+0.45	敌意	1.50+0.57
强迫	1.69+0.61	恐惧	1.33+0.47
人际关系敏感	1.76+0.67	妄想	1.52+0.6
抑郁	1.57+0.61	精神病性	1.36+0.47
焦虑	1.42+0.43	阳性项目数	27.45+19.32

第十章 生命教育篇——活着为了什么

第一节 生命教育概述

人类是自然界的一部分，以一种生命的形式存活于地球之上。在人类的发展历史中，历代的文人先哲们从未对生命这个概念放弃过深思和探讨。人类被称为万物之灵，是一种高级生命。那么，生命对于人类来说到底是怎样的一种形式？它的意义又在哪里呢？大学生作为未来的建设者，应当如何去看待生命？树立怎样的生命观？这些问题值得每个大学生深思。

经典案例

2016年3月27日晚上11点50分，四川某大学舞蹈学院发生杀人案。在宿舍玩电脑的大一学生芦某被室友滕某叫到了旁边的学习室，当人们再次见到芦某的时候，他已经身首异处。2016年11月21日上午9点30分，成都市中级人民法院公开审理了此案，控辩双方以被告人滕某是否具有自首情节，与被告人滕某的抑郁症是否属于刑法中规定的精神病进行了激烈的辩论。2017年9月6日，成都市中级人民法院对2016年3月发生在四川某大学的一起杀人案进行宣判，被告人滕某被判处死刑，缓期两年执行。

人最宝贵的便是生命，生命是智慧、力量和一切美好情感的唯一载体。当前某些大学生对自己生命的轻视和对他人生命的漠视、残忍，自杀，或杀死父母、老师、同学等恶性案件的日趋增多，着实令人震惊、痛心。生命教育变得刻不容缓，必须引起广大教育工作者和社会各界的高度关注。

（资料来源：http：//cd.bendibao.com/news/2016415/84215.shtm）

一、生命的内涵

苏格拉底曾说过，认识你自己，认识自己即认识生命。生命是由高分子的核酸蛋白体和其他物质组成的生物体所具有的特有现象，能利用外界的物质形成自己的身体和繁衍后代，按照遗传的特点生长、发育、运动，在环境变化时常表现出适应环境的能力。在整个人类的历史发展过程中，社会形态从最开始的原始社会发展到奴隶社会、封建社会再到资本主义社会和社会主义社会，随着文明的进步，先哲们对生命的思考论证从未停止。

古希腊的哲学家倾向于把生命作为一种“力”来研究，研究了生命的各种活动，如“引力”“压力”。中国古代哲学家倾向于把生命归为“气”。例如庄子认为“人之生，气之聚也；聚则为生，散则为气”。中国古代哲学家通常把生与死连起来讨论，把生命描绘成运动过程，生死相依，无死无生。

近代哲学家黑格尔提出“生命”是一个使生命获得自由的概念，它与灵魂和肉体、主观与客观相统一。他把生命看成直接性的理念，同时提出了逻辑的生命、自然的生命、精神的生命三种生命观，使得生命的概念泛化，把整个世界及整个思想体系都看成一个有机的生命体。

现代科学出现后，人们按照自然学科的分类来研究生命的内涵：分子生物学的生命观认为生命体的形状、大小和结构虽然不同，但都由脱氧核糖核酸（DNA）、核糖核酸（RNA）和蛋白质等大分子构成；生态学的生命观认为生命是生物圈中各种物质循环过程的中心环节；生理物理学的生命观认为生命是个开放的系统，它不仅与外界进行能量的变换，而且进行物质交换。

虽然人们对生命的概念已经有了共识而且能从一定程度上进行概念界定，但目前来看还不能找到可以涵盖所有领域的概念，因为解释角度不同导致生命的定义也不同，具有很大的局限性。但生命代表了所有生命形态的共同表面特征，理解生命的内涵可以进一步认识到人活着的意义，能够让人们更加贴近自我。

二、生命的特征

（一）生命的有限性

人们的恐惧来源于对未来的不可知，人们总希望用各种手段使自己有限的生命趋于无限，如秦始皇曾派徐福搜寻长生不老的灵丹妙药。只可惜古往今来没有人可以逃避生死规律，众生都要面对自己不过是沧海一粟的事实，接受生老病死的考验。

2014年的《人类发展报告》提出国人经健康调整后的预期寿命，男性为65.5岁，女性为70.4岁。白居易的《咏怀》写道：“人生百年内，疾速如过隙。”生命在时间上是有限的，是不可改变的。生命的偶然性使我们无法控制它，各种突如其来的疾病、天灾人祸等各种突发事件都可能使生命轻易消失。生命没有办法重复，生命只有一次，结束了便没有重新开始的可能。《钢铁是怎样炼成的》主人公保尔曾说过：“人最宝贵的东西是生命。生命对每个人来说只有一次。”大学生要珍惜有限的生命，不断地超越和完善自我，从而实现自身生命的最大价值。我们虽然不能延长生命的长度，但是可以增加它的厚度和深度，重视生命的每次机遇，做好正确的选择，当回首自己的整个生命时，“不因虚度年华而悔恨，也不因碌碌无为而羞愧”。

（二）生命的独特性

生命的独特性表现在生命的唯一性上。世界上没有两片完全相同的树叶，每个人的生命都是唯一的存在，有自己独特的存在方式和行动特征，即使是同卵双生儿，因为环境、家庭、社会等外界的因素不同也会有区别。韩庆祥说：“每一个人之间有所不同，即都有其自我独特性，具有不可重复和不可取代的唯一性，这种自我独特性和唯一性是每个人得以存在的根据和理由，因而也是每个人有其个人价值的理由和根据。”

生命的独特性还表现在个体之间的能力、气质、性格、世界观等心理倾向都是有差异的，生活在同一个社会中的个体都有自己的生命模式。

生命的独特性要求我们大学生根据自己的个性和优势来选择一条适合自己的前进之路，激发自己内心对生命的热爱，珍惜自己的生命，找到自己的长处，从而体会生命的可贵，珍爱自己。

（三）生命的价值性

生命的有限性和不可控性并不可怕，是恐惧把它变成了一种痛苦。生命的有限性只是生命作为物质的有限性，所以我们不必介怀有限物质的生老病死。生命的价值在于一个人的精神和为整个社会做贡献，精神可以超越生命的有限性，有价值的生命可以使人生变得更加充实和有意义。

人生的意义在于体验生命的过程，体验从生到死的过程。人之所以为人的意义在于生的意义。辛勤劳作的农民，刻苦学习的学生，兢兢业业的工人，他们人生的意义在于实实在在地活着，而不是毫无边际地幻想未来。老子云：“天下难事，必作于易；天下大事，必作于细。”活在当下，当下就是一切，要把一切都倾注在当下，能在可以把握的时间内把每一件事做好，人生就是有意义的。

（四）生命的责任性

北宋理学家张载对于生命的责任有四句总结：为天地立心，为生民立命，为往圣继绝学，为万世开太平。维克多·费兰克也说过：“每个人都被生命询问，而他只有用自己的生命才能回答此问题，只有以‘负责’来答复生命。因此，‘能够负责’是人类存在最重要的本质。”所谓责任，不仅指对人、对己、对社会应尽的义务，还包括应承担的过失。生命的责任体现了一个人的原则、作风、习惯、素养，是一个人对待人生和生命环境的态度。责任文化研究专家唐渊认为，责任是一个完整的体系，包含五个方面的基本内涵：责任意识，是“想干事”；责任能力，是“能干事”；责任行为，是“真干事”；责任制度，是“可干事”；责任成果，是“干成事”。人生有很多事是必须做的，因为我们有义务对家人、朋友和自己的生命负责，这是人类天生的使命。

大学生应当理解个人的世界不是只有自己一个人，还有家人和朋友，还有生命的责任。父母含辛茹苦地抚育我们成长，我们要学会的首要一点就是应当尊重生命，对自己的生命负责。身体发肤受之父母，不能轻易毁伤。当今社会对于青少年的身心健康给予了很大的关心和爱护，大学生应当为社会、为祖国尽一份自己的力量。虽然每个人对生命责任的感情不是一样的，但是相信所有的人都希望自己关心的人能够健康、快乐、幸福，所以人们应当对生命负责。

三、生命的意义

对生命意义的追求有很多的表达方式，如“我为何在此”，“生命的真谛是什么”，“生命有什么意义与价值”。虽然科学、哲学、神学等学科对这些问题做过形形色色的解答，但是关于生命的意义目前并没有达成共识，因为生命的意义并不单纯属于某个学科，只从某个学科单层面去分析并给出答案是片面的。如果不能正确认识生命的意义，则无法形成正确的人生观。因此，我们可以从多方面对生命的意义有一个深刻的认识。

（一）生命的意义在于选择

存在主义哲学认为一切自由、真理和意义都依赖于个人做出并予以实施的选择。存在即选择，选择即自由，我们生命的根本动力是成为自己。生命的意义就在于选择，一个人只有不断地为自己的人生做选择，这个人才算活过。相反，假若自己的人生总是由别人来选择，那么这个人可以说是白活了。

在替别人做选择时，我们常运用一个借口：“我担心他做了错误的选择。”但他人即便是错误的选择，那也意味着他个人曾经活过，而没有选择则意味着他个人根本没有活过。我们其实都深深地懂得这一点，所以我们很多时候会很讨厌别人替自己做选择，无论别人的选择看上去有多正确，因为这是在杀死自己的精神生命。

（二）生命的意义在于爱

每个人活着不单是为了自己，有父母对自己的爱恋和牵挂，有老师对自己的期待，还有周围朋友对自己的关心。爱你的家人，爱你的朋友，用心去爱爱你的人，爱这个世界上的人，这就是生命的意义。不光学会爱自己，还要学会爱他人，才能够珍惜现在的幸福和快乐，才能重视生命、尊敬生命，用一颗包容的心去面对生活和挫折，在爱与被爱中领悟生命的真谛。

著名国际资深讲师、身心灵导师保罗·费里尼在作品《宽恕就是爱》中写道：“我们不能原谅他人的最大障碍，就是来自内心的恐惧。而攻击他人的行为，也只是源自我们处于恐惧的自我防卫。而每一个攻击，其实都是来自内心深处的呼求——最终，我们每个人都在呼求爱，都希望被爱。”

（三）生命的意义在于付出

文学家巴金说过：“生命的意义在于付出，在于给予，而不是在于接受，也不是在于争取，人活着正是为了给社会增添点光彩，只有这样，我们的生命才会开花结果，否则，我们将憔悴地死去。我仍在思考，仍在探索，仍在追求，我不断地自问，我的生命什么时候开花？”上天生下我们，是要让我们能够像萤火虫一样，不为照亮自己，而是带给世界光芒。

生命的意义不在于长短，而在于内涵。每个人都可以通过自己的努力使自己的生命更有价值。生命的存在值得肯定与尊重，若能尽自己所能为他人、社会做出更多贡献，这样的生命就更有价值、更值得敬重。要提升生命的价值，就需要我们脚踏实地，从现在做起，从我做起，从点滴的小事做起。要树立崇高的理想，努力学习，掌握本领，长大后回报社会，造福人类，让有限的生命拥有无限的内涵。

（四）生命的意义在于经历

有人问古希腊智者阿那哈斯：“你说什么样的船最安全？”阿那哈斯说：“那些离开了大海的船最安全。”现实中人们总喜欢诉说自己的不幸，总希望能过上一种风平浪静的生活。虽然离开了大海的船最安全，然而船一旦离开了大海，也就失去了存在的意义。

每个人在成长中都会受很多伤，会哭泣悲伤，会觉得痛。许多事情总是在经历过后才明白。只有痛过、伤心过才会懂得珍惜与放弃，才能学会改变和坚持，才能学会做一个全新的自己。人生途中很多事情无法逃避和更改，人生在世就像船行于海中，遭遇风浪，饱尝奔波，这些都是必须经历的事情，谁都无法拒绝。前进过程中成功或失败的印记就如一串串的脚印，最终汇成了我们每个人或长或短的一生。

四、大学生生命教育的重要意义

（一）唤醒大学生热爱生命、尊重生命的意识

对于每个人来说，生命都只有一次。在人生的初始之时我们无法去选择是否拥有生命，同样我们也无从得知生命的终点，或许正因为生命拥有这种未知性，才显得尤为珍贵。德国著名的精神分析心理学家弗洛姆说过：“尊重生命、尊重他人，也尊重自己的生命，是生命进程中的伴随物，也是心理健康的一个条件。”对于个体自身来讲，只有认识到生命是一个人此生中最宝贵的财富，才能够更加珍惜并尊重自己的生命以及他人的生命。然而，令人遗憾的是，并不是所有的大学生都能清楚地认识到生命的宝贵，在遇到各种学业压力、就业压力、感情挫折等令人难以解决的人生问题时，有部分学生却选择极端的方式来解决这些问题，仓促地为自己的人生画上句号，仿佛自己的生命就只是一片树叶，随手便可轻易地将其摘下扔掉。

2004年“马加爵事件”、2007年“女版马加爵张超”以及2010年药家鑫交通肇事杀人案、2013年林森浩毒杀室友案等一系列恶性事件，这些视他人生命如草芥的校园惨案行为也正是当事人缺乏对生命的尊重而导致的，在伤害他人生命的同时也让自己的生命走向了尽头。这些本该拥有绚丽青春的生命正因为缺乏对生命的尊重而被扼杀在最美好的年龄。因此，加强大学生的生命教育，就是要让大学生群体知晓每个人来之不易，没有理由去漠视自己的生命以及他人的生命。一个人，无论成功还是失败，无论有幸还是不幸，其生命都是极为珍贵的。生命是父母赋予我们的财富，在每个人的人生历程中，都倾注着父母满满的爱。要通过生命教育，让大学生了解自己的生命是与最亲密的人的生命紧密相关的。设想一下，失去孩子的父母，在白发人送黑发人时心中所充满的是最深的痛苦，这种痛彻心扉的感觉或许是尚未成熟的大学生难以理解的。生命对任何人来讲都只有一次，这短短的一生，不论是过得平凡还是精彩，都应该是每一个人的幸运。因此，我们要开展大学生的生命教育，让大学生懂得珍惜生命，不要随意践踏自己和他人的生命。开展生命教育，能够最大限度地激发起大学生对于生命的热爱，使他们以更加饱满的热情去迎接未来的生活。

（二）培养大学生良好的自我意识并能正确地认知自我

众所周知，世界上没有完全相同的两片树叶。作为人也一样，每个人都是一个独立且独特的个体，开展生命教育的目的便是让大学生认识到每一个人都是独一无二的。世界上不存在绝对完美的人，所以任何人身上必定会有其独特的缺点和优点。所谓“一沙一世界，一花一天堂”，每个生命都会散发着属于自己的特有芬芳，每个灵魂都充满着自己无限魅力与价值情思。生命的独特性不仅取决于个体遗传基因所决定的外表等生理性因素的差异，还表现在人后天形成的个性上，表现在人思维、精神、行为方式等方面的独特性上。正因为个体生命具有这种独特性，因此任何生命都有其特有的价值。每一个人都有权利和义务去挖掘自己的潜能，发展属于自己的特色，寻找到最真实的自己。然而，鉴于我国的特殊国情，在高中阶段，由于存在着高考压力，教育似乎在很大程度上忽视了对学生的独特个性的发展，以至于很多在高考中脱颖而出的中学生在步入大学生活后会出现一系列心理问题。因此，开展生命教育变得刻不容缓，让大学生充分认知到自己生命所具有的特殊性，对其心理成长具有极大的帮助。面对自身的优势，能做到不骄傲、不自大；面对原有的缺陷，能够不抱怨、不自卑。无论优势还是缺陷都是每个人身上独有的。培养大学生良好的自我意识，能够使其正确客观地面对现实，准确地认知自我、评价自我、悦纳自我。虽然人无完人，但大学生依然需要不断地努力，去积极塑造一个更加完美的自我形象。在现代社会日趋激烈的竞争中，心理健康对于大学生的成长和成才具有十分重要的意义。开展生命教育，呼唤人性的回归，关注人文精神的培养，注重大学生人格的完善、发展，发挥大学生的潜在优势，提高学生的生命质量，尊重生命基础上的教育，是现代教育最重要的内容。

（三）培养大学生树立正确的人生价值观并助其实现人生价值

大学生作为社会中的一个特殊群体，是国家发展与建设的主力军，是祖国的未来、民族的希望，这就意味着树立正确的人生价值观对当代大学生乃至对整个社会的发展都具有极其重要的意义。生命教育是人生观、价值观和世界观教育内容的拓展与深化，加强对大学生的生命教育有助于大学生在纷繁复杂的生命现象中去找寻生命的本质与意义，启迪大学生认识到生命的宝贵之处在于生命不仅蕴含自然性，还具有更为丰富的社会内容。作为一个社会人，除了安身立命以外，还应该懂得，一个人如果要拥有自己的生命价值，就需要努力地去创造生命的价值，生命之所以如此美好正是因为其具有创造性，而大学生要创造生命价值，就要坚定地去建功立业，为他人、为社会、为祖国做出自己应有的贡献。生命也许就像空中的一颗流星，虽然转瞬即逝，但也应该放射出最耀眼的光芒。朱光潜曾说过：“一个人的生活是否丰富，也就是说，有无价值，就看他对于心灵或精神生活的努力和成就的大小。如果只顾衣食饱暖而对于真善美不感兴趣，他就成为行尸走肉。”由此而言，树立正确的人生价值观决定了大学生成才的方向，也是大学生成才与成功的精神支柱。

随着整个社会的开放与发展，当代大学生的价值观也变得更加复杂与多样。部分大学生在选取人生目标时片面地追求个人价值、个人利益与需求，更加注重现实和功利、金钱以及感官享受，社会责任和集体观念却在慢慢淡薄。部分学生暴露出个体的感情冷漠、极端自私、责任意识淡漠，突出表现为“无兴趣、无所谓、无意义”的“三无”现象。生命教育，可以帮助大学生树立正确的人生价值观，只有树立了正确的人生价值，才能更加珍惜大学四年的宝贵时光，在大学期间刻苦学习，努力掌握学科知识；才能积极加强个人修养，努力培养高尚的道德品质；才能积极地投入社会实践中去，使自己成为社会需要的优秀人才，把自我有限的生命投入无限的人生事业中去，最终实现自己的人生价值。

第二节　当代大学生生命教育的现状

经典案例

孙某，24岁，北京某大学研究生，2015年12月17日凌晨3时许，他从学校宿舍楼上纵身一跃，自杀身亡。高中时期的孙某成绩优异，每每考试都是全校第一。2008年他考入北京某大学，在四年本科学习中，同学们都叫他“孙神”，孙某“硕果累累”。多名大学同窗回忆起孙某，提到最多的词就是“开朗”。此前一年，他曾因实习不顺，毕业论文未能通过而延迟毕业一年。因为无法正常毕业，他不得不放弃了已经应聘成功的某银行总行的工作，还为此支付了几千元违约金。他因此得了抑郁症，经过两个月的治疗，他的情况有所好转，基本恢复正常。2015年11月底，孙某重新提交了论文。之前，孙某还成功应聘到了中国工商银行总部软件开发中心的工作。2015年12月16日下午4点45分，银行通知他第二天下午2点携带三方协议等证件签约，他迅速回复“参加”。不出意外的话，这个24岁的研究生，可顺利毕业。毕业论文已按时提交，和女友感情稳定，找工作也签约在即，一切渐尽人意。最终，他没有去。

（资料来源：https：//www.xinli001.com/info/100358916）

一、生命教育的内涵

1968年，美国学者沃尔特斯在加州建立第一所生命教育学校——阿南达智慧生活学校（Ananda living wisdom school）。他提出生命教育是“为学生快乐而成功地生活做准备的教育活动，是一种以提升学生的精神生命为目的的教育活动”。澳大利亚于1979年成立了“生命教育中心”（life education center），最早使用生命教育（life education）这个概念，并把生命教育定义为“一种以预防滥用药物、暴力与艾滋病等自然生命中可能遭遇的问题为出发点，以提高孩子们的生命质量为依归的教育活动”。英国则把生命教育理解为一种全人教育，相信通过生命教育培养的积极主动的公民既能促进国家经济与政治上的进步，也能提升社会的文化、道德及社会风气，认为生命教育包含个人健康教育、公民的权利及职责教育等。

目前，中国教育界尚未对生命教育的内涵达成共识。我国目前有两种观点：一是狭义上的生命教育观，就是把生命教育作为一种教育的对象、教育的内容，教人学会认识、保护、珍爱、欣赏并探索生命的意义；二是广义上的生命教育，认为生命教育是一种价值追求，就是引导学生正确认识生命的价值、生活的真正意义、学生人文精神的培养，让学生去追求终极信仰、拥有关爱的心。还有学者从强调教育的特点出发，把生命教育的内涵归纳为三个方面：一是教育的方向性，即以马克思主义为指导思想，以人文社会科学为理论基础；二是教育的过程性，即教育要体现生命的整体性和人的主体性，以及按照人发展的规律、社会需求和生命成长来实施教育；三是教育的目的性，即培养与引导学生热爱生命、珍视生命，构建健全人格，开发生命潜能，培养人生智慧，为学生提高生命质量、实现人生价值和终身幸福奠定基础。

无论如何生命教育是整体的教育，覆盖出生到死亡的整个过程和这个过程所涉及的各个方面，关系到人类生存和生活，而且影响人的生长发育，对人类的本性和价值观产生影响。生命教育的核心目标是管理生活，让每个人都成为“自己”，最终实现人生的价值，体会到生命中的爱，使生命充满美丽的光泽。每个学生都必须接受生命教育，生命教育是一个建立在自身“生命实践活动”基础上的社会价值、个人价值和教育价值相统一的教育过程。

虽然关于生命教育的含义有很多表述，但总的来说包括以下几个内容：

（1）让学生学会认识生命、珍惜生命。了解生命的发展过程，理解生命的脆弱，体会生活中的酸甜苦辣，学会感恩，学会珍惜生命。通过理解生活的艰辛，培养爱和敬畏的感情，对死亡有理性的认识，懂得生命的意义和价值。

（2）让学生学会面对各种困难和挫折，保持健康的心态。人生不会永远充满鲜花和笑声，它还有荆棘和眼泪。在人生的道路上会遇到各种各样的磨难、挫折和不幸，虽然这种负面状态短时间内会让人痛苦，但人们会在经历中学会成长。有些人在面对这样的困难时，会想到用死亡来结束困难，但是生命不只属于自己，还属于父母和其他关爱自己的人，所以在逆境中，个体没有结束自己生命的权利。生命教育是要大学生明白：自己是独一无二的，没有人可以代替，不管自己有多少缺点，都要学会接受自己，尊重自己的生命。

（3）让学生学会探索生命、尊重生命、关爱生命。教育的基本任务是“寻找生命的意义”，人们不仅活着，而且要活得有意义。苏格拉底说：“没有思考的生活不值得活。”人们必须在对生命的辩证评价中，超越现实生活，追求生命的永恒，突破自我，实现人生的理想和信念。

二、大学生生命教育的现状

我国的生命教育起步较晚，但随着不断发展，其理论研究也在日益丰富和完善，关于生命教育的研究课题在不断增加。近些年对耸人听闻的校园残杀、自杀事件，各方给予了很大的重视，

2006年12月28日，以“优化社会环境与青少年健康成长”为主题的“第二届中华青少年生命教育论坛”在北京举办。来自全国15个省市区的67所学校代表，以及来自香

港、台湾地区的专家及教育界人士参与其中并进行了生命教育实践的交流，会议决定自2007年起全面关注青少年生命教育，争取尽快发布中国青少年生命教育白皮书。

进入21世纪后，国内陆续出版了一系列有关高校大学生生命教育的理论专著、教材及参考书。如冯建军的《生命与教育》（教育科学出版社，2004年）、刘济良的《生命教育论》（中国社会科学出版社，2004年）、刘志军等著的《生命的律动：生命教育实践探索》（中国社会科学出版社，2004年）、王北生等著的《生命的畅想》（中国社会科学出版社，2004年）、顾海良的《生命教育大学生读本》（人民出版社，2007年）等著作，都对生命教育及生命价值观教育做了论述。但从目前来看，国内专门冠以“生命价值观教育”名称的研究专著不太多，尤其是以大学生为研究对象的专题研究更是较少。

在关于大学生生命价值观教育的研究中，国内的研究成果多以论文形式存在。目前在中国知网以“大学生生命教育”为检索词可以查到上百篇文献，其中以最近两年的文献居多。从文献年份来看，生命教育的期刊论文数量从2006年之后逐年增多。从内容看，关于生命教育的研究成果主要围绕生命和生命教育的内涵、大学生生命教育的内容、方法等方面进行。

一些高等学校开始重视生命教育，将其纳入教学计划，作为一门选修课开展生命教育课程。虽然目前我国还没有条件将生命教育作为专门的独立课程加入大学课程中，但是这仍然能够反映我国大学生生命教育的进步和发展。生命教育进入大学课堂，保障生命教育课程的学习时间，给予教师充分的讲授空间，能使学生了解生命的知识，做好生命安全防范，提高自我救助的能力，寻找人生的意义和价值。

目前的讲授方法仍然是政治思想理论基础上的理论灌输，通过道德说教的方式让学生了解生命的基本知识、生命教育的内容，唤醒学生对生命的热爱、尊重，通过语言、文字对大学生的情感和信念施加影响，使其心理和情绪变化向着积极的方向发展，帮助大学生解决心理问题。此外，还有一些学校采取专题讲座、主题教育的方式来进行生命教育，极大地调动了学生的积极性，增加了学习兴趣，取得了很好的效果。

三、大学生进行生命教育的必要性

大学生生命教育现状的调查显示，72.4%的大学生认为学校很有必要开展生命教育，只有8%的大学生选择高校开设了专门的生命教育课程。这说明大学生对生命教育怀有一种热烈的渴望。高校普及生命教育势在必行，必须采取一定的手段和方法让大学生学会应对生活的各种困难和挫折，学会尊敬生命、热爱生命。

（一）大学生生命价值观现状不容乐观

在大学生生命意识的调查中发现，在如何看待生命的问题上，大部分大学生对生命的认识是积极的，但是还有一部分大学生的生命意识淡薄，约27.5%的大学生有过自杀的念头，虽然他们当中70.0%的人认为自杀是一种不负责任的表现。在大学生生命质量和生命价值的调查中，有22.6%的大学生没有想好自己的人生目标，过一天算一天，甚至4.1%的大学生对自己的未来很悲观，不知道活着的意义是什么。此外，当遇到心理问题时，大部分大学生会向家人或朋友倾诉，但有20.2%的大学生不会和任何人说，找不到正确的途径去解决心理问题。

（二）大学生心理问题增多

我国曾对12.6万名大学生进行调查和测试，发现存在明显心理障碍者有20%以上，全国高校学生因失恋、考试失败、人际冲突、生活受挫等自杀者每年有数十人之多。大学生往往自视甚高，很容易受挫折，并随之发生系列心理问题。从近几年不断出现的大学生伤亡事件不难看出，大学生存在着许许多多的心理问题。大学生产生心理问题的原因不外乎以下几点：

（1）家庭环境对学生的心理发展起着重要的影响。当代大学生独生子女比例较大，因父母照顾细致而养成对他人的依赖，缺乏独立生活的能力，没有遭受过挫折，固执任性，情感脆弱，承受能力差，在生活、学习、事业上经不起打击，很容易影响情绪。更不要说还有一些单亲家庭长大的子女，缺少父亲或母亲的爱，很小就遭受了心灵上的创伤。

（2）社会环境对大学生的心理发展起着决定性的作用。进入大学后，学校的环境有了很大的变化，学习环境和生活方式比以前有很大差异，学生来自不同的地区，文化习惯有很大不同，再加上经济条件的悬殊，大学生在人际交往中存在障碍，很多学生产生焦虑、抑郁、神经衰弱等症状，影响学生正常学习与生活，严重时会导致各种心理疾病。毕业生普遍面临找工作困难、就业压力大的问题，即使找到工作，因为没有经历过挫折，面对各种问题无从下手，也容易产生消极心理。

（三）大学生生活方式不健康

有相当一部分大学生进入大学后，仿佛卸下了千斤重担，变得比较放松，作息不太规律。随着生活水平的提高，使用电脑、手机频率显著增多，有些人痴迷网络游戏，整日居于宿舍不去上课，通宵达旦地上网聊天，沉迷于虚拟的世界，颓废消极，虚度年华，没有目标，没有动力。有的寻找爱情来充实自己的大学时光，把一切赋予在所谓的爱情上，一旦失去就丧失活下去的动力。有的则吸烟酗酒，聚众打架，这些年出现不少因饮酒过度或醉后打架死亡的大学生。这些都表明大学生迷失了生命的本质和意义，对生命非常不负责任。在大学生生存能力的调查中发现，只有22.8%的大学生经常参加体育锻炼（一周三次以上），17.1%的大学生从不锻炼身体，这说明许多大学生没有认识到身体健康、心理健康的重要性。

四、大学生生命教育存在的问题

（一）重视程度不够

传统的应试教育强调的是学生的成绩和知识的掌握，忽视对学生本身的关注，学生需要面对沉重的升学压力和就业压力。传统教育很少有应对心理压力和生活挫折的训练，而且社会普遍认为大学生已经是成年人，没有必要再开设生命教育的课程，开设这样的课程会浪费财力和物力。虽然大部分学生在生活和学习中能够借助他人力量或进行自我调节来缓和紧张焦虑的情绪，但还是有相当一部分学生不能合理应对压力和心理问题，甚至抗压能力比较差的学生会选择自杀和杀人，在社会上已经出现了很多令人叹息的事件。

大学生作为一个特殊的社会群体，他们的心理还处于不稳定的状态。有些学校认为他们已经掌握了足够的知识和技能，从而过高估计他们的承受能力，这是不合理的。当前生命教育的缺失、滞后造成一部分学生的价值观和生命观发生了扭曲，这是当前大学生生命教育中不可回避的事实，也是我国开展大学生生命教育所面临的主要问题。

学校重视生命教育，不仅能够引导大学生树立正确的生命意识，唤醒对生命的尊重、热爱，树立为自己负责的态度，同时提高大学生的抗压能力和解决问题的能力。

（二）认识模糊

大学生生命教育的目的是让大学生认识到生命的价值，所以生命教育应该始终关注人的生命价值，实现人的全面发展。随着社会的发展，教育已成为经济、社会和政治的附属品，现在教育的重点偏于学生的成绩，忽略了教育本身的使命和教育的内在价值。学生忙于学习，甚至很多人都不了解生命教育，不知道生命教育的目标是什么。

当前大学生的生命教育主要停留在技术层面，缺乏深度，没有升华到精神层面，没有从生命智慧、追求生命价值和意义等方面来教导学生，形成人文的生命观。生命教育课程除了要教授学生知识以外，还要教会学生发现和理解生活，认识到什么是人、做怎样的人、为什么喜欢生活和如何生活等问题，特别是认清自己的长处和短处，对自己的人生价值观有一个全面的认识，树立正确的人生观、价值观和世界观，创造自己的生活。生命教育不能简单地由书本到书本而来，要教会学生去面对现实，充分理解和接受自己的生活，对自己、对他人的生命负责。

（三）教学方法单一

当前大多院校把生命教育放在思想政治课和心理健康课中来讲，很少有高校开设专门的生命教育课程，这说明大学生生命教育的方法比较单一。冯建军认为生命教育虽然受到了各大高校的广泛重视，但是大多数学校没有将生命教育作为必选课程纳入大学的课程之中，只有少数院校将其作为选修课安排在课程表中，更谈不上有较为科学、系统的教材体系，教育内容，教学目标，教育方法，以及科学、合理的教学质量评估体系。

目前来看，通过思想政治课和心理健康课对学生进行生命教育的效果并不太好，因为这两门课的教课形式大多以理论讲述为主，缺少趣味性和互动性，难以取得学生的配合而调动他们的积极性。老师在上面讲课，学生在下面干自己的事情，最后以考一些理论知识来评价。纵观一学期的课程，学生大多学不到太多知识，学到的也不过是一些理论上的东西，实际有用的、真正想听的可能比较少。

学校必须扭转这种局面，除了增开独立的生命教育课程以外，还要开发优秀的教学模式，使学生成为真正的受益者。教学活动除了理论讲授外，可以辅助一些集体活动、小组作业、课外探索等有趣的方法，充分调动学生的积极性，深入课堂中心，认真反省自我、发现自我，重塑自己的人生观、价值观，这样不仅能够自我调节、克服生活中的问题和压力，还能够帮助他人应对生活中的挑战。

（四）体制上缺乏系统性

从近些年生命教育在中国的发展来看，目前中国没有建立比较完善的生命教育体制，只有少部分院校的教学计划包含生命教育，但是生命教育基本上没有进入高校教学或者教育质量的考评体系中。这种情况说明生命教育仍然附属于传统的教育之中，没拥有其应有的位置，它的存在不如知识教育那么重要，这从侧面印证了我国对生命教育的重视程度不够，不能将其作为教学系统的重要组成部分，这也决定了教育效果的不尽如人意。

因为多数高校没有独立开设生命教育的独立课程，而且大多数内容以穿插的形式融合在其他理论课程中，生命教育的教学质量和内容令人担忧。生命教育是一个体系，它有自己的教学目标、内容、原则和方法，如果和其他课程如思想政治理论课混合在一起，很难保证生命教育的纯粹性和系统性，容易造成教学内容的混乱，再加上讲授方法过于抽象、单一，学生的接受程度不理想，最后的效果不是太好。教育依赖于体制的完整性、系统性和内容的连贯性，生命教育体制的完善是必要的。

五、大学生生命教育存在问题的原因

首先，专业素质师资队伍的缺乏是造成生命教育存在问题的客观原因。当前，生命教育课程的教师主要是一些拥有教育学、心理学、思想政治专业背景的教师，缺少具有专业知识背景的教师。专业教师有关于生命教育的丰富经验，具有其他学科背景老师所没有的敏感度，了解问题的所在，能够对症下药，从本质上保证教育的质量和整个教学系统的有效性。

其次，生命教育体系的不完善影响生命教育的进行。冯建军教授在《生命教育实践的困境与选择》中指出：“生命教育具有不可替代的独特性，有其固定的内容，确有独立设置的必要。”我国生命教育尚处于发展阶段，还不成熟，学科体系不完善，尚需要继续建立科学体制，将理论深化到实践。可以考虑将学生的学业成绩纳入对学生知识技能的考核中，建立有效的测评机制，对生命教育进行全方位的监测，保证教学效果。对学生进行生命观的教育，让学生了解生命、热爱生命、尊重生命，树立正确的价值观，找到人生的方向。

最后，学校的教育目标影响生命教育。当前的大学教育流露出一些功利化的色彩，就业压力使高校比较注重知识和技能的培训，过分强调专业知识能力，忽视道德、品质、素养的培养，教育目标和内容的设定渐渐远离其最本质的目的——促进人的全面发展，生命教育自然也得不到应有的重视。大学生面临就业问题，只为了找工作而学习，缺乏生命观的正确引导，没有唤醒对生命的渴望和热爱，导致生命教育的实践出现很多问题。

第三节　大学生生命教育的构建

经典案例

曹豪哲（化名），青岛某大学05级学生。他5岁时因贪玩触碰到高压线，失去了双手。8岁时，他以旁听生的身份进入小学，没法用手写字，只能用两只胳膊夹着笔写。时间长了，伤口磨出了血，胳膊和肩膀也累得酸痛。起初，他接受不了别人异样的眼光，后来，一本无手人写的书打开了他的心结。曹豪哲说："那位作者比我还残，都能活得那么坚强，我又有什么理由悲观呢？"想通后，他开始积极参加学校组织的各种活动，并努力提高自己的处事能力。进入高中后，他的成绩一直保持班级第一。2005年曹豪哲，以高出吉林省本科线121分的优异成绩考入青岛某大学。曹豪哲大学毕业后，找工作也遇到了不少困难，曹豪哲说："健全大学生找工作都要被拒几次，我被拒也是完全正常，我不会放弃的。"后来，他终于在一家服装企业找到了工作，开始了新的人生征程。

（资源来源：www.sohu.com/165428597-166769）

一、大学生生命教育的原则

（一）坚持正面引导与系统教育相结合的原则

对大学生进行生命教育实际上就是培养大学生正确的生命观、价值观与世界观。在这个纷繁复杂的世界里，关于生命的认识和态度以及理论形形色色，人们一定会受到不同程度的影响，因此如何让大学生从这些良莠不齐的生命观中摘取正确的观点来进行内化，抵制腐朽的、错误的生命观是生命教育的一项重任。所谓的正面引导，也就是引导学生探求生命之本，感悟生命，欣赏生命，从而创造生命价值，促进自身全面发展，树立正确的人生观与价值观，达到自我与社会的和谐，从而实现健康成长。

在对大学生进行正面引导的同时，我们还应该对其进行系统教育。生命教育的内容具有广博性与多样性，这就决定了生命教育是不能急功近利的。对大学生的生命观念进行正确引导，促使其形成正确的观念，一定是一个循序渐进、不断成长的过程，生命教育理应贯穿大学教育的全过程之中，对大学生进行系统的生命教育。所谓系统教育，一是要保证生命教育内容的系统性，从自然的、心理的、社会的角度教育当代大学生清楚地认识到生命的价值，从而尊重生命；二是保证教育过程的全程性，在大学四年的学习过程中，都应该对其进行不同程度的生命教育，保证全员参与、全面实施及全程教育；三是要注重不同年龄段的学生特点，根据实际情况对不同年级的学生进行持续性和阶段性的生命教育。

（二）坚持科学教育与人文教育相结合的原则

人作为一个能动的主体，与客观世界处于相互作用的过程中，在这个交互作用的过程中，主体会积累一定的知识经验与能力，并在头脑中以观念的方式形成一个相对稳定的认知结构。心理学家皮亚杰认为，任何外部影响都是通过“同化”和“顺应”这两种机能而被接受到主体认知结构中来的。同化是指主体认知结构对外部刺激进行过滤或改变而把它接纳到认知结构中来，而认知结构在同化外部刺激的过程中，自身结构也发生相应的改变即顺应。生命教育其实也是一种内化的过程，在大学生接受生命教育的时候，除了要坚持科学性的教育原则以外，更应该注重对学生的人文关怀。大学是培养高级专门人才的场所，在培养拥有专门知识人才的同时，更应该注重对学生的文化素养的培养。在当前的高校教育中，科学知识的教育备受重视，对学生的人文教育却极大地被忽视了。何谓“人文教育”？简言之，就是旨在培养学生的人文精神，提高其人文素养的教育。在大学教育中将科学教育与人文教育相融合具有实际的意义。首先，有利于学生的全面发展。科学教育往往只能满足个体的物质需要，而个体的精神需求则需要依靠人文教育来满足，当人的个体物质需求得到同时满足的时候，才能充分实现自我价值，其生命才有意义。其次，科学教育与人文教育相融合有利于推进社会和科学的不断发展。科学为我们的生活提供了极大的便利，然而，以认识和改造自然为目的的科学教育为人类文明带来辉煌的同时，科学与人文的分离却愈演愈烈，环境问题、资源问题、气候变暖问题等都是由于这种分离性而导致的，人类在关心现实物质世界的同时，更要追寻人生的目标价值与终极意义。最后，科学教育和人文教育的融合有利于教育的自身发展。随着信息技术革命和经济全球化发展，突出人文关怀的科技竞争已成为世界的主流。显然，加强科学教育与人文教育融合渗透，是培养高层次人才的必然要求，大学教育应该高扬具有现代科学意识的人文精神，造就满怀高度人文关怀的一代科学家。

对大学生进行生命教育，需要营造一个最佳的教育氛围，让每一个学生能够珍惜彼此的生命。生命教育不仅仅是学习生命的知识技能，更要知晓其真正的内涵，将其内化于心，而不能将生命教育仅仅停留在表面形式之上。在进行生命教育时，应该有理性和科学的依据，禁止传播伪科学，同样，生命教育必须渗透崇高的人文关怀。在传授与生命教育有关的科学内容时，其内容应该有利于提高学生对生命的尊重和对生命创造意义的认识，避免纯知识性的理论传授。

（三）注重认知与实践相结合的原则

认知是个体对客观事物及其关系的一种综合性的认识、理解和领悟。大学生生命教育的认知性所强调的是教育者在向受教育者传授系统的生命知识理论时，使其对生命的发展形成一种全面而理性的认知。实践是以改造客观世界为目的、主体与客体之间通过一定的中介发生相互作用的过程。实践是认知的基础，对认知具有决定作用。

任何外在的知识都需要经过实践才能被提升为一种人生智慧。生命的价值不仅需要学生去认识，更需要学生通过实践去体验。因此，生命教育不应局限简单的课堂授课，而需融入和渗透到学生的日常生活中，引导学生认识生命，学会保护生命，在实践中锻炼自己，体验生命，如此才能发挥生命教育的功能与作用。首先，一定要结合当代大学生的实际与特点，有针对性地进行教育，避免枯燥无味、不着边际的、空洞的说服性教育。其次，生命教育也需要注重实践，生命教育不仅是一种理性的教育，还应该是一种感性的教育，生命的意义的生成是认知、实践和体验相结合的过程，一定要保证学生在实践活动中接受教育、体验生命的价值，进而养成珍爱生命的意识。

（四）坚持预防、干预与发展相结合的原则

对大学生进行生命教育既要有发展性目标也要有预防性目标。发展性目标是培养学生正确的人生价值观并促进其健康成长，而预防性目标则是针对大学生自杀、吸毒、滥交等各类不良行为的预防。在生命教育的过程中，预防和发展是辩证统一的关系，有效的预防是发展的重要条件。针对所有大学生进行教育时，生命教育具有发展和预防的作用；而针对个别漠视生命的学生时，生命教育则具备了干预的作用。生命教育可以促使大学生正确看待生命、理解生命，增强自我保护意识和生存能力，提升生命意识与价值，进而有效杜绝各类危害的出现。生命教育可以科学有效地对问题学生进行干预。因此，生命教育要遵循预防、干预与发展相结合的原则。

二、大学生生命教育的内容

（一）生命知识教育

1. 生命常识教育

生命常识教育的目的在于加强学生对生命的了解，认识生命的特征及其发展过程。在现行的教育内容中，中小学阶段的生命常识教育并没有引起重视，这导致一部分学生由于缺乏相应的生命知识，对生命不珍惜、不重视，轻视自己的生命并漠视他人的生命，在冲动中制造了许多令人扼腕叹息的严重后果。因此，在大学阶段向学生传授相应的生命常识非常有必要，能起到亡羊补牢的作用。

生命常识教育，应该让大学生认识生命的构造、特征以及发展规律。人的生命发展是遵循一定的发展规律的，生老病死是无法避免的，是每一个生命体都必须经历的，正因为生命如此短暂、如此地来之不易，才显得愈发珍贵。对大学生传授生命常识教育，使大学生了解生命的相关知识，可以唤醒他们尊重、珍爱生命的意识，不随意伤害、践踏生命。

2. 死亡教育

死亡教育在我国基本属于空白状态。由于传统观念的影响，人们在死亡的话题上都略显避讳，由于学生们无法真正地认识死亡，死亡对他们来说有可能是一段美妙而轻易地体验，也可能是一种沉重的恐惧。在高校中进行死亡教育，首先应该让大学生正确地认识和对待死亡，只有不避讳死亡才能摆脱死亡的恐惧。其次，需要引导大学生加深对死亡的认识，丰富大学生的死亡体验，有助于大学生勇敢地面对死亡，树立正确的死亡观。德国哲学家海德格尔曾指出，“人的一生由许多不确定的时间组成，只有死亡是亘古不变的。只有理解死亡，看清人生的有限，才能更好地理解生命，看清人生自我发展的无限”。海德格尔提出的生死观，启示大学生需要用积极的心态来审视死亡，以乐观豁达的态度应对生命中的磨难，激励大学生在有限的生命中努力拼搏，为他人和社会做贡献，创造自己的璀璨人生。

（二）生存能力教育

1. 生存能力教育

生存能力教育在国外已经引发了广泛的关注，但在我国教育中并未引起重视，这导致我国大学生严重缺乏生存技能、自我保护和自救能力。鉴于我国大学生生存能力的现状，加强生存教育尤为重要。在高校中，通过生存教育提高大学生对地震、海啸、泥石流、龙卷风、火灾、雪崩等自然灾难，以及交通事故、突发公共卫生事件和恐怖事件等社会灾难的应急能力，使学生掌握防灾救灾，以及人工呼吸、心肺复苏、伤口包扎、使用灭火器等急救工具的常识和技巧。逐步提高大学生的自救互救技能，提高生存能力，防灾救灾，自救救人。

2. 挫折教育

一个人的成长不是一帆风顺的，挫折是成长道路上必须面对的问题。在大学这一人生关键期，大学生所要面对的挫折会更多，可能会备受学业、生活、工作和就业等问题的困扰，面对这些困扰只有积极地应对才能克服种种艰难险阻。然而，当代大学生大都是在父母的呵护下成长起来的，生活的无忧减少了他们面对挫折的机会，一旦生活中出现困境便会茫然失措，失去理智，从而会做出许多不正确的选择甚至逃避。因此，高校需要加强大学生的挫折教育，帮助大学生树立正确的挫折观，增强大学生的抗挫折能力，使他们将挫折视为锻炼自己意志的机会，用积极的态度对待人生的困境，对实现生命的价值始终保持稳定的心态与乐观自信的态度。

（三）生命情感教育

1. 幸福感教育

幸福感是指人类基于自身的满足感与安全感而主观产生的一系列欣喜与愉悦的情绪。生命本应是丰富多彩的，生存的意义不是为了追寻痛苦，而是为了找寻幸福快乐。幸福应是每个人追求的终极目标，只有体会到生存的幸福才能感受到生命的意义。然而每个人对幸福的体验都存在着一定的差异，自身所追求的生活与价值的不同，导致每个人所产生的幸福感也有所不同。目前，相当多学生的物质生活水平提高，生命的幸福感反而下降。当代大学生应该把对生命价值的追求作为幸福，而不应该把幸福感只是建立在物质和感官享受之上，金钱、权利、地位不能作为衡量幸福的唯一尺度。

生命教育的目的就在于提升大学生的审美境界，使他们用审美的眼光去发现、感知生活的幸福，欣赏生命的美好。高校应该开展多元的校园文化建设，为大学生提供更多陶冶身心、人际交往的机会，通过参加丰富多彩的校园活动，让大学生找寻自我存在的社会价值，增强自我的幸福感。

2. 爱的教育

爱是人类情感中最美好的情感，爱可以来自爱情、亲情、友情。一个人处于困境之时，来自他人的爱会给予极大的能量，生命中的天赋会在生命过程中一次次被激发，从感受到感动，从感动到对生命的感激。一个人只有真正地懂得了爱，才会珍惜别人所赋予的爱，感谢父母、朋友、伴侣甚至是陌生人，感激那些赋予你生命的所有人。懂得感激、感恩才能真正意识到一个人的生命并不只属于自己，这样生命才会更加丰富多彩。

（四）生命价值教育

1. 责任教育

马克思指出："作为确定的人、现实的人，你就有规定，就有使命，就有任务。"责任，是指个体在社会生活中所必须承担的义务。作为一个社会人，个体就需要承担一定的责任，这里的责任包括对自己和他人的责任，对家庭、社会和国家的责任。天下兴亡，匹夫有责。大学生作为祖国的未来，担负着实现中华民族伟大复兴的重任。然而，近年来，大学生自杀、伤人、逃课、啃老等事件屡见不鲜，这些行为的出现正是大学生缺乏责任意识的体现。因此，生命责任教育显得十分迫切。要培养大学生的责任心，帮助其树立责任意识，对自己的学业、事业负责，为实现人生目标不断奋斗。同时，大学生也应该履行对家庭和社会的责任，用自己的拼搏来回馈家庭和服务社会。大学生只有具备强烈的责任感，才能在面对困难与挫折之时，用积极阳光的心态来面对，最终实现自己的人生价值。

2. 奉献教育

高尔基曾说："如果你在任何时候、任何地方，你一生中留给人们的都是些美好的东西——鲜花、思想以及对你的非常美好的回忆，那你的生活将会轻松而愉快。那时你就会感到所有的人都需要你，这种感觉使你成为一个心灵丰富的人。你要知道，给永远比拿愉快。"奉献是一种不计回报的给予，奉献者付出的是青春、是汗水，甚至是生命，是一种最无私的爱。正因为奉献精神的存在，人类社会的物质财富和精神财富才会不断增加，人类才会不断前进。奉献可以提升自我修养，是实现人生价值的重要保障。然而受到功利实用主义的影响，当代大学生的奉献精神严重缺失，大学生往往会以利益为标准来支配行动，要求他人为自己奉献，却不肯为他人付出。高校加强对学生的奉献教育，首先应该提高大学生的奉献意识，并将奉献付诸实践。其次要引导大学生正确处理奉献与利益获取的关系，发扬奉献精神的同时也应不损害自身利益。奉献教育还应做好志愿服务，组织大学生积极参与公益活动，将奉献精神贯彻到生活中任何一件小事之中，体会风险的乐趣与价值。大学生需要具备奉献的品格，在奉献中完善自我，实现自我价值。

三、大学生生命教育的途径

（一）学校教育是当代大学生生命教育的主要途径

1. 在高校思想政治教育课中渗透生命教育

目前在我国多数高校，思想政治教育课在教学方法上只注重知识传授和管理，将思想政治理论强行灌输给大学生，这种教育模式往往会让大学生感到被教育、被管理、被束缚，没有顾及大学生的个性，忽视了对大学生的人文关怀，在大学生形成正确生命观上没有起到应有的帮助。教育模式的僵化不仅禁锢了大学生的思想，还阻碍了其自主意识与创新意识的发展，导致大学生形成不良的生命观，无法正确认识到生命的价值与意义。因此，在我国高校中，应该将生命教育渗透到思想政治教育之中，体现生命关怀。

大学思想政治理论课在教学过程中必须顾及大学生的身心发展规律。运用能够满足大学生发展需要的方法进行教学，尊重学生的内心需要，尊重其人格尊严与个性发展，关注每一个学生的生命价值，真正做到一切为了学生。在“思想品德修养与法律基础”课程教学中，需增设有关生命教育的内容，让大学生在学习的过程中认识到生命的意义，学会欣赏生命的美好，珍爱自己与他人的生命，以理性的态度对待死亡，树立正确的生命观与死亡观，在有限的生命里创造无限的价值。思想政治理论课还应该贴近大学生生活实际，不应只是过分地强调政治，层次过高但很空洞的教育内容并不能起到良好的教育作用，反而可能会不利于大学生的健康成长，起不到预想的教育目的，因此课程教育内容应该关注大学生的实际问题，能够帮助大学生减轻生活、学习、就业等多方面的问题，促进其健康成长。

2. 加强校园文化建设，提供更多的社会实践活动，强化大学生的生命体验

身教重于言教，是生命教育的一个突出特点。在现实生活中，人具体的行为举止对他人心灵震撼和人格陶冶的力量远胜于纯粹的语言引导和理论说教。丰富的校园文化具备开放、灵活等特点，能够间接地影响学生的世界观、人生观与价值观。在对大学生进行生命教育时应强调开展丰富多彩的校园文化活动与社会实践活动，让大学生在课外活动中培养生命情感。

学校可以通过校园广播、报刊、网络等大众媒体来宣传生活中热爱生命、积极创造及实现生命价值的正面典型事例，以及有关轻视自我生命、践踏他人生命的反面教材，通过实际案例来引发大学生对生命价值的思考与重视，强化大学生的生命意识。在开展校园文化活动的同时，高校还应该提供更多的社会实践活动的机会，组织大学生参与各种形式的社会实践活动，在实践中感受生命，健康成长与进步。

高校可以通过以下形式的实践活动来培养学生的生命情感，增强生存感受能力：组织生产实习活动，为大学生提供接触社会的需求；组织野外探险，培养大学生坚强的意志，学会各种生存技能，增进对苦难的体验；组织学生参与志愿者活动，在帮助他人中感受奉献的乐趣，激发其积极的生活态度与社会责任感；组织学生旅游，在旅途中感受自然之美，体验生命的美妙。

3. 完善高校心理辅导体系，培养学生的健康心理

当代大学生心理问题主要来源于学习、生活、情感、家庭、疾病、就业六个方面。考试恐惧综合征、处理不好同学关系、遭遇失恋等都是众多大学生面临的问题。如果学生的心理健康、乐观、积极向上，那么遇到这些问题的时候便可以正确面对、努力地去解决面前的“麻烦”，而不是萌生偏激的想法，甚至把偏激的想法付诸行动。由此可见，建立完善的心理健康辅导体系显得尤为重要。辅导员、心理咨询师应扮演帮助学生解决心理困惑的角色，加强与学生的互动，深入了解学生的思想现状与

心理状态，及时发现问题、解决问题。

（二）家庭教育是当代大学生生命教育的基础

1. 父母应尊重孩子需求，多与孩子进行沟通与交流

习近平在2015年春节团拜会的讲话中提道："家庭是社会的基本细胞，是人生的第一所学校。不论时代发生多大变化，不论生活格局发生多大变化，我们都要重视家庭建设，注重家庭、注重家教、注重家风，紧密结合培育和弘扬社会主义核心价值观，发扬光大中华民族传统家庭美德，促进家庭和睦，促进亲人相亲相爱，促进下一代健康成长，促进老年人老有所养，使千千万万个家庭成为国家发展、民族进步、社会和谐的重要基点。"家庭教育是学校教育和社会教育的基础，在人的一生中起到奠基的作用，因此良好的家庭教育对大学生良好生命意识的形成起着促进作用。

父母在孩子的成长过程中应该多用欣赏的眼光去看待孩子，用积极的语言去鼓励孩子，正确对待孩子的成功与失败。在家庭教育中家长应该尊重孩子的主体地位，一味地放纵或者娇惯都是不尊重孩子的表现，放纵意味着忽视孩子对家庭温暖的渴望，而娇惯则是不尊重孩子生命独立性的表现，这两种行为都可能会让孩子形成漠视生命、不尊重生命的意识。父母一定要用合理的态度来对待孩子，教会孩子认识到生命的珍贵与美好，让孩子养成良好的生命意识。在尊重孩子的同时，父母还应多与孩子进行沟通交流，去了解彼此之间的精神世界，父母应该及时地发现孩子的困惑与问题，这样才能提前拿出措施，帮助孩子建立珍爱生命的观念。

2. 父母应塑造珍爱生命的父母形象，发挥榜样作用来培养孩子的生命意识

马卡连柯曾指出："父母对自己的要求，父母对自己家庭的尊敬，父母对自己一举一动的检点，这是首要的和最基本的教育方法。"父母的言行举止会长期影响孩子的思想与行为，以孩子的生命教育为导向的家庭教育，父母以身作则、榜样示范的作用不可或缺。父母只有懂得热爱生命、热爱生活，才可以帮助孩子建立正确的生命价值观，才能引导孩子去热爱生命、尊重生命。一个连父母都不懂得尊重、珍惜生命的家庭对孩子的家庭教育也会显得苍白无力，因此，在生活中，父母一定要真正发挥榜样作用，只有和谐的家庭氛围才可以培养孩子正确的生命观与价值观。

（三）社会教育是当代大学生生命教育的重要补充

1. 政府部门应该加强监管，营造珍爱生命的社会氛围

随着信息技术的不断发展与国际文化交流的加强，各种不良文化也在不断地渗透到我们的生活之中，各种暴力血腥、黄赌毒的事件在不断挑战着人们的道德底线，这种社会现象对大学生的人生价值观与生命观产生了非常不利的作用。因此，政府部门应该加强对影视、网络、书籍等传播媒体的监管，防止不利于大学生身心健康发展的文化产品对其产生不良影响，营造一个人际交往更融洽、价值取向更积极的社会氛围。开展多种多样的宣传活动，让大学生感受到社会的关爱，也在一定程度上体现了全社会对生命教育的关注。同时，政府部门与高校相互协调，组织高校思想政治教育工作者开展生命教育专题讲座，组织举办生命教育报告会与演讲会，宣传生命教育的知识，提升人们的生命意识。政府宣传文化部门加强监管，为生命教育创造一个良好

的社会环境，让生命教育扎根于社会创新实践，通过对社会环境的改造，使生命教育获得更好的发展与进步。

2. 创造健康的大学生网络环境，合理利用网络开展生命教育

当今的网络文化对大学生的学习与成长产生了巨大的影响，网络虽然方便了学生的学习与生活，但产生的消极影响也不应该被忽视。现在网上的信息庞杂，存在大量迷信、黄色的内容，并且一部分游戏还充斥着暴力凶杀，这对尚处于思想定型阶段的大学生来讲是非常不利的。因此，政府监管部门应该及时地借助网络技术，过滤不良信息，防止不良信息的传播，将负面影响减少到最低限度；应当健全法律制度，利用法律来维护网络的安全、健康、文明。整个社会应该通过积极的引导，培养网民文明上网，并能够自觉抵制各种不文明和不健康内容的侵蚀。大学生上网人数众多，教育学生抵御不良网络信息的侵蚀已成为学校德育工作的当务之急。教育工作者要采取技术措施，提早预防，不断提高大学生的防范能力。

当代大学生处于网络时代，加之思想开放，网络已经成为他们获取知识、交流信息、沟通思想的主要途径。新闻媒体以及高校应当充分利用网络便捷方便的优越条件，在互联网上建立生命教育的相关网站或者模块，使正确的生命观在潜移默化中深入人心。特别应当注重将高校校园网作为建设的重点，使其充分占领大学生网络德育教育的新阵地。针对大学生群体，注重重大科技、新闻热点、社会焦点的报道，同时，在主流网站内容中融入生命教育的内容。开设网上论坛，进行正确引导，创造平等、信任的生命教育。

问题讨论

小蒙（男）是某校2013级的大学生，因为家境不太富裕，有些自卑，比较内向，不太喜欢与人交流。进入大学后，他遇到了活泼可爱、人缘特别好的小静，小蒙对她很有好感，因为自己比较内向，一直没有找到机会吐露心声。为了能够和小静接触，小蒙故意说没有做好笔记，向小静借笔记，小静不仅爽快地借给了他，还热情地说以后学习中遇到什么问题可以相互探讨之类的话。小蒙还经常买一些能表达自己爱意的小礼物，并偷偷地放到小静的书桌里，每次看到小静拿到礼物时的那种惊喜，小蒙内心都无比高兴。为了经常给小静制造这种惊喜，小蒙省吃俭用甚至借钱或向父母撒谎要钱来买礼物。期中考试前，小静得病连续几天没到教室，小蒙很是着急，得知她感冒的消息后给她买了药，还提了壶热水送到了小静宿舍楼下。从此以后，他俩是男女朋友关系的事情就被传得沸沸扬扬，小蒙也沾沾自喜地默认小静为他的女朋友。小静仅认为这是同学间的互帮互助而已，而内向的小蒙却一直生活在自己的美好幻觉中。

一次班里组织集体爬山，一路上小蒙紧跟小静左右，爬到陡峭的地方小蒙会去扶小静一把，大家玩得都很高兴。爬山回来，小蒙在这种愉悦情绪的支配下鼓足了勇气给小静发了一条短信："做我女朋友好吗？"大约晚上十点钟，小蒙收到小静回信："对不起，我觉得我们更适合做好朋友。"简单的几个字，对小蒙来说却是晴天霹雳，心

情糟糕到了极点。从此之后，他更加自卑甚至自我封闭，感觉生活没有了意义，这种无法自拔的情绪纠结令他十分痛苦，他甚至想到了自杀，以结束自己生命的方式来报复小静的无情。

请你思考：

1. 你认为小蒙是否拥有正确的生命观？

2. 如果你是小蒙的朋友，会如何运用所学的生命教育知识来开导他？

自我测试

生命感意义量表

在下列问题选项中，请你圈上你认为最能代表你的感受的数字。这数字是从一个极端到另一个极端，而它们代表不同的感受。“4”是代表没有意见（或不能作出决定），请你尽量避免使用这个答案。

1. 我常觉得（　　）

无聊　　1 2 3 4 5 6 7　　充满活力

2. 我觉得我的生活（　　）

总是令人兴奋　　1 2 3 4 5 6 7　　单调无趣

3. 我的生活（　　）

毫无目标与计划　　1 2 3 4 5 6 7　　有明确的目标与计划

4. 我的一生（　　）

空虚且毫无意义　　1 2 3 4 5 6 7　　充实且很有意义

5. 我觉得每一天（　　）

都是崭新的一天　　1 2 3 4 5 6 7　　总是一成不变

6. 如果可以选择（　　）

从未出生　　1 2 3 4 5 6 7　　再活很多次这样的人生

7. 如果不在上学，我会（　　）

做些我一直想做的事　　1 2 3 4 5 6 7　　整天无所事事

8. 在达成生活目标方面，我（　　）

毫无进展　　1 2 3 4 5 6 7　　完全达成我的理想

9. 当我空闲时，我觉得（　　）

空虚且沮丧　　1 2 3 4 5 6 7　　生活得多姿多彩

10. 我觉得周围世界（　　）

很令我感到困惑　　1 2 3 4 5 6 7　　很有意义且很适合我

11. 如果我今天死了，我会觉得（　　）

不虚此生　　1 2 3 4 5 6 7　　此生毫无意义、价值

12. 想到我的生命，我（　　）

常怀疑我为什么活着　1 2 3 4 5 6 7　能了解自己活着的理由

13. 我是一个（　　）

很不负责任的人　1 2 3 4 5 6 7　很负责任的人

14. 对于"人有选择的自由"这个观点，我相信（　　）

人有完全的自由　1 2 3 4 5 6 7　完全受遗传和外在环境的影响

15. 我觉得死亡是（　）

很可怕的事　1 2 3 4 5 6 7　很自然的事，是生命的一部分

16. 对于自杀，我（　　）

曾认真想过，是解决问题的一个方法　1 2 3 4 5 6 7

从不考虑

17. 我觉得自己寻找生命意义、目标或任务的能力（　　）

很强　1 2 3 4 5 6 7　完全没有

18. 我觉得我的生命（　）

掌握在我的手中　1 2 3 4 5 6 7　不是我所能控制的

19. 我觉得我日常的任务或工作（　　）

是快乐和满足的来源　1 2 3 4 5 6 7　痛苦与沉闷

20. 我已发现，我的生活（　　）

没有意义、目标　1 2 3 4 5 6 7　有明确且令我满意的目标

【统计方法】

量表中2、5、7、11、14、17、18题为反向计分题。被试者依据对每题偏向程度选择分值（1 ~ 7分）。分数介于20 ~ 40分，分数越高，表示生命意义感越高。

测试总分低于92分，表示被试者具有较低的生命意义感；总得分高于112分，表示被试者生活有明确的意义及目标。

第十一章 泰山文化篇——泰山给我的心理滋养

泰山又称东岳，东望黄海，西襟黄河，前瞻圣城曲阜，背依泉城济南，以拔地通天之势雄峙于中国东方，以五岳独尊的盛名称誉古今，被尊为“天下第一山”，列“中华十大名山”之首。泰山，不仅是历代帝王所奉为的“神山”，更是中华民族的精神象征、华夏历史文化的缩影。自古以来，中国人就崇拜泰山，有“泰山安，四海皆安”的说法。古代历朝历代不断在泰山封禅和祭祀，并且在泰山上下建庙塑神，刻石题字。古代的文人雅士更对泰山仰慕备至，纷纷前来游历，作诗记文。

第一节 泰山文化的育人功能

经典案例

我登上了泰山

陈光，大二学生，在日常学习和生活中勤奋上进、遵守学校纪律，和同学、老师相处也不错。他上周五来咨询室的时侯眉头紧锁、目光散漫，带着焦急和无奈的口气向老师诉说自己的苦恼。说最近一段时间心里堵得慌，听课精力不集中，也懒得和同学交流，连睡觉也不踏实。老师问他遇到了什么事，他说也没遇到什么大事，就是烦。老师建议他放松心情，合理安排生活和学习节奏，多参加一些户外活动。

他本周二又来到咨询室，一进门，就兴奋地说：“老师，我想通了！”老师高兴地说：“好啊，说说看。”陈光滔滔不绝地诉说自己的心路历程：“星期天，我爬泰山了！”“那盘路好难走啊，一个台阶一个台阶地向上挪。气喘吁吁，满脸是汗。可看到路边的小花、挺拔的松树，我的心情越来越轻松，越来越敞亮。”“南天门上有一幅对联，写得是门‘门辟九霄仰步三天胜迹，阶崇万级俯临千嶂奇观’给我心理一震。”“站得高才能看得远。为了实现我的人生目标，一些鸡毛蒜皮的小事怕什么！”师生会心一笑，击掌相庆。

——笔者心理咨询案例

一、泰山是人类的文化遗产

很早以前，泰山就被我们祖先所开发，泰山南麓的大汶口文化，北麓的龙山文化遗存，便是佐证。再早还有5万年前的新泰人化石遗存和40万年前的沂源人化石遗存。战国时期，沿泰山山脉直达黄海边修筑了长约600千米的长城，今遗址犹存。泰山上与孔子活动有关的景点有孔子登临坊、望吴圣迹坊、孔子小天下处、孔子庙、瞻鲁台、猛虎沟等。泰山是政权的象征。古代帝王登基之初，太平之岁，多来泰山举行封禅大典，祭告天地。先秦时期有72代君主到泰山封禅；自秦汉至明清，历代皇帝到泰山封禅祭祀27次。皇帝的封禅活动和雄伟多姿的壮丽景色，吸引着历代文化名人纷至泰山进行诗文著述，留下了数以千计的诗文刻石。如孔子的《丘陵歌》、司马迁的《封禅书》、曹植的《飞龙篇》、李白的《泰山吟》、杜甫的《望岳》等诗文，成为中国的传世名篇；天贶殿的宋代壁画、灵岩寺的宋代彩塑罗汉像是稀世珍品；泰山的石刻、碑碣，集中国书法艺术之大成，真、草、隶、篆各体俱全，颜、柳、欧、赵各派毕至，是中国历代书法及石刻艺术的博览馆。

泰山景区内已经登记的古树名木数量多达18195株，其中既有被秦皇御封的“五大夫松”，也有千年不倒的汉柏、唐槐；保存有不同年代石刻1800多处，既有“大字鼻祖，榜书之宗”之称、中国摩崖石刻之首的经石峪金刚经石刻，也有凤毛麟角、被鲁迅先生誉为“汉晋碑铭所从出”的秦刻石“李斯碑”；有风行大江南北，专以驱邪避凶为用的“泰山石敢当”，也有遍布华夏、护佑苍生的碧霞元君祖祠；孔夫子曾感叹“登泰山小天下”，汉武帝则赞之“特矣，高矣，至矣，极矣，绝矣”。如此这般，泰山的自然之美和文化之美，数不胜数。

1987年，联合国教科文组织总干事卢卡斯教授考察完泰山之后，专门向世界遗产委员会的委员们提议将中国的泰山定义为“世界自然遗产”和“世界文化遗产”。中国泰山成为世界范围内有史以来第一个“双遗产”！从此以后，在世界遗产清单上才出现了“世界自然和文化遗产”的称呼。

二、泰山文化养育的先贤志士

泰山文化源远流长，泰山文化养育的先贤志士数不胜数。他们或出生于泰山的土地上，或在泰山土地上生活，或在异域他乡却深受泰山文化的熏染与滋养。他们为国家民族做出了卓越的贡献，从而也使得泰山文化更加丰富和厚重。

（一）左丘明

左丘明，生于春秋末期，是鲁国都君庄（今泰安肥城）人。春秋末期史学家、文学家、思想家、散文家、军事家。曾任鲁国史官，为解析《春秋》而作《左传》（又称《左氏春秋》），又作《国语》，作《国语》时已双目失明。两书记录了不少西周、春秋的重要史实，保存了具有很高价值的原始资料，史料翔实，文笔生动，古今中外学者对其进行研讨。被誉为“文宗史圣”“经臣史祖”，孔子、司马迁尊左丘明为“君子”。历代帝王多有敕封：唐封经师，宋封瑕丘伯和中都伯，明封先儒和先贤。左丘明是中国传统史学的创始人。史学界推左丘明为中国史学的开山鼻祖。他被誉为“百家文字之宗、万世古文之祖”。左丘明的思想是儒家思想，在当时较多地反映了人民的利益和要求。

（二）羊祜

羊祜，字叔子，泰山南城（今泰安新泰）人，魏晋时期著名的战略家、政治家和文学家。羊祜12岁丧父，年少时就以博学多才、能文盛名于世，而且仪度潇洒，身材魁梧，须眉秀美。曹魏末年，被魏文帝召见并封为大将军，曾任中部侍郎、关中侯、秘书监、相国等职，参与司马昭机密。晋武帝司马炎灭魏后，羊祜由于辅佐有功，被授为中军将军加散骑常侍。

泰始五年，晋武帝与羊祜一起策划灭吴，调任他为荆州诸军都督。羊祜率军镇守荆州，开办学校，安抚教化远近的百姓，深受江汉一带百姓的爱戴，并做好了伐吴的军事和物质准备。羊祜去世，武帝“素服哭之，甚哀。是日大寒，帝涕泪沾须鬓，皆为冰焉”。羊祜死后第二年，杜预按羊祜生前的军事部署一举灭吴，完成了全国统一大业。当满朝文武欢聚庆贺的时候，武帝举着酒杯，流着眼泪说：“这都是羊太傅的功劳啊！”羊祜一生虽身居高位，但立身清俭，他的不朽业绩和高尚的品格受到世人千古传颂。

（三）萧大亨

萧大亨，字夏卿，号岳峰。祖籍肥城安驾庄夏辉村，出生于明代泰安州放城里（今泰安新泰放城镇）。明朝后期重臣、政治家、军事家。嘉靖四十一年进士，初授榆次知县，累迁户部郎中，因念母上书请求归养。未到家，母病殁。守丧结束复官，历任布政使、按察使。后巡抚宁夏、宣府，晋升为兵部侍郎，转右都御史，总督宣府、大同、山西三镇。召入京，晋少保兼太子太保，历任兵部、刑部尚书。致仕后卒于家，入祀乡贤祠。著有《今古文钞》《文章正宗》《岳峰萧公奏议》《家训》《夷俗记》等。

（四）冯玉祥

冯玉祥，字焕章，安徽人。“中华民国”时期军事家、爱国将领。冯玉祥戎马一生，由士兵升至一级上将，所部从一个混成旅发展成为一支拥有数十万人的庞大军队。在其50余年的军事生涯中，以治军严、善练兵著称。在作战指挥上强调知己知彼，速战速决，以己之长击敌之短。

冯玉祥于1932年3月至10月、1933年8月至1935年10月两次寓居泰山，潜心读书，寻求真理，为泰山做出很多贡献。冯玉祥到泰山后，寓居普照寺“菊林旧隐”。他十分关心群众生活，经常给贫苦百姓送衣送粮；出资修建大众桥；办14所小学，免费收取穷苦孩子入校读书；组织官兵疏浚、新建大众泉、朝阳泉；引种烟台苹果、肥城佛桃等优良果树。他还以民间疾苦为题材，与赵望云合作48幅诗配画，刻成48通诗画碑。为纪念1911年辛亥革命滦州起义牺牲的烈士，1933年，冯玉祥在普照寺东北和南部分别建泰山辛亥滦州起义烈士祠、辛亥革命滦州起义烈士纪念碑。

（五）泰山书院学者

泰山书院建于北宋初年，坐落在凌汉峰南、普照寺北。书院创始人孙复、石介针对宋初现实，为倡“尊王攘夷”学说，对维护和加强中央集权起到了积极作用。他们在思想上强调“道统”，成为南宋程颢、朱熹理学的起源和先声。在政治上，支持新政，针砭时弊，力行改革，扩大了“庆历新政”的影响。他们在泰山书院和中央太学招生授徒，形成了新的学风，为新政培养了政治力量。在文学上，他们积极促进古文运动的发展。石介等人以激烈的文章批判浮靡文风，以行政手段禁毁骈俪文，终于摧垮了宋初风靡天下的西昆体。欧阳修作为庆历新政中的重要人物，又是石介的同年、政治上的同志，始终坚定不移地与泰山书院师生站在一起，并利用主持进士考试的机会，选拔了苏轼、苏辙、曾巩、程颢、张载等一批杰出人才，促进了新政实施和古文运动的发展。

（六）文学艺术家

泰山历史传说、民间故事成就了许多文学艺术家。高文秀《黑旋风双献功》是元杂剧中“黑旋风双璧”之一，也是中国戏曲史上第一部泰山戏。蒲松龄《聊斋志异》中泰山故事约25篇，占全书总篇目的5%。其中《狐妾》《云翠仙》《胡四姐》《一员官》等都是脍炙人口的名篇。纪昀《阅微草堂笔记》中的泰山故事，意在“发人间之幽微，托孤鬼以抒已见”，成为“天然盎然”的佳作。另外，元好问《续夷坚志》中的泰山故事主要由采自民间传说的记录整理而成，刘鹗《老残游记·续集》中的泰山故事则是完全的艺术创作。

三、泰山文化濡染的平民生活

泰山脚下泰安一带的平民生活，主要体现在民风民俗上。从自然造化到灵气之源，从地理大山到心灵神山，从灵石崇拜到石敢当信仰，从巡狩柴望到封禅大典，体现了礼俗杂糅的泰山山石崇拜；威然可敬的东岳大帝，慈祥可亲的泰山奶奶，代表了泰山有求必应的神祇信仰；颇具规模的香社组织，祈福还愿的香客队伍，展示了芸芸众生的心灵诉求；商贾云集的东岳庙会，宾至如归的山间客店，简便实用的泰山山轿，反映了独具特色的泰山经济特色；衣食住行、婚丧嫁娶、迎来送往、时令节日、娱神乐人的民间游戏与竞技活动，勾画了丰富多彩的社情民风。

第二节　泰山文化与大学生心理健康

经典案例

泰山归来

杨　哲

26号，有幸和我们系的同学一起登上泰山，体验了一把杜甫“会当凌绝顶，一览众山小”的大气磅礴。

登山所经历的过程，让我有了深刻的体会。

体会一：不要轻视不起眼的目标。泰山从远处看去，好像只是一个小山包，登上去并没有像传说的那么难。但是，当我们真正走入泰山，走到半山，我们才发现，实现这个不起眼的目标却有着不可低估的登顶困难。

体会二：在成长过程中，我们会遇到很多困难，只要咬牙坚持，就会成功。登山的过程中，我的心脏一度有点承受不住，腿也变得很沉，但是我知道，我已经走了一半的路程，就不能半途而废。于是，我咬着牙，坚持，终于成功登上山顶。

体会三：我们的旅程需要某些人的陪伴，特别是当我们遇到困难和挫折的时候，我们需要他们的鼓励和帮助；当我们看到比我们弱小的人时，我们也要鼓励和帮助他们。

体会四：目标的实现需要技巧和方法。登山途中我是匀速前进，在整个过程中，不需要付出太多体力；那些开始就很卖力的人，到了最后往往没有后续的力量支持，很容易放弃对目标的坚持。

体会五：实现目标的过程中，不要只顾闷头赶路，要适当停下来休息一下。在登山过程中，有的人往往只顾着闷头往上爬，却忘了半路也有美景。累了的时候停下来看看美景，劳逸结合，会让自己实现目标更轻松。

（资料来源：http:5888.tv/active/2015taishan）

一、坚忍不拔的攀登精神

习近平总书记讲：“山再高，往上攀，总能登顶；路再长，走下去，定能到达。”泰山高大雄伟，七千级台阶的盘道逶迤通达岱顶。从红门至岱顶，有多处以“登”为题眼的刻石，如“登高必自”“勇登仙境”“从善如登”“若登天然”“努力登高”以及“共登青云梯”等，所宣扬的都是同一个主题。十八盘是泰山登山盘道中最险峻、最难登的一段，也是天门咫尺、希望就在眼前的一段，因此，在南天门下刻有“努力登高”以示鼓励。虽然千辛万苦，如果登上南天门，到达玉皇顶，给人的感觉则是“万里清风来”“一览众山小”“登高壮观天地间”和“山登绝顶我为峰”。在泰山中路登山盘道的入口处，竖立着一块非常醒目的“登高必自”碑，是说望远登高，只有从低矮处开始，循序渐进地登，连续不断地登，才能有希望达到无限风光的险峰。看那泰山挑山工，肩负重荷、脚踏实地奋勇向前，那种“亦步亦趋凌霄汉，敢向天庭领风采”的精神风貌，深受世人礼赞，冯骥才先生誉之为“具有中华文化气质”“具有那种阳刚精神”。杨辛在《泰山挑夫颂》中赞扬：“挑山工，挑山工，性实在，不谈空。步步稳，担担重，汗如泉，劲如松。顶烈日，迎寒风，春到夏，秋到冬。青春献泰山，风光留大众。有此一精神，何事不成功！”80高龄的时任全国政协主席的邓颖超登泰山题词“登泰山看祖国山河之壮丽”。习近平总书记在上合组织青岛峰会上的讲话中引用了孟子的名言“孔子登东山而小鲁，登泰山而小天下”，喻义极为深刻，他强调的是“面对世界发展大发展大变革大调整的新形势，为更好推进人类文明进步事业，我们必须登高望远，正确认识和把握世界大势和时代潮流”。

对大学生来说，把泰山文化坚忍不拔的攀登精神融入自己的心理世界，尤为重要。大学生正处在生理微妙变化的特殊时期，从懵懵懂懂的少年成长为青年，身体渐渐成熟，迈入人生最有生命力的特殊时期，交友、谈恋爱不可避免地成为生活的一部分，生理的变化带来新的情感体验，也带来新的烦恼，而以优秀的成绩获得毕业文凭、毕业后步入社会能否及时满意地就业也自然而然地摆在面前。但是，在大学生群体中，很多是独生子女，祖辈、父辈的疼爱养成了他们依赖性强、畏惧困难、意志脆弱等不良习惯。诸多的矛盾冲突，容易造成心理发展的失衡。因此，化解烦恼和冲突，保持一份健康平衡的心理，从泰山文化的攀登精神中汲取力量，就成为大学生的重要选择。

二、天人合一的思维模式

季羡林先生认为，“东方文化以中国为代表的思维方式是综合的”。“综合的”即“天人合一”的。泰山是天人合一的典范。首先是自然本身之和谐。自然之泰山或峦或嶂，或峰或谷，或溪或泉，或巨岩或顽石，自然天成，和谐之极。特别是泰山松柏“咬定青山不放松”，让泰山披上绿装，使泰山充满了活力，杜甫誉之为“齐鲁青未了”；还有那旭日东升、云海玉盘、夕阳西下、碧霞宝光、雾凇雨凇、盛夏冰洞，美妙无穷。清代奚林和尚对普照寺一带的景观描写：“门前几曲流水，寺后千寻碧峰。鸟语溪声断续，山光云影玲珑。”禅意和谐之美溢于言表。季羡林在《泰山颂》中还把泰山誉为“伊甸桃源，谁堪比肩”。其次是人与自然之和谐。五千年来，无论是海岱文化区内的东夷人还是阶级社会的帝王将相、文人墨客、平民百姓，都视泰山为神山、圣山，信崇有加，呵护有加。泰山封禅最原始的含义是借泰山之高在泰山顶上祭天、在泰山下小山丘祭地，祭天祭地就是敬畏自然，就连号称千古一帝的秦始皇封禅泰山时也要用蒲草把车轮子包上，以防伤及泰山的一草一木。其后历朝历代都设立官方机构保护管理泰山，诸如“近十里禁樵采”“树当道者不伐”，敢有损污泰山者当给予重罚等等。在普照寺后院——菊林院中有一株古松，为清代寺僧理修入寺时与师傅共植，曰“师弟松”，他们常以松为伴，习文读经，并赋诗以记：“僧栽松，松荫僧，你我相度如同生。松也僧，僧也松，依佛门，如弟兄。”这岂不是物我一体了嘛！最后是各种文化之和谐。有道是泰山文化儒、道、释不仅和谐共处，而且相互借鉴、互相补充，二而不二，三而不三，泰山文化所体现的“以出世的精神，干入世的事业”与国与民都是利好。

泰山文化天人合一的思维模式，也就是天人和谐的思维模式，对大学生而言就是心理的和谐。心理和谐的前提是人际关系的和谐，核心是自我的身心和谐。

合群是一种人际关系和谐的表达方式。“物以类聚，人以群分”，人有交往的需要，有合群的需要。如果一个人长时间离群，就会导致性格忧郁、孤僻，久而久之就会产生心理疾病。大学生应该善于同各种各样的人打交道，学会与不同风格的人合作。面对不同的意见，既要敢于坚持自己的观点，又不能固执己见，在沟通、理解的基础上进行必要的调和，要以大局为重，不要以自我为中心。健康的身体，是一个人学习和事业的基础，也是身心和谐的载体。健康的身体使人精力充沛、充满活力、朝气蓬勃、奋发向上，使人行动迅速、思维敏捷、思路清晰、观察敏锐。大学生应将自身健康纳入个人的发展计划之中，养成健康的生活方式。平和的心态就是主观追求与客观现实比较顺和的状态。心平才能气和，内和才能外顺。只有心态平和，才能理性处理所欲与所得的关系，正确对待困难、挫折和荣誉。一个人如果内心失调，心中充满焦躁、郁闷甚至仇恨，经常同自己过不去、同周围环境过不去，那么身心和谐就无从谈起。

三、开放包容的处世态度

早在两千多年前，李斯在其《谏逐客书》中论称“泰山不让土壤，故能成其大”。李斯以泰山作比，所要阐述的中心意思是要成大事者必须有包容的海量。民国年间邱山宁所著的《泰山颂》说：“泰山何其雄，万象都包容。泰山何其大，万物都归纳。泰山何尊严，万有都包含。一切宇宙事，皆作如是观。”他把泰山的“包容”范围拓展到了整个“宇宙”。著名美学家、北京大学教授杨辛先生也持这种观点，盛赞泰山“高而可登，雄而可亲。松石为骨，清泉为心。呼吸宇宙，吐纳风云。海天之怀，华夏之魂”。正是泰山的“海天之怀”支撑了泰山的“华夏之魂”。

泰山的“包容”精神体现在许多方面。一是崇高而不自大。自然的泰山根盘齐鲁、拔地通天，古人视之比大还大之山——“太山”，继而引申为吉祥如意之山——“泰山”，被尊称为“岱宗”，乃至奉为“五岳之尊”。历代帝王到这里封禅告祭，黎民百姓到这里虔诚朝拜，文人墨客到这里歌咏抒怀，如此之泰山，仅靠自吹自擂乃至打压“他者”恐怕是难以受到广泛尊崇的。二是护国又佑民。泰山有“国山”之实，也有“国山”之誉。唐玄宗在封禅泰山时讲：“为苍生祈福，更无秘请”，“至诚动天，福我百姓”。历代帝王到泰山封禅祭祀所祈求的是国泰民安，中华民族数千年来不懈追求的远大目标是国泰民安，在国人的心目中精神文化意义的泰山承载着国泰民安。因此，季羡林先生夸赞泰山为“国之魂魄，民之肝胆”。三是容中不排外。且不说泰山是世界首例自然和文化双遗产而引起全人类的注目，古代之泰山也是容得“中”也容得“外”的对外开放之山。如唐高宗封禅泰山时，就有诸多外国的使节参加；明永乐年间高丽（今朝鲜半岛）僧人满空禅师来到泰山，先后住持泰山竹林寺和普照寺长达35年，至今普照寺内还保存着记载满空禅师事迹的《重开山记》碑。四是主生亦主死。泰山位于神州大陆的东方，而东方是太阳升起的地方，是光明之源、生命之源。《易经》有“天地交，泰！”之说，天地相交，阴阳和合，孕育万物，这就是吉祥之“泰”。中国人讲究落叶归根，根在哪里，就在泰山！

大多数大学生的中小学时期是在自己的出生地度过的，地域环境相对封闭，所见到的大多是本地人，所经历的大多是本地事，生活习惯也相对自然单一；中小学时期学习的课程是国家、地方和学校设计的，学生的时间、精力都投入规定的课程之中，较少受到其他信息的干扰。大学时期的环境就开放得多，来自不同地域的学生走到一起，带来了不同的语言、思维、生活习惯；学校开设的课程有更多的选修课、专业训练课，还有更多的社团、拓展训练活动等等。这就需要大学生要有开放的心态，接纳众多同学带来的优势资源，尽可能多地学习不同类的课程，积极参与各种能力培养和训练。对自己一时还难以接纳的同学，要给予理解，对一时难以适应的课程或训练，也要以积极的心态对待。

大学生的开放包容不仅仅是面向同学、面向课程，更重要的是要面向社会。大学生面临着就业，就业即踏入社会。社会纷繁复杂，呈现不同情况，大学生应该做好充分的准备。

四、雄健壮丽的审美情趣

泰山群峰起伏，主峰突兀。从海拔150余米的山麓泰安市区登山，到中天门海拔847米，南天门1 460米，玉皇顶1 545米，层层叠起，形成了一种由抑到扬的节奏感和“一览众山小”的高旷气势。泰山山脉绵亘200余千米，基础宽大，形体集中。基础宽大便产生安稳感，形体庞大而集中则产生厚重感。所谓“稳如泰山”“重如泰山”“泰山压顶”等名言，正是上述自然特征在人们精神上与心理上的反映，“雄健壮丽”也就成了人们对泰山最突出的审美体验。

泰安城是因古帝王封禅祭祀、百姓朝山进香和游览观光发展而成的。岱庙是泰城中轴线上的主体，这条中轴线从泰城南门起，延伸到岱宗坊，然后与登山盘道相接而通向“天庭”，使山与城不仅在功能上而且在建筑空间序列上形成一体。其序列按登山祭祀活动的程序次第展开，贯穿着一种由“人境”至“仙境”的过渡阶段。从地形上看，由缓坡、斜坡直到陡坡，人们由低到高，步步升高，最后宛若登上天府；从建筑规模上看，由严整到自由，因自然环境而异；从意境上看，是由人间帝王宫殿上达苍穹，渐入仙境；从色调上看，红墙黄瓦则始终与苍松翠柏形成对比。这些因素再通过三里一旗杆、五里一牌坊和漫长的盘道连接，形成一条极为壮观的封禅祭祀序列。

泰山古建筑最突出的特点是对地理环境的利用。它巧妙地因自然之势，又以人工之力加强和美化自然环境。其一，在封禅祭祀活动的序列空间位置的选择上，充分利用泰山南坡由缓渐陡之势，造成登“天梯”的意境。此路沿溪而上，人在谷中行，属“封闭型”自然景观。下段紧紧收缩，直至岱顶才开放。前奏漫长，对比强烈，对于“祭天”活动来说，给人以环境感应的心理，若步步登天，扣人心弦。登临南天门骤然开阔，恰似升仙。因此，这样的地理环境是封禅祭祀空间序列的杰作。其二，在建筑单体或群体位置的选择与建筑结构的创作上，有跨道而建的门户建筑，有登山转折处导向性建筑，有临溪而设的赏景建筑，有半山悬挂的宗教建筑，也有耸立于山巅的祭祀建筑等。其三，从建筑的结构、材料、装饰及以庭院空间为基本单元的群体组合上，均能适应地形环境多变的要求，该建亭的建亭，该设阁的则设阁；需开敞通透处即造型轻巧，需收缩空间处便敦实厚重，充分体现因景而设、因境而生的建筑思想。

泰山多松柏，尤其那苍劲挺拔的古松，如“壮士披甲”，对泰山的雄伟形象起着烘托作用。泰山的岩石主要由变质岩和花岗岩构成，岩性坚硬，节理发育，经球状风化后形成了裸露的峭壁悬崖和浑圆厚实的巨石，突立于眼前，震撼人心。还有那富于变化的泰山烟云，使人感到静中有动，气势磅礴。苍松翠柏、悬崖怪石、云海烟雾都衬映着巍巍岱岳。

蔡元培说：“美育者，与智育相辅而行，以图德育之完成者也。”美育是培养全面发展人才的一个不可或缺的环节，它与德育、智育、体育是相互联系、相互渗透、相互促进的。美既可以由德、智、体表现出来，又可以诱导德、智、体的深入发展，使情感得到陶冶，灵魂得到净化，心智得到充实，人格得到完善。它们相互作用，共同促进人的和谐发展，全面提高人的素质。可以说，德育、智育、体育涉及不同方面的素质教育，而美育涉及全面的素质教育。就某个方面的素质教育而言，美育不及德育、智育、体育那样突出、深刻、有力；就全面素质教育而言，德育、智育、体育又不及美育那样广泛、整合、融通。

在当前教育体系中，美育是一个薄弱的环节，学生从小生活在严格的外界约束之中，不断接受外部的规范，学校教育重点强化知识灌输，艺术类课程明显不足。因此，对于大学生而言，美育显得更为重要。

美育的一个着力点是审美情趣的培养，即要让大学生具有发现美的眼睛、体验美的能力，感受到生活、成长过程中的充实和愉悦。泰山的雄健壮丽无疑是一笔丰厚的资源。

第三节　从泰山文化中汲取能量的路径和方法

经典案例

感悟泰山“挑山工”精神

日前，济宁学院弘扬新时代泰山“挑山工”精神实践团队来到泰安开展“三下乡”实践活动，两天时间里，该校学生走近挑山工，体验挑山工，深刻感悟泰山“挑山工”精神。

活动中，队员们参观了泰山“挑山工”精神发源地——沙岭村，聆听老一辈挑山工在泰山建设时的工作历程。当得知，挑山工要完成泰山索道轮盘、钢缆、电视转播、气象等大型设备的运送任务，背着重达85公斤的物资上山时，队员们被他们勇挑重担、坚韧不拔的精神深深折服。队员们还参观了当年挑山工们所用的扁担、苴绳，并亲身体验挑沙袋上山，深刻体会到了挑山工的艰辛。随着时代的发展，泰山的建设逐步完善，很多货品已不再依赖挑山工。队员们经过访问，了解到沙岭村村民从挑山谋生开始了转型，他们利用当地丰富的螭霖鱼资源大力发展水产养殖、旅游观光等新型产业，走出了一条乡村振兴之路。队员们感慨道："沙岭村在走向现代化道路中凝聚传承了先辈挑山工们埋头苦干、一往无前的挑山工精神，这值得我们年轻一辈学习。"

（摘自"中华泰山网"2019-07-16）

一、阅读泰山诗文

大学生处在校园生活环境中最方便的是读书，而泰山诗文又是泰山文化最显著的表达形式。

我国最早描写大山的诗就是写泰山的。据《诗经》记述，鲁国军士在一次征战凯旋后唱到"泰山岩岩，鲁邦所瞻"，就是伟大的思想家、教育家、儒家文化的创始人孔子写下的《丘陵歌》。汉代天文学家张衡也留有"我所思兮在太山，欲往从之梁父艰"的诗句，充满了对泰山的向往。历史学家、文学家司马迁，以泰山为象征，以自己的身体力行道出了检验人生价值的标准，"人固有一死，或重于泰山或轻于鸿毛"。三国时著名诗人曹植，登泰山写下了《泰山梁父行》《飞龙篇》《仙人篇》等诗，并首开泰山仙游诗之先河。南朝诗人谢灵运也留有"泰宗秀维岳，崔崒刺云天"的诗句。

唐宋时期，文人学士游泰山蔚然成风，泰山的美学资源在他们的畅游审美下得到了更深层次的发掘和颂扬。泰山既是"神"的化身，更是美的象征。"五岳寻仙不辞远，一生好入名山游"的诗仙李白，登泰山时留下了《泰山吟》《梁父吟》《送范老人归泰山》等十几首诗，将自己心目中雄伟、神秘的泰山多视角、多层次地展现在世人面前。其诗句"四月上泰山，石屏御道开""天门一长啸，万里清风来""海水落眼前，天光遥空碧"等，脍炙人口，久传不衰。被称为诗圣的现实主义诗人杜甫，25岁登泰山时就写了"岱宗夫如何，齐鲁青未了。造化钟神秀，阴阳割昏晓。荡胸生层云，决眦入归鸟。会当凌绝顶，一览众山小"的千古绝唱。宋代著名学者范成大在《日观峰》一诗中以"岱岳东南第一观，青天高耸碧碧巑"来赞美泰山日观峰的高耸挺拔。元代文学家元好问的《游泰山》以"秦皇威憎灵，茂陵亦雄才"的诗句来讴歌秦皇汉武的功绩，从上天、帝王的象征和权威上看待泰山的至高无上。

明清之际，文人雅士更是接踵而至，歌颂泰山的诗词创作达到了高峰。这个时期写手大大增加，创作范围更加广泛，高质量的诗篇创作层出不穷，从而丰富了泰山诗歌宝库，字真意切，韵律谐美，脍炙人口，给人以美的享受。明于慎行两次登临泰山，留诗六首，其中《泰山绝顶对酒》写道："茫茫今古事，欲问岱君灵。汉柏虚称观，秦松枉勒铭。此生游已倦，何地酒能醒。杖底千峰色，依然未了青。"用衬托对比的手法颂赞泰山的壮美景色，足使厌世者大悟猛醒。明诗人萧协中游遍泰山，留下数百首泰山诗，不乏佳作。可喜的是乾隆皇帝也御笔钦赐诗百余首，足见泰山在人们心中的地位。宋濂、方孝儒、徐霞客、袁枚、任克溥、顾炎武、魏源等也相继登临泰山赋诗抒怀。著名政治家、学者康有为曾三次环球旅行，堪称足迹遍天下，但他最偏爱山东的泰山，1916年、1922年两次山东之行都尽情游览了泰山。康有为登泰山而作的传世之作为570字长诗《夜宿玉皇顶》，诗中写道："汉松与唐槐，摩挲手数周，陡巅级四千，盘蹬石所砌，夹道古柏阴，绿涧清泉流……白云忽然合，神仙想骑鸾，人患难交通，始觉岱宗尊。"全诗气势宏大，波澜壮阔，是写泰山诗中最长的一首。

新中国成立后，朱德、郭沫若、舒同、萧涤非、杨辛等一些名人学者纷纷登泰山赋诗。郭沫若先生于1961年五登泰山赋诗6首，他登上极顶时便感慨地写道："云雾移时合，雷霆指路迷。我来登极顶，果见众山低。"诗人宏观上概述了泰山的雄伟壮丽。我国现代美学专家杨辛教授曾29次登临泰山，被泰山雄伟壮美的景色所深深吸引，并被泰山蕴含的自强不息、勇于攀登的精神所鼓舞，写下了"高而可登，雄而可亲。松石为骨，清泉为心。呼吸宇宙，吐纳风云。海天之怀，华夏之魂"的诗句，成为当代泰山诗作中广为传颂的一首。还有诸多散文名作，杨朔先生的《泰山极顶》，李健吾先生的《雨中登泰山》，冯骥才先生的《泰山挑山工》，都曾选入过中小学教材。

二、品味泰山景观

走进泰山，亲近泰山，品味泰山，是大学生理解和接受泰山文化的有效方式。

自然特征是自然美的物质基础，但泰山的美离不开民族的历史文化。泰山作为历代登临胜地，不同于一般自然风光。它不是纯自然的存在，它经过了历代的精心营构。

从泰山南麓的遥参亭、岱庙到玉皇顶，一切安排都是围绕"朝天"这个主题。由岱庙南边的通天街、双龙碑、双龙池、遥参坊、遥参亭步入岱庙，这是"朝天"的酝酿阶段。进岱庙有东西掖门，东曰"仰高"，西曰"见大"。庙内建筑群南北纵深排列，由正阳门经配天门、仁安门至天贶殿。天贶殿作为主殿，高耸于露台之上，可说是泰山的象征。庙内古柏峥嵘、石碑林立，唤起人们强烈的历史感。从岱庙开始，由岱宗坊，经一天门、中天门、南天门到玉皇顶，这是一个朝天的过程。

在不同距离看南天门视觉感受不同。在岱宗坊远距离看南天门，这时泰山的整体感很突出，灰蒙蒙的一片群山高耸入云，南天门不过是天际的一个小黑点，但它已经向游人招手了。在中天门看南天门，是中距离观赏，这是欣赏南天门的最佳视点，经过中天门以南漫长的收敛空间，在中天门突然展现了一片开阔的空间，这时候最能显示南天门的气势，翔凤岭、飞龙岩的山脊向南天门两侧延伸，宛如一只振翅奋飞的大鹏。在中天门向北眺望，南天门的轮廓已较清晰，南天门的暗红色彩亦隐约可见，紧连南天门的盘道也显出气势，使人感到南天门正在殷切召唤游人，但攀登的路程仍将是艰苦的。到了升仙坊，仰望南天门，是近距离欣赏了，这时候不仅南天门的轮廓很清晰，连城楼上"南天门"三个金字、"摩空阁"的题字都可看得很清楚，南天门已经在张开双臂欢迎游人了。登上"紧十八盘"，终于到了南天门，但是眼前的南天门反而觉得变小了。因为人们紧靠南天门时，南天门与周围环境的联系已在视线中消失，仅仅局限在一个建筑形象上，就不能产生在宏观中所得到的南天门的气势。然而，气势的消隐却给人以清晰、亲切之感。

过南天门、未了轩、天街、碧霞祠到达玉皇顶，这一组建筑群和山下的通天街、岱庙遥相呼应，所不同的是从山下的人间已进入仙境。玉皇顶的建筑居于泰山最高处，建筑的轮廓线与玉皇顶山头的轮廓线自然贴合。玉皇庙的建筑可说是岱顶形象的完成和延伸。玉皇庙内露出山的最高处——“极顶石”。“极顶石”的构思很妙，也很富于想象，可以说是小中见大。这一圆浑的基岩露头，犹如泰山的缩影，使玉皇庙的狭小而单调的庭院变得很有意味、情趣，使人感到泰山是那么雄伟，那么可亲，那么令人回味！这种构思在处理人和自然的关系上突出了人的因素。人登上泰山的极顶，不是显得自己渺小，而是感到自豪。玉皇顶的一副对联体现了这个特点：“地到无边天作界，山登绝顶我为峰。”

道路与溪水结合可以丰富登山的情趣。如在中天门以南斗母宫内有“听泉山房”，可以观赏“三潭叠泉”；在烈士纪念碑附近有摩崖石刻“听泉”二字；在王母池有“咽石山房”，内有题词“半潭秋水一房山”，王母池附近还有“观澜亭”；在经石峪有“水簾”，石壁上还刻有明代崔应鳞《题晒经石水策》诗；在云步桥北有瀑布泉。这类道路与泉水结合，使游人在艰辛的攀登中感到轻松、愉快。道路建筑于山谷底部，石级宽平修整，因此山势虽然高峻，却给人以安稳感，即“山险心平”。道旁低矮坚实的石栏，可供游人随时坐下歇息。由于道路修整，游人在夜间也可以攀登泰山。

盘道节奏鲜明。盘道随山势起伏，在节奏上出现三次大的一弛一张。第一次是从岱宗坊到中天门，开始道路平缓，越往上坡度越大。从壶天阁至中天门的盘道，平面距离短，而坡势陡峭，也是通天之途最为曲折的历程。在此因山就势，筑了回马岭、药王庙、三大士殿，调节了游人的情绪与体力。第二次是从中天门到南天门。过中天门向下经过一段平缓地段，行走轻便，称为“快活三里”，使游人在攀登陡峭的中天门后，心情得以舒缓。从“快活三里”往北到对松山经过三个“十八盘”到南天门。三个“十八盘”（石级加台面为一盘）又分为“慢十八盘”“不紧不慢十八盘”“紧十八盘”。“慢十八盘”指石阶坡度较小，台面较宽，连续的石阶较少；“紧十八盘”指坡度较陡，台面少而窄，连续的石阶增多；“不紧不慢十八盘”则是一种过渡。第三次是从南天门到玉皇顶。在南天门经过一段开阔、平缓的天街，最后登上玉皇顶。在登山的全过程中，这三次大的一弛一张使人在生理、心理上得到充分调节。

盘道上的亭和坊也起着调节游人情绪的作用。如果说路是线，是流动过程，亭便是点，亭者，停也，停下来作静的观赏。陈从周认为，园林有动观、静观之分，“静观就是园中予游览者多驻足的观赏点，动观就是要有较长的游览线。二者说来，小园应以静观为主，动观为辅；大园则以动观为主，静观为辅”（《说苑》）。泰山作为风景区虽与园林有别，但就其较长的游览线看，颇似大园。从岱宗坊到岱顶是一条长的游览线，步移景换，体现了动观为主的特点。其间静观的点，对于游览有重要辅助作用。如对松亭就是游人驻足欣赏万松山景物最理想之地。“坊”是游程中的一个段落，也可以调节游人情绪。如南天门下面的“升仙坊”，意味着对游人攀登极顶的鼓舞。升仙坊旁的小平台使游人在攀登“紧十八盘”前在体力上得到休整，并提供了一个近距离观赏南天门的最佳视点。

三、融入泰山生活

对泰山文化，生活其中体验就更加深刻。古人的泰山生活已经成为过去，当代大学生体验泰山生活，如能积极参加当地组织的一些活动，应该是不错的选择。

泰山国际登山节于每年的9月6日举办。这个季节的泰山，秋高气爽，风景秀丽，加上泰安交通方便，更使之成为国内近年来具有较高知名度的一个大型旅游节。从1987年9月举办第一届泰山国际登山节以来，每年举办一次，来自世界各国的来宾和登山健儿欢聚一堂，参加各种节日活动，如徒步登山比赛、自行车登山比赛。登山节以突出经贸活动为主题，文体搭台、经贸唱戏，强调发挥登山节的载体作用，以此进一步提高泰山、泰安的知名度，在此基础上，宣传、发展旅游，扩大招商引资力度。

另外，登山节还举办诸如泰山优秀历史文化歌舞及“紫气东来”仿宋代帝王封禅表演，“泰安摄影艺术展”“泰山石文化展”“泰山文物珍宝展”“泰山盆景展”“泰山画展”等丰富多彩的文化艺术活动。

泰山国际马拉松赛简称“泰马”，由中国田径协会、山东省体育局、泰安市人民政府主办，泰安市体育总会、泰安市人民对外友好协会、泰安传媒集团承办，每年一届。作为中国田径协会的注册赛事，该赛事是迄今世界上组织的规模最大、参赛人数最多的国际体育赛事，比赛涵盖了全程马拉松、半程马拉松、迷你马拉松3种赛事。参赛者在奔跑过程中可以领略到五岳之首泰山特有的自然生态景观。该项赛事将马拉松挑战自我、超越极限、坚韧不拔、永不放弃的精神与泰山文化相融合，成为独具魅力的马拉松赛事，在国内外产生了广泛影响。

泰山义工联合会（泰安市公益志愿者协会）成立于2009年，2011年11月经泰安市民政局正式核准注册，由社会各界爱心人士、在校大学生及多个企事业单位服务队共同组成，为社会提供无偿志愿服务。联合会共建有12个分支机构，13个职能部门，14个乡镇助学服务站，8个志愿服务基地。

问题讨论

1. 坚韧不拔的攀登精神与身心和谐之间有没有冲突？如何调节？
2. 在你的日常生活中，哪些现象与开放包容的处世态度相违背？
3. 你给自己发现美的能力打多少分？
4. 从泰山文化中汲取能量，你还有哪些方法？

自我测试

阅读本章内容，你从泰山文化中汲取心理滋养知识的情况怎样？下面是一套测试题，包括20个题目。请阅读后选择判断。

1. 中国泰山是世界范围内有史以来第一个“双遗产”。（正确　错误）

2. 古代帝王登基之初，太平之岁，一定要来泰山举行封禅大典，祭告天地。（正确　错误）

3. 泰山书院学者孙复、石介、欧阳修等人支持“庆历新政”，促进了古文运动的发展。（正确　错误）

4. 蒲松龄《聊斋志异》中的许多故事取材于泰山。（正确　错误）

5. 东岳庙会是反映泰山及周边地区民俗的万花筒。（正确　错误）

6. 人们之所以崇拜“泰山石敢当”，是为了祈求多子多福、延年益寿。（正确　错误）

7. 泰山挑山工，生动地体现了坚韧不拔的攀登精神。（正确　错误）

8. 大学生学习泰山挑山工精神，可以化解学习生活中的诸多烦恼和冲突，保持昂扬向上的状态。（正确　错误）

9. 泰山是天人合一的典范。首先是自然本身和谐，其次是人与天的和谐，最后是各种文化之间的和谐。（正确　错误）

10. 大学生的身心和谐指的是健康的身体与平和的心态。（正确　错误）

11. 泰山文化的主要包容：崇高不自大，护国又佑民，容中不排外。（正确　错误）

12. 大学生要学习泰山文化的开放包容精神，对陌生的人、陌生的事、陌生的知识、陌生的习惯等都要有积极的态度，主动接纳。（正确　错误）

13. 泰山苍劲挺拔的古松，如“壮士披甲”，对泰山的雄伟形象起着烘托作用。（正确　错误）

14. 泰山的美，有利于培养大学生发现美的眼睛、体验美的能力，可以使大学生感受到生活、成长过程中的充实和愉悦。（正确　错误）

15. 司马迁提出的检验人生价值的标准：人固有一死，或重于泰山或轻于鸿毛。（正确　错误）

16. 诗仙李白的“天门一长啸，万里清风来”，歌颂了泰山的险峻秀丽之美。（正确　错误）

17. 从泰山南麓的遥参亭、岱庙到玉皇顶，一切安排都围绕“朝天”这个主题。（正确　错误）

18. 无论从哪个角度看南天门，都是气势恢宏、巍峨壮观。（正确　错误）

19. 泰山登山节以突出经贸活动为主题，文体搭台、经贸唱戏，强调发挥登山节的载体作用。（正确　错误）

20. 泰山国际马拉松赛涵盖了全程马拉松、半程马拉松、迷你马拉松3种赛事。

（正确　错误）

【参考答案】

1. 正确　2. 错误　3.错误　4. 正确　5. 正确　6. 错误　7. 正确　8. 正确　9. 正确　10. 正确　11. 正确　12. 错误　13. 正确　14. 正确　15. 正确　16. 错误　17. 正确　18. 错误　19. 正确　20. 正确

计分标准：每小题5分，满分100分。

参考文献

［1］张大均，吴明霞. 大学生心理健康［M］. 北京：清华大学出版社，2019.

［2］ 赵静，黄菊山，李海波. 大学生心理健康教育［M］. 北京：中国传媒大学出版社，2018.

［3］姚本先，王道阳. 大学生心理健康教育［M］. 北京：北京师范大学出版社，2019.

［4］刘颖. 学校心理健康教育体系建设［M］. 北京：中国青年出版社，2012.

［5］明宏. 心理健康辅导团体训练［M］. 北京：中国青年出版社，2012.

［6］徐虹. 大学生心理健康教育和谐与成长［M］. 北京：高等教育出版社，2014.

［7］谭华玉，马利军. 大学生心理健康教育［M］. 北京：人民邮电出版社，2016.

［8］何少颖. 新编大学生心理健康教育与训练［M］. 北京：高等教育出版社，2017.

［9］［美］菲利普·津巴多等著. 津巴多普通心理学［M］，邹志敏译. 北京：机械工业出版社，2017.

［10］［美］丹尼斯·库恩等著. 心理学导论：思想与行为的认识之路［M］，郑钢等译. 北京：中国轻工业出版社，2015.

［11］刘星期，郭亚. 大学生心理健康教育［M］. 北京：中国科学技术大学出版社，2013.

［12］马雁平等. 大学生心理健康教育［M］. 长春：吉林大学出版社，2014.

［13］谭德礼等. 大学生心理健康教育教程［M］. 北京：高等教育出版社，2014.

［14］［美］戴维·伯恩斯. 伯恩思新情绪疗法［M］，李亚萍译. 北京：科技文献出版社，2014.

［15］吴凌燕，戴丽. 大学生心理健康教育［M］. 成都：电子科技大学出版社，2018.

［16］刘时勇，汪明，段姗姗. 大学生心理健康教育［M］. 成都：电子科技大学出版社，2018.

［17］李小玲，司丽静. 大学生心理健康教育教程［M］. 成都：电子科技大学出版社，2020.